DA HISTÓRIA DO BRASIL

GUIA POLITICAMENTE INCORRETO

Copyright © Leandro Narloch, 2011

Diretor editorial PASCOAL SOTO

Coordenação editorial TAINÃ BISPO

Coordenação de produção CAROCHINHA EDITORIAL

Edição DIEGO RODRIGUES

Preparação de textos SOLANGE LEMOS E NAIÁ DINIZ

Revisão de provas ELVIRA CASTANON E CECÍLIA MADARÁS

Índice LEANDRO MORITA E ELVIRA CASTANON

Capa e projeto gráfico ANA CAROLINA MESQUITA | CANDOMBÁ

Diagramação GUSTAVO MESQUITA | CANDOMBÁ

Diagramação (2ª ed.) CAROCHINHA EDITORIAL

Ilustrações de capa e miolo GILMAR FRAGA

Dados Internacionais de Catalogação na Publicação (CIP)
(Câmara Brasileira do Livro, SP, Brasil)

Narloch, Leandro
    Guia politicamente incorreto da história do Brasil /
Leandro Narloch ; ilustrações Gilmar Fraga.
São Paulo: Leya, 2011.

    Bibliografia.
    2ª ed., revista e ampliada.
    ISBN 978-85-62936-06-7

    1. Brasil – História 2. Brasil – Historiografia
I. Fraga, Gilmar. II. Título.

09-11344   CDD-981.0072

    Índices para catálogo sistemático:
    1. Brasil: Historiografia   981.0072
    2. Historiografia: Brasil   981.0072

Escreva para o autor: leandron@uol.com.br

2011 – 2ª edição, revista e ampliada
Todos os direitos desta edição reservados à
TEXTO EDITORES LTDA.
[Uma editora do grupo Leya]
Av. Angélica, 2163 – Conjunto 175
01227-200 – Santa Cecília – São Paulo, SP – Brasil
www.leya.com

GUIA POLITICAMENTE INCORRETO
DA HISTÓRIA DO BRASIL

LEANDRO NARLOCH

2ª EDIÇÃO, REVISTA E AMPLIADA

4ª reimpressão

À dona Cecília,
que levou o filho
a discutir ideias.

Heroísmo no comando, violência sem sentido e toda
a detestável idiotice que é chamada de patriotismo —
eu odeio tudo isso de coração.

ALBERT EINSTEIN

Estes são os meus princípios. Se você não gosta
deles, eu tenho outros.

GROUCHO MARX

SUMÁRIO

PREFÁCIO

A SEGUNDA EDIÇÃO

A primeira edição deste livro já chegava às livrarias, mas ideias sobre ele não paravam de bater à porta. Novas histórias e novos capítulos insistiam para ganhar um teto. Verdades desagradáveis de ícones politicamente corretos estavam devidamente reveladas; mas faltava dar mais atenção a outra tarefa – tirar a lama dos personagens que a história combatente execrou. Esta segunda edição tem essa missão principal. Para realizá-la há dois grandes textos: sobre as vantagens de a monarquia ter demorado tanto (página 271) e sobre as acusações exageradas que os bandeirantes sofreram (página 65).

Também houve correções e acréscimos que se revelaram necessários depois de uma leitura mais distante e da sugestão de críticos e colegas. Os pequenos textos acrescidos são histórias, exemplos e números a dar ressalvas ou fundamentar as polêmicas afirmações do livro. Isso acontece principalmente nos capítulos "Índios", "Negros" e "Guerra do Paraguai". Essas inserções vieram também de leitores animados com a ideia do livro, como o quadro sobre a desigualdade social, na página 332, os crimes de Euclides da Cunha (página 129) e, na 232, a biopirataria do café realizada pelo Brasil. Houve ainda passagens atualizadas por causa do lançamento de obras que enriqueciam o debate – é o caso do boxe sobre Elisa Lynch, na 190.

Boa leitura.

O autor

INTRODUÇÃO

A NOVA HISTÓRIA DO BRASIL

Complete o formulário abaixo seguindo três regras simples. Nos espaços antecedidos pela letra "X", preencha o nome de algum país pobre ou remediado. Nas lacunas acompanhadas de "Y" e "Z", insira o nome de nações ricas do hemisfério Norte. Para os demais espaços, escolha uma das opções fornecidas entre parênteses ou alguma de sua preferência.

A HISTÓRIA DO PAÍS X_____

A história do país X_____ iniciou-se com o povoamento de grupos nômades provenientes do _____ (norte, sul, leste, oeste). Durante alguns milhares de anos, esses povos se espalharam por quase todo o território, sobrevivendo à base da agricultura rudimentar e da coleta de _____ (peixes, frutas), por meio de um sistema _____ (igualitário, sustentável). No século ____ , porém, essas tribos foram conquistadas por poderosos exploradores do império Y_____ , que passaram a usufruir do trabalho dos nativos, criando um sistema de exploração colonial. Em troca de pequenas manufaturas, os nativos forneciam aos estrangeiros uma série de matérias-primas essenciais para a crescente industrialização do império. Séculos depois, X_____ conquistou sua independência, mas manteve os laços de dependência econômica no âmbito da sociedade mercantilista. O revolucionário _____ , homem de grande coragem, esperança e bigode, tentou livrar o país da pujança econômica internacional e diminuir as contradições inerentes ao capitalismo. No entanto, seus ideais feriam os interesses da elite _____ (rural, escravista, mercantil, burguesa) e também de um novo país, Z_____. Esta nação buscava expandir seu mercado consumidor e apoiou covardemente o massacre aos rebeldes promovido por Y_____. Em consequência de tantos séculos de opressão, X_____ vive hoje graves problemas sociais e econômicos.

Existe um esquema tão repetido para contar a história de alguns países que basta misturar chavões, mudar datas, nomes de nações colonizadas, potências opressoras, e pronto. Você já pode passar em qualquer prova de história na escola e, na mesa do bar, dar uma de especialista em todas as nações da América do Sul, África e Ásia. As pessoas certamente concordarão com suas opiniões, os professores vão adorar as respostas.

O modelo é simples e rápido, mas também chato e quase sempre errado. Até mesmo as novelas de TV têm roteiros mais criativos. Os ricos só ganham o papel de vilões

– se fazem alguma bondade, é porque foram movidos por interesses. Já os pobres são eternamente do bem, vítimas da elite e das grandes potências, e só fazem besteira porque são obrigados a isso. Nessa estrutura simplista, o único aspecto que importa é o econômico: o passado vira um jogo de interesses e apenas isso. Só se contam histórias que não ferem o pensamento politicamente correto e não correm o risco de serem mal interpretadas por pequenos incapacitados nas escolas. O gênero também tem tabus e personagens proibidos, como o rei bom, o fraco opressor ou os povos que largaram a miséria por mérito próprio e hoje não se consideram vítimas.

No século 20, quando esse esquema se tornou comum, acreditávamos num mundo dividido entre preto e branco, fortes e fracos, ganhadores e perdedores. Essa visão já estava pronta quando estudiosos se debruçavam sobre a história: o que eles faziam era encaixar, à força, os eventos do passado em sua visão de mundo. Isso mudou. Uma nova historiografia ganha força no Brasil. Se no começo da década de 1990 o jornalista Paulo Francis falava de "rinocerontes à la Ionesco que passam por historiadores em nosso país", na última década apareceram acadêmicos alertas de que não são políticos a escrever manifestos. Como diz o historiador José Murilo de Carvalho, na apresentação da Coleção Brasil Imperial, lançada recentemente: "A geração anterior foi muito marcada pela luta ideológica, exacerbada durante os governos militares. Divergências eram logo transpostas para o campo político-ideológico, com prejuízo para o diálogo e a qualidade dos trabalhos. A nova geração formou-se em ambiente menos tenso e polarizado, com maior liberdade de debate e um ambiente intelectual mais produtivo". Os pesquisadores dessa nova leva tentam elaborar conclusões científicas baseadas em arquivos inexplorados de cartórios, igrejas ou tribunais, têm mais cuidado ao falar de consequências de uma lógica financeira e pesquisam sem se importar tanto com o uso ideológico de suas conclusões. As interpretações que tiram do armário são mais complexas e, numa boa parte das vezes, saborosamente desagradáveis para os que adotam o papel de vítimas ou bons mocinhos.

A história fica assim muito mais interessante. No século 18, quem quisesse ir de Parati, no Rio de Janeiro, à atual Ouro Preto, em Minas Gerais, tinha que cavalgar por dois meses — no caminho, passava por casebres miseráveis onde moravam tanto escravos quanto seus senhores, que trabalhavam juntos e comiam, sem talheres, na mesma mesa. Sabe-se hoje que, nas vilas do ouro de Minas, havia ex-escravas riquíssimas, donas de casas, joias, porcelanas, escravos, e bem relacionadas com outros empresários. Os primeiros sambistas, considerados hoje pioneiros da cultura popular, tinham formação em música clássica, plagiavam canções estrangeiras e largaram o samba para montar bandas de jazz. Uma das consequências da chegada dos jesuítas a São Paulo foi dar um alívio à mata atlântica — até então, os índios botavam fogo na floresta não só para abrir espaço de cultivo, mas para cercar os animais com o fogo e depois abatê-los.

O problema é que essa nova história demora a chegar às pessoas em geral. Os livros didáticos continuam dizendo que o verdadeiro nome de Zumbi era Francisco e que ele teve educação católica — uma ficção criada pelo político e jornalista gaúcho Décio Freitas. Ainda se aprende na escola que o Brasil praticou um genocídio no Paraguai durante uma guerra que teria sido criada pela Inglaterra. E tem muito descendente de europeu achando que é culpado pelo tráfico de escravos, apesar de a maioria de seus ancestrais ter imigrado quando a escravidão se extinguia.

No processo de fabricação de um espírito nacional, é normal que se inventem tradições, heróis, mitos fundadores e histórias de chorar, que se jogue um brilho a mais em episódios que criam um passado em comum para todos os habitantes e provocam uma sensação de pertencimento. Se este país quer deixar de ser café com leite, um bom jeito de amadurecer é admitir que alguns dos heróis da nação eram picaretas ou pelo menos pessoas do seu tempo. E que a história nem sempre é uma fábula: não tem uma moral edificante no final nem causas, consequências, vilões e vítimas facilmente reconhecíveis.

Por isso é hora de jogar tomates na historiografia politicamente correta. Este guia reúne histórias que vão diretamente contra ela. Só erros das vítimas e dos heróis da bondade, só virtudes dos considerados vilões. Alguém poderá dizer que se trata do mesmo esforço dos historiadores militantes, só que na direção oposta. É verdade. Quer dizer, mais ou menos. Este livro não quer ser um falso estudo acadêmico, como o daqueles estudiosos, e sim uma provocação. Uma pequena coletânea de pesquisas históricas sérias, irritantes e desagradáveis, escolhidas com o objetivo de enfurecer um bom número de cidadãos.

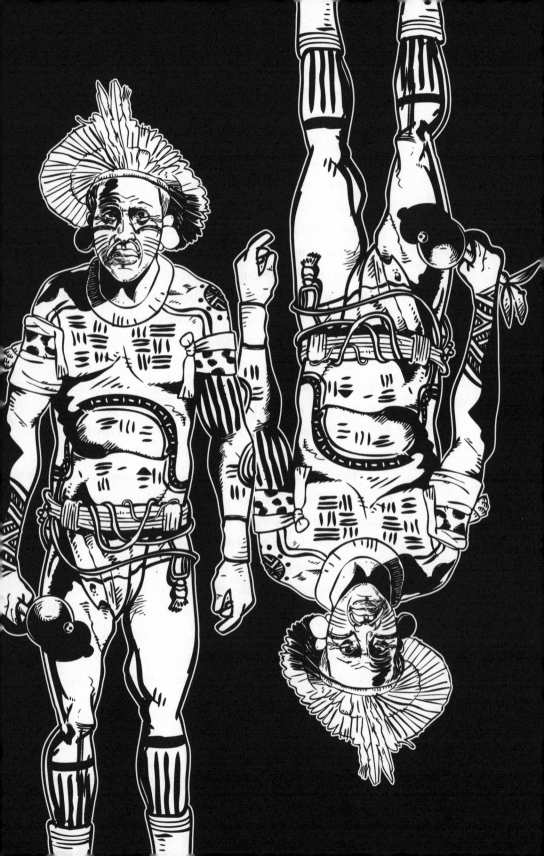

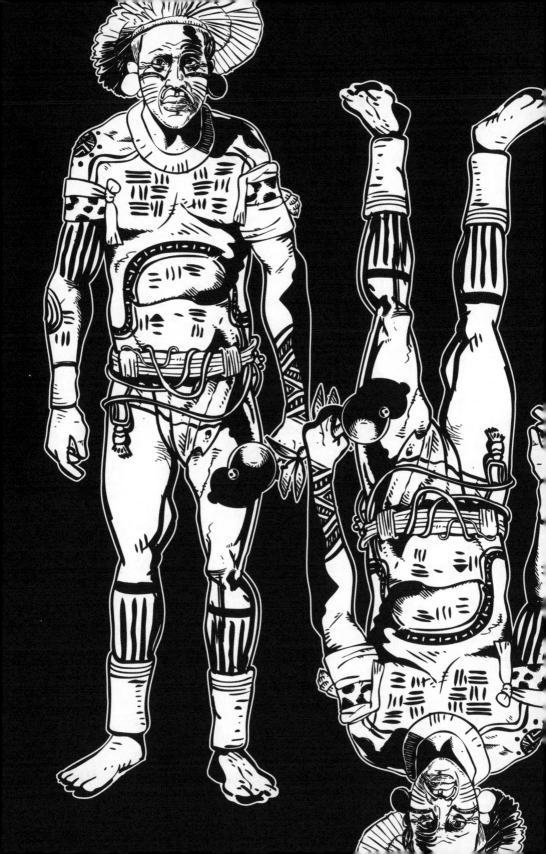

ìNDI

OS

CINCO VERDADES QUE VOCÊ NÃO DEVERIA CONHECER

Em 1646, os jesuítas que tentavam evangelizar os índios no Rio de Janeiro tinham um problema. As aldeias onde moravam com os nativos ficavam perto de engenhos que produziam vinhos e aguardente. Bêbados, os índios tiravam o sono dos padres. Numa carta de 25 de julho daquele ano, Francisco Carneiro, o reitor do colégio jesuíta, reclamou que o álcool provocava "ofensas a Deus, adultérios, doenças, brigas, ferimentos, mortes" e ainda fazia o pessoal faltar às missas. Para acabar com a indisciplina, os missionários decidiram mudar três aldeias para um lugar mais longe, de modo que não ficasse tão fácil passar ali no engenho e tomar umas. Não deu certo. Foi só os índios e os colonos ficarem sabendo da decisão para se revoltarem juntos. Botaram fogo nas choupanas dos padres, que imediatamente desistiram da mudança.[1]

Os anos passaram e o problema continuou. Mais de um século depois, em 1755, o novo reitor se dizia contrariado com os índios por causa do "gosto que neles reina de viver entre os brancos". Era comum fugirem para as vilas e os engenhos, onde não precisavam obedecer a tantas regras. O reitor escreveu a um colega dizendo que eles "se recolhem nas casas dos brancos a título de os servir; mas verdadeiramente para viver a sua vontade e sem coação darem-se mais livremente aos seus costumados vícios". O contrário também acontecia. Nas primeiras décadas do Brasil, tantos portugueses iam fazer festa nas aldeias que os representantes do reino português ficaram preocupados. Enquanto tentavam fazer os índios viver como cristãos, viam os cristãos vestidos como índios, com várias mulheres e participando de festas no meio das tribos. Foi preciso editar leis para conter a convivência nas aldeias. Em 1583, por exemplo, o conselho municipal de São Paulo proibiu os colonos de participar de festas dos índios e "beber e dançar segundo seu costume".[2]

Os historiadores já fizeram retratos bem diversos dos índios brasileiros. Nos primeiros relatos, os nativos eram seres incivilizados, quase animais que precisaram ser domesticados ou derrotados. Uma visão oposta se propagou no século 19, com o indianismo romântico, que retratou os nativos como bons selvagens donos de uma moral intangível. Parte dessa visão continuou no século 20. Historiadores como Florestan Fernandes, que em 1952 escreveu *A Função Social da Guerra na Sociedade Tupinambá*, montaram relatos em que a cultura indígena original e pura teria sido destruída pelos gananciosos e cruéis conquistadores europeus. Os índios que ficaram para essa história foram os bravos e corajosos que lutaram contra os portugueses.

Quando entravam espontaneamente na sociedade colonial, saíam dos livros. Apesar de tentar dar mais valor à cultura indígena, os textos continuaram encarando os índios como coisas, seres passivos que não tiveram outra opção senão lutar contra os portugueses ou se submeter a eles. Surgiu assim o discurso tradicional que até hoje alimenta o conhecimento popular e aulas da escola. Esse discurso nos faz acreditar que os nativos da América viviam em harmonia entre si e em equilíbrio com a natureza até os portugueses chegarem, travarem guerras eternas e destruírem plantas, animais, pessoas e culturas.

Na última década, a história mudou outra vez. Uma nova leva de estudos, que ainda não se popularizou, toma a cultura indígena não como um valor cristalizado. Sem negar as caçadas que os índios sofreram, os pesquisadores mostraram que eles não foram só vítimas indefesas. A colonização foi marcada também por escolhas e preferências dos índios, que os portugueses, em número muito menor e precisando de segurança para instalar suas colônias, diversas vezes acataram. Muitos índios foram amigos dos brancos, aliados em guerras, vizinhos que se misturaram até virar a população brasileira de hoje. "Os índios transformaram-se mais do que foram transformados", afirma a historiadora Maria Regina Celestino de Almeida na tese *Os Índios Aldeados no Rio de Janeiro Colonial*, de 2000. As festas e bebedeiras de índios e brancos mostram que não houve só tragédias e conflitos durante aquele choque das civilizações. Em pleno período colonial, muitos índios deviam achar bem chato viver nas tribos ou nas aldeias dos padres. Queriam mesmo era ficar com os brancos, misturar-se a eles e desfrutar das novidades que traziam.

O contato das duas culturas merece um retrato ainda mais distinto, até grandiloquente. Quando europeus e ameríndios se reencontraram, em praias do Caribe e do Nordeste brasileiro, romperam um isolamento das migrações humanas que completava 50 mil anos. É verdade que o impacto não foi leve – tanto tempo de separação provocou epidemias e choques culturais. Mas eles aconteceram para os dois lados e não apagam uma verdade essencial: aquele encontro foi um dos episódios mais extraordinários da história do povoamento do ser humano sobre a Terra, com vantagens e descobertas sensacionais tanto para os europeus quanto para centenas de nações indígenas que viviam na América. Um novo ponto de vista sobre esse episódio surge quando se analisa alguns fatos esquecidos da história de índios e portugueses.

Quem mais matou índios foram os índios

Uma das concepções mais erradas sobre a colonização do Brasil é acreditar que os portugueses fizeram tudo sozinhos. Na verdade, eles precisavam de índios amigos para arranjar comida, entrar no mato à procura de ouro, defender-se de tribos hostis e até mesmo para estabelecer acampamentos na costa.

Descer do navio era o primeiro problema. Os comandantes das naus europeias costumavam escolher bem o lugar onde desembarcar, para não correr o risco de serem atacados por índios nervosos e nuvens de flechas venenosas. Tanto temor se baseava na experiência. Depois de meses de viagem nas caravelas, os navegadores ficavam mal nutridos, doentes, fracos, famintos e vulneráveis. Chegavam a lugares desconhecidos e frequentemente tinham azar: levavam uma surra e precisavam sair às pressas das terras que achavam ter conquistado. Em 1510, por exemplo, um ataque dos americanos aniquilou 69 dos 70 espanhóis instalados no Caribe colombiano. Juan de La Cosa, o chefe da expedição, foi encontrado "desfigurado e inchado, recoberto de flechas envenenadas e de espantosas chagas vermelhas".[3] Até mesmo o conquistador Américo Vespúcio, que deu nome ao continente, teve que fugir de índios furiosos em 1501, quando sua expedição tentava estabelecer uma base no litoral do Rio Grande do Norte. Alguns marujos que se atreveram a desembarcar, entrar pela praia e caminhar até um monte perto da costa não voltaram mais. Desapareceram misteriosamente. Três dias depois, os navegadores que esperavam nas caravelas viram índias nuas surgirem na praia. Um deles desembarcou para conhecê-las, mas foi subitamente morto com golpes de tacape desfechados por uma das índias. "As outras mulheres imediatamente o arrastaram pelos pés para o monte", escreveu Vespúcio. "Ao mesmo tempo que os homens, que estavam escondidos, se precipitaram para a praia armados de arcos, crivando-se de setas, pondo em tal confusão a nossa gente, que estava com os batéis encalhados na areia, que ninguém acertava lançar mão das armas, devido às flechas que choviam sobre os barcos."[4] Na Ásia, aconteceu até de os europeus terem que mendigar para arranjar comida, como na primeira viagem de **Vasco da Gama** à Índia, em 1498.[5]

O tratamento foi diferente no Brasil, mas nem tanto. Os portugueses não eram seres onipotentes que faziam o

Vasco da Gama ofereceu à corte de Calcutá chapéus, bacias e azeite em troca de pimenta. Os nobres indianos consideraram os produtos ridiculamente primitivos, e só não executaram o navegador porque não viram ameaça no estranho esfarrapado. Sem dinheiro para alimentar a tripulação, Vasco da Gama mandou que seus homens sujos e famintos fossem para as ruas pedir por comida.

que quisessem nas praias brasileiras. Imagine só. Você viaja para o lugar mais desconhecido do mundo, que só algumas dúzias de pessoas do seu país visitaram. Há sobre o lugar relatos tenebrosos de selvagens guerreiros que falam uma língua estranha, andam nus e devoram seus inimigos – ao chegar, você percebe que isso é verdade. Seu grupo está em vinte ou trinta pessoas; eles, em milhares. Mesmo com espadas e arcabuzes, sua munição é limitada, o carregamento é demorado e não contém os milhares de flechas que eles possuem. Numa condição dessas, é provável que você **sentisse medo** ou pelo menos que preferisse evitar conflitos. Faria algumas concessões para que aquela multidão de pessoas estranhas não se irritasse.

Para deixar os índios felizes, não bastava aos portugueses entregar-lhes espelhos, ferramentas ou roupas. Eles de fato ficaram impressionados com essas coisas (*veja mais adiante*), mas foi um pouco mais difícil conquistar o apoio indígena. Por mais revolucionários que fossem as roupas e os objetos de ferro europeus, os índios não viam sentido em acumular bens: logo se cansavam de facas, anzóis e machados. Para permanecerem instalados, os recém-chegados tiveram que soprar a brasa dos caciques estabelecendo alianças militares com eles. Dando e recebendo presentes, os índios acreditavam selar acordos de paz e de apoio quando houvesse alguma guerra. E o que sabiam fazer muito bem era se meter em guerras.

O massacre começou muito antes de os portugueses chegarem. As hipóteses arqueológicas mais consolidadas sugerem que os índios da família linguística tupi-guarani, originários da Amazônia, se expandiam lentamente pelo Brasil. Depois de um crescimento populacional na floresta amazôni-

Tão terríveis quanto os boatos dos índios canibais eram as descrições de animais misteriosos e sobretudo reais: lagartos maiores que o homem, peixes enormes com carne de boi e cães de bico fino que comem formigas e às vezes atacam pessoas. Foi assim que o padre Fernão Cardim, no fim do século 16, descreveu o jacaré, o peixe-boi e o tamanduá.

ca, teriam enfrentado alguma adversidade ambiental, como uma grande seca, que os empurrou para o Sul. À medida que se expandiram, afugentaram tribos então donas da casa. Por volta da virada do primeiro milênio, enquanto as legiões romanas avançavam pelas planícies da Gália, os tupis-guaranis conquistavam territórios ao sul da Amazônia, exterminando ou expulsando inimigos.[6] Índios caingangues, cariris, caiapós e outros da família linguística jê tiveram que abandonar terras do litoral e migrar para planaltos acima da serra do Mar.

Em 1500, quando os portugueses apareceram na praia, a nação tupi se espalhava de São Paulo ao Nordeste e à Amazônia, dividida em diversas tribos, como os tupiniquins e os tupinambás, que disputavam espaço travando guerras constantes entre si e com índios de outras famílias linguísticas. Não se sabe exatamente quantas pessoas viviam no atual território brasileiro — as estimativas variam muito, de 1 milhão a 3,5 milhões de pessoas, divididas em mais de duzentas culturas. Ainda demoraria alguns séculos para essas tribos se reconhecerem na identidade única de índios, um conceito criado pelos europeus. Naquela época, um tupinambá achava um botocudo tão estrangeiro quanto um português. Guerreava contra um tupiniquim com o mesmo gosto com que devorava um jesuíta. Entre todos esses povos, a guerra não era só comum — também fazia parte do calendário das tribos, como um ritual que uma hora ou outra tinha de acontecer. Sobretudo os índios tupis eram **obcecados pela guerra**. Os homens só ganhavam permissão para casar ou ter mais esposas quando capturassem um inimigo dos grandes. Outros grupos acreditavam assumir os poderes e a perspectiva do morto, passando a controlar seu espírito, como uma espécie de bicho de estimação.[7]

É simples explicar por que os índios matavam tanto. Eles não consideravam o assassinato um pecado como os cristãos. Para algumas tribos, matar era um requisito para o paraíso. Segundo o calvinista francês Jean de Léry, os tupinambás no Rio de Janeiro acreditavam que, "depois da morte, os que viveram dentro das normas consideradas certas, que são as de matarem e comerem muitos inimigos, vão para além das altas montanhas dançar em lindos jardins com as almas de seus avós".[8]

Entre canibais, como os **tupinambás**, prisioneiros eram devorados numa festa que reunia toda a tribo e convidados
da vizinhança.

Com a vinda dos europeus, que também gostavam de
uma guerra, esse potencial bélico se multiplicou. Os índios
travaram entre si guerras duríssimas na disputa pela aliança com os recém-chegados. Passaram a capturar muito mais
inimigos para trocar por mercadorias. Se antes valia mais a
qualidade, a posição social do inimigo capturado, a partir da
conquista a quantidade de mortes e prisões ganhou importância. Por todo o século 16, quando uma caravela se apro-
ximava da costa, índios de todas as partes vinham correndo
com prisioneiros – alguns até do interior, a dezenas de quilômetros. Os portugueses, interessados em escravos, compravam os presos com o pretexto de que, se não fizessem isso,
eles seriam mortos ou devorados pelos índios. Em 1605, o
padre Jerônimo Rodrigues, quando viajou ao litoral de Santa
Catarina, ficou estarrecido com o interesse dos índios em trocar gente, até da própria família, por roupas e ferramentas:

> Tanto que chegam os correios ao sertão, de haver navio na barra,
> logo mandam recado pelas aldeias para virem ao resgate. E para
> isso trazem a mais desobrigada gente que podem, *scilicet*, moços
> e moças órfãs, algumas sobrinhas, e parentes, que não querem
> estar com eles ou que os não querem servir, não lhe tendo essa
> obrigação; a outros trazem enganados, dizendo que lhe farão e
> acontecerão e que levarão muitas coisas [...]. Outro moço vindo
> aqui onde estávamos, vestido em uma camisa, perguntando-lhe
> quem lha dera, respondeu que vindo pelo navio dera por ela e
> por alguma ferramenta um seu irmão; outros venderam as pró-
> prias madrastas, que os criaram, e mais estando os pais vivos.[9]

A palavra "mingau"
vem da pasta
feita com as
vísceras cozidas
do prisioneiro
devorado pelos
tupinambás.

Antiga contração
que significa
"vale dizer",
"por exemplo".

No livro *Sete Mitos da Conquista Espanhola*, o historiador Matthew Restall fala do guerreiro invisível que matou os índios do México. Se os espanhóis estavam em um punhado de aventureiros, e os astecas, em milhões, como os primeiros podem ter conseguido conquistar o México? É claro que não foi ato de um guerreiro invisível (embora epidemias tenham matado muita gente). Na verdade, os espanhóis não estavam em poucos. "O que com frequência é ignorado ou esquecido é o fato de que os conquistadores tendiam a ser superados em número também por seus próprios aliados nativos", afirma Restall.[10] Os espanhóis ficaram de um lado da guerra entre facções astecas – ajudaram os índios e ganharam a ajuda deles. É razoável supor que, se houvesse algum senso de solidariedade étnica no México, a conquista seria muito mais difícil ou talvez impossível.

Pode-se dizer o mesmo sobre o Brasil. O extermínio e a escravidão dos índios não seriam possíveis sem o apoio dos próprios índios, de tribos inimigas. Eles forneceram o suporte militar às bandeiras, os assaltos que os paulistas faziam ao interior para conseguir escravos. Também dependia deles a guarda das colônias portuguesas. As bandeiras são geralmente apontadas como a maior causa de morte da população indígena depois das epidemias. (*Há uma controvérsia sobre a real violência das bandeiras; veja mais na página 65.*) De todo modo, havia em cada uma no mínimo duas vezes mais índios – normalmente dez vezes mais. Sobre a mais famosa delas, a que o bandeirante Raposo Tavares empreendeu até as aldeias jesuíticas de Guairá, no extremo oeste paranaense, os relatos apontam para uma bandeira formada por 900 paulistas e 2 mil índios tupis. "No entanto, nestas versões, o total de paulistas parece exagerado, uma vez que é possível identificar apenas 119 participantes em outras fontes. Além disto, a razão de dois índios por paulista seria muito baixa quando comparada a outras expedições", escreveu o historiador John Manuel Monteiro no livro *Negros da Terra*.[11]

Cogita-se até que o modelo militar das bandeiras seja resultado mais da influência indígena que europeia. "É difícil evitar a impressão, por exemplo, de que as bandeiras representavam uma predileção tupi por aventuras militares", afirma o historiador Warren Dean.[12]

> Essa imersão em um conjunto nativo de valores era de se esperar, dado o quanto eram escassos nessas sociedades militarizadas os capitães e tenentes brancos, o quanto eram tupis seus sargentos mestiços e o quanto as normas de comportamento devem ter sido não europeias nas trilhas e nos campos de batalha das selvas.[13]

Mesmo a distinção entre bandeirantes paulistas e índios é difusa. Muitos dos chamados "bandeirantes paulistas" eram mestiços de primeira geração: tinham mãe, tios e primos criados nas aldeias e pareciam mais índios que **europeus**.

O melhor exemplo é Domingos Jorge Velho, bandeirante paulista que destruiu o Quilombo dos Palmares. Filho de um europeu com uma índia, ele não falava português. Assim como quase todos naquela época, expressava-se na língua geral tupi-guarani.

As tribos não apoiavam os colonos por alguma obediência cega. Seus líderes, que também participavam das bandeiras e das batalhas, estavam interessados na parceria para derrotar outras tribos. O padre José de Anchieta percebeu isso em 1565. Os tupinambás, tradicionais adversários dos colonos, de repente se mostraram dispostos a deixar de guerrear com os portugueses. O real motivo dessa aliança surpreendente era "o desejo grande que têm de guerrear com seus inimigos tupis, que até agora foram nossos amigos, e há pouco se levantaram contra nós", acreditava o padre. Uma frase escrita pela historiadora Maria Regina Celestino de Almeida resume muito bem as guerras indígenas: "Se os europeus se aproveitaram das dissidências indígenas para fazerem suas guerras de conquista por território, também os índios lançaram mão desse expediente para conseguir seus próprios objetivos".[14]

Um bom exemplo da participação deliberada de índios no extermínio de índios é a Guerra dos Tamoios, entre 1556 e 1567. Os tupiniquins e os temiminós ajudaram os portugueses a expulsar os franceses do Rio de Janeiro. Ao mesmo tempo, lutavam contra antigos inimigos: os tupinambás, também chamados de tamoios. Depois de vencerem, os nativos aliados dos portugueses ganharam terras e uma posição privilegiada de colaboradores do reino português. Ficaram responsáveis pela segurança do Rio, na tentativa de evitar ataques à cidade conquistada. Transformaram-se no índio colonial, um personagem esquecido da história brasileira que será lembrado a seguir.

Os índios perguntam: onde estão os índios?

Durante os três primeiros séculos da conquista portuguesa, nenhuma família teve mais poder na vila que deu origem a Niterói, no Rio de Janeiro, quanto os Souza. Em 1644, Brás de Souza reivindicou ao Conselho Ultramarino o cargo de capitão-mor da aldeia de São Lourenço, utilizando como principal argumento o nome de sua família. O pedido foi aceito. Segundo a carta que concedeu a colocação, era preciso lembrar que Brás era "descendente dos Souza

que sempre exercitaram o dito cargo", por isso tinha direito a "todas as honras e proeminências que têm e gozaram
os mais Capitães e seus antecessores dadas nesta cidade de
São Sebastião do Rio de Janeiro". Um século e meio depois,
em 1796, Manoel Jesus e Souza era capitão-mor. Em uma
consulta do Conselho Ultramarino, consta que ele deveria
continuar no cargo por causa de "sua descendência nobre".
Típicos membros da elite colonial esses Souza.[15]

O interessante é que esses nobres senhores não eram
descendentes de nenhum poderoso fidalgo português. O
homem que criou a dinastia dos Souza de Niterói chamava-
-se Arariboia. Era o cacique dos índios temiminós, que ajudaram os portugueses a expulsar franceses e tupinambás
do Rio de Janeiro. Com a guerra vencida, muitos temiminós
e tupiniquins foram batizados e adotaram um sobrenome
português. Arariboia virou Martim Afonso de Souza (em
homenagem ao primeiro colonizador do Brasil) e ganhou a
sesmaria de Niterói, onde alojou sua tribo. Menos de cem
anos depois, seus descendentes já não se viam como índios: eram os Souza e faziam parte da sociedade brasileira.
Talvez eles se identifiquem assim até hoje.

Muitos historiadores mostram números desoladores
sobre o genocídio que os índios sofreram depois da conquista portuguesa. Dizem que a população nativa dimi-
nuiu dez, vinte vezes. As tribos passaram mesmo por um
esvaziamento, mas não só por causa de doenças e ataques.
Costuma-se deixar de fora da conta o índio colonial, aquele
que largou a tribo, adotou um nome português e foi compor
a conhecida miscigenação brasileira ao lado de brancos, negros e mestiços – e cujos filhos, pouco tempo depois, já não
se identificavam como índios.

Não foram poucas vezes, nem só no Rio, que isso aconteceu. Por todo o Brasil, índios foram para as cidades e passaram a trabalhar na construção de pontes, estradas, como marceneiros, carpinteiros, músicos, vendendo chapéus, plantando hortaliças e cortando árvores – e até caçando negros fugitivos.[16] Nas aldeias ao redor de São Paulo, não se sabe de cargos vitalícios como entre os Souza de Niterói, mas há sinais de que os índios aldeados também se integraram. Em 2006, o historiador Marcio Marchioro achou documentos com nome, cargo, idade, profissão e número de filhos dos chefes indígenas na virada do século 18 para o século 19. São todos nomes portugueses, "todos antecedidos da palavra 'índio'".[17] Esses nativos da terra devem ter ajudado a tornar comuns alguns sobrenomes brasileiros (*veja a tabela na página seguinte*).

Dos índios de Minas Gerais, descobriram-se documentos do exato momento em que deixavam as aldeias e entraram para a sociedade mineira. Vasculhando documentos mineiros no Arquivo Histórico Ultramarino, os historiadores Maria Leônia Chaves de Resende e Hal Langfur encontraram dezenas de registros da entrada dos índios nas vilas aquecidas com a corrida do ouro do século 18. Perceberam que muitos nativos se mudaram para vilas por iniciativa própria, provavelmente porque se sentiam ameaçados por conflitos com os brancos ou cansados da vida do Paleolítico das aldeias. Chegavam às dezenas, recebiam uma ajuda inicial do governo e iam trabalhar na propriedade de algum colono. Afirmam os dois historiadores:

Para só citar um exemplo, o governador Lobo da Silva conta que, tão logo tomou posse, "apareceram vinte e tantos índios silvestres

ALDEIA	NOME	CARGO	OCUPAÇÃO	IDADE	FILHOS
Itaquaquecetuba	João Lima	Capitão-mor		52	3
	Belchior Tavares	Sargento-mor		41	7
	Bento Ribeiro	Capitão		42	3
	João da Cruz	Sargento		42	1
Peruíbe	Timoteo da Silva Mota	Capitão-mor	Lavouras, vende tucum	47	4
	Carlos Monteiro	Sargento-mor	Lavouras, vende tucum e chapéus	46	6
Itapecerica	Angelo Fragoso	Capitão-mor	Lavrador	55	–
	Joaquim Vieira	Sargento-mor	Músico	27	2
	Francisco de Paula	Capitão	Lavrador	30	1
	Francisco Ribeiro	Ajudante	Músico	44	–
	Miguel Matos	Alferes	Músico	26	2
	Francisco de Faria	Sargento	Lavrador	30	2
Escada	Paulo Correa	Capitão-mor	Planta	34	7
	José Ramos	Sargento-mor	Planta	36	5
Embu	Julio Fragoso	Capitão-mor	Músico	40	4
	Pascoal Correa	Sargento-mor	Carpinteiro	44	2
	Manoel da Siqueira	Capitão de infantaria	Músico	30	1
	Manuel de Alzão	Ajudante	Lavouras	37	–
Barueri	João Luiz da Costa	Capitão-mor	Não tem plantas por falta de terras	58	5
	Antonio Rodrigues	Sargento-mor	Planta	42	3
Pinheiros	José da Cunha	Capitão-mor	De jornal	55	2
	Francisco de Moraes	Sargento-mor	De jornal	41	–

FONTE: Marcio Marchioro, "Censos de índios na capitania de São Paulo (1798-1803)", comunicação de pesquisa apresentada na 25ª Reunião Brasileira de Antropologia, 2006, página 9.

chamados Coropós, Gavelhos e Croás". Em virtude das ordens reais, mandou vestir e dar ferramentas. Passados alguns dias, vieram outros trinta "no mesmo empenho [de serem batizados], informados do bom acolhimento que se fez aos primeiros".[18]

Se fossem escravizados pelos fazendeiros, os índios poderiam entrar na justiça e requerer a liberdade. Frequentemente ganhavam. A escravidão indígena tinha sido proibida pelo rei dom Pedro II de Portugal em 1680, e vetada novamente, um século depois, pelo marquês de Pombal, primeiro-ministro do reino português. O governador de Minas Gerais entre 1763 e 1768, Luiz Diogo Lobo da Silva, acatava a lei e procurava colocá-la em prática. Em 1764, a índia carijó Leonor, de Ouro Preto, pediu que fosse libertada da fazenda de Domingos de Oliveira. O colono mantinha a índia, seus três filhos e netos em cativeiro e os tratava a surras. Ela ganhou a causa – uma escolta foi à fazenda garantir a liberdade de sua família. Fora do cativeiro, em plena efervescência da corrida do ouro em Minas Gerais, Leonor não deve ter demorado para se arranjar e se misturar à população da cidade. Casos como o dela são bem diferentes da crônica simplista da extinção dos nativos. Provam, como dizem os historiadores Maria de Resende e Hal Langfur, "a presença inegável dos índios nos sertões e nas vilas durante todo o período colonial, demonstrando, portanto, que eles jamais foram extintos, como afirmou a historiografia tradicional".[19]

Em muitos casos, os índios nem precisaram sair de suas aldeias para entrar na sociedade. Os ocidentais foram até eles. Na década de 1750, quando os jesuítas foram expulsos do Brasil, Portugal resolveu transformar as aldeias indígenas em vilas e freguesias. Com isso, acabou a proibição de brancos nas aldeias. Nasceram assim muitos bairros e cidades que existem até hoje. Eram aldeias as cidades de Carapicuíba, Guarulhos, Embu, Peruíbe, Barueri, Moji das Cruzes, na Grande São Paulo, além do próprio centro de São Paulo e bairros como São Miguel Paulista e Pinheiros. Também é o caso das cidades de Niterói, São Pedro da Aldeia e Mangaratiba, no Rio de Janeiro, como muitas outras pelo Brasil. Nas aldeias do litoral, a população se misturou pouco, seguindo com uma influência indígena mais forte. É o caso dos caiçaras, os nativos da praia. Assim como em 1500, estão presentes em quase todo o litoral brasileiro. Plantam mandioca, usam cestas flexíveis e alguns pescam em canoas de tronco escavado. No entanto, como não se consideram índios, não entram na conta da população indígena atual.

Na Amazônia, esse fenômeno ainda acontece. Quem visita a região se espanta ao conhecer pessoas com cara de índio, quase vestidas de índio e que ficam contrariadas ao serem chamadas de índio. Como nos últimos séculos, muitos deles preferem ser chamados de brasileiros: 25% da população indígena da Amazônia já mora em cidades, e só metade desse contingente, segundo a Funai, se considera índio, mesmo falando uma segunda língua e praticando rituais.[20]

É verdade que essa miscigenação não foi tão intensa quanto entre africanos e portugueses ou entre índios e espanhóis de outras regiões da América. Pesquisas de ancestralidade genômica, que medem o quanto europeu, africano ou indígena um indivíduo é, sugerem que os brasileiros são em média 8% indígenas. Uma análise de 2008 envolveu 594 voluntários, a maioria estudantes da Universidade Católica de Brasília que se consideravam brancos e pardos. A ancestralidade média do genoma dos universitários era 68,65% europeia, 17,81% africana, 8,64% ameríndia e 4,87% de outras origens.[21] É pouco sangue indígena, mas não tanto pensando numa população de 190 milhões de habitantes. Se pudéssemos organizar esses genes em indivíduos cem por cento brancos, negros ou ameríndios, 8% dos brasileiros dariam 15,2 milhões de pessoas, ou mais de quatro vezes a **população indígena** de 1500.

O número fica ainda maior se considerarmos como descendente de índios toda pessoa que tem o menor toque de sangue nativo. Em 2000, um estudo do laboratório Gene, da Universidade Federal de Minas Gerais, causou espanto ao mostrar que 33% dos brasileiros que se consideram brancos têm DNA mitocondrial vindo de mães índias. "Em outras palavras, embora desde 1500 o número de nativos no Brasil tenha se reduzido a 10% do original (de cerca de 3,5 milhões para 325 mil), o número de pessoas com DNA mitocondrial ameríndio aumentou mais de dez vezes", escreveu o geneticista Sergio Danilo Pena no *Retrato Molecular do Brasil*. Esses números sugerem que muitos índios largaram as aldeias e passaram a se considerar brasileiros. Hoje, seus descendentes vão ao cinema, andam de avião, escrevem livros e, como seus antepassados, tomam banho todos os dias.

Isso tomando como base a estimativa mais generosa para a população de índios antes da conquista, de 3,5 milhões de pessoas.

A natureza europeia fascinou os índios

A imagem mais divulgada do descobrimento do Brasil é aquela dos portugueses na praia, com as caravelas ao fundo, sendo recebidos por índios curiosos que brotam da floresta. Na verdade, houve um episódio que aconteceu antes: os índios subiram nas caravelas. Pero Vaz de Caminha, o repórter daquela viagem, relata em sua carta que, antes de toda a tripulação desembarcar na praia, dois índios foram recebidos "com muitos agrados e festa" no navio principal. Provaram bolos, figo e mel (mas cuspiram as comidas com nojo), e ficaram espantadíssimos ao conhecer uma galinha. "Quase tiveram medo dela – não lhe queriam tocar, para logo depois tomá-la, com grande espanto nos olhos", escreveu Caminha. Essa imagem sugere que, naquela tarde de abril de 1500, os índios também fizeram sua descoberta. A chegada dos europeus revelou a eles um universo de tecnologias, plantas, animais e modos de pensar.

Até a chegada de franceses, portugueses e holandeses ao Brasil, os índios não conheciam a domesticação de animais, a escrita, a tecelagem, a arquitetura em pedra. Assentados sobre enormes jazidas, não tinham chegado à Idade do Ferro e nem mesmo à do Bronze. Armas e ferramentas eram feitas de galhos, madeira, barro ou pedra, e o fogo tinha um papel essencial em guerras e caçadas. Até conheciam a agricultura, mas em geral era uma agricultura rudimentar, pouco intensiva e restrita a roças de amendoim e mandioca. Dependendo da sorte na caça e na coleta, passavam por períodos de fome. Não desenvolveram tecnologias de transporte. Não conheciam a roda. A roda.

Dá muita vontade de afirmar que os índios eram naturalmente incapacitados para não ter nem ideia dessas tecnologias básicas, mas não há motivo para isso. Eles são na verdade heróis do povoamento humano no fim do mundo, a América, o último continente da Terra a abrigar o homem. A chegada a um lugar tão distante custou-lhes o isolamento cultural.

Entre 50 e 60 mil anos atrás, os ancestrais de índios e portugueses eram o mesmo grupo de caçadores e coletores. Tinham a mesma aparência, os mesmos costumes, a mesma língua rudimentar. Caminhando juntos rumo ao norte da África, contornaram o mar Mediterrâneo e chegaram ao Oriente Médio. Durante a caminhada de centenas de gerações, alguns deles perderam contato e se separaram. Uns debandaram à esquerda, rumo à península Ibérica, enquanto outros continuaram subindo pela Ásia.

O que hoje conhecemos como Ásia era então um bloco de gelo sem fim. Perambulavam por ali mamutes e alces-gigantes cuja carne deveria ser deliciosa. Com o fim da Idade do Gelo, parte dessas geleiras derreteu e o nível do mar subiu. Alguns caçadores nômades não devem ter percebido, mas já estavam na América, separados dos colegas asiáticos por um oceano. Até então, nenhuma barreira tão definitiva tinha separado o homem. Aos primeiros americanos, não restava outra saída senão migrar para o Sul. Foi assim que chegaram ao Brasil, cerca de **15 mil anos atrás**.

O isolamento na América deixou os nativos americanos de fora da mistura cultural que marcou o convívio entre europeus, africanos e asiáticos. Esses povos entraram em contato uns com os outros já na Antiguidade. O choque de civilizações fez a tecnologia se espalhar. Por meio de guerras, conquistas ou mesmo pelo comércio, tecnologias e novos costumes passavam de cultura a cultura. Já os americanos viveram muito mais tempo sem novidades vindas de fora. Tiveram que se virar sozinhos em territórios despovoados, sem ter com quem trocar ou de quem copiar novas técnicas.

A arqueóloga Niede Guidon defende, com base em pinturas rupestres do Parque Nacional da Serra da Capivara, no Piauí, que o primeiro brasileiro apareceu muito antes, há 60 mil anos. Raros cientistas apoiam essa teoria: ela parece mais destinada a arrecadar fundos para o parque nacional que a contribuir para o estudo das migrações humanas.

De repente, porém, aconteceu um fato extraordinário. Apareceram no horizonte enormes ilhas de madeira, que eram na verdade canoas altas cheias de homens estranhos. Numa quarta-feira ensolarada do sul da Bahia, duas pontas da migração do homem pela Terra, que estavam separadas havia 50 mil anos, ficaram frente a frente. Os milênios de isolamento dos índios brasileiros tinham enfim acabado.

Antropólogos e cientistas sociais não cansam de repetir que é preciso valorizar a cultura indígena. Os índios que encontraram os portugueses no século 16 não estavam nem aí para isso. Não sabiam nada de antropologia e migração humana, mas logo perceberam quanto aquele encontro era sensacional. Fizeram de tudo para conquistar a amizade dos novos (ou antigos) amigos. Antes que os brancos desembarcassem, subiram nos navios para conhecê-los. Na praia, deram presentes, estoques de mandioca e mulheres se ofereceram generosas. Devem ter achado urgente misturar-se com aquela cultura e se apoderar dos objetos diferentes que aqueles homens traziam.

A história tradicional diz que os portugueses deram quinquilharias aos índios em troca de coisas muito mais valiosas, como pau-brasil e animais exóticos. Isso é achar que os índios eram completos idiotas. Aos seus olhos, nada poderia ser mais fascinante que a cultura e os objetos dos visitantes. Não eram só quinquilharias que os portugueses ofereciam, mas riquezas e costumes selecionados durante milênios de contato com civilizações da Europa, da Ásia e da África, que os americanos, isolados por uma faixa de oceano de 4 mil quilômetros, não puderam conhecer. Comprar aqueles artefatos com papagaios ou pau-brasil era um ótimo negócio. Seria como trocar roupas velhas que ocupam espaço no armário por um uma espada *jedi* de *Guerra nas Estrelas*.

Imagine, por exemplo, a surpresa dos índios ao conhecer um anzol. Não dependiam mais da pontaria para conseguir peixes, e agora eram capazes de capturar os peixes que ficavam no fundo. Um machado também deve ter sido uma aquisição sem precedentes. "As facas e os machados de aço dos europeus eram ferramentas que reduziam em muito o seu trabalho, porque eliminavam a faina extenuante de lascar pedra e lavrar madeira, e encurtavam em cerca de oito vezes o tempo gasto para derrubar árvores e esculpir canoas", escreveu o historiador americano Warren Dean.[22] "É difícil imaginar o quanto deve ter sido gratificante seu súbito ingresso na Idade do Ferro [...]." No começo, os portugueses tentaram esconder dos índios a técnica de produzir metais, proibindo os ferreiros de ter índios como ajudantes. Mas a metalurgia escapou do controle e se espalhou pela floresta. A técnica foi transmitida entre os índios a ponto de os europeus, quando entravam em contato com uma tribo isolada, já encontrarem flechas com pontas metálicas.

Os índios adotaram não só a tecnologia europeia. Assim como os portugueses ficaram encantados com as florestas brasileiras, eles se fascinaram com a natureza que veio da Europa. Novas plantas e animais domésticos, que ajudavam na caça e facilitavam o fardo de conseguir comida, foram logo incorporados pelas tribos. Poucos anos depois, seria difícil imaginar o Brasil sem essas espécies.

O melhor exemplo é a banana. Originária da região da Indonésia, a banana selvagem tinha uma casca grossa e a polpa rala. A partir de 5 mil anos atrás, o homem selecionou as variações mais saborosas, com casca mais fina e sem sementes. Plantações da fruta apareceram na Índia há 2.300 anos (Alexandre, o Grande provou uma quando passou por lá) e logo depois a banana começou a ser cultivada na China. Com os árabes, atravessou toda a África (de onde vem seu nome atual) e chegou à Europa por influência moura. Ao todo, foram 6.500 anos de migração e **melhoramento genético** oferecidos aos índios brasileiros. Assim como a banana, os índios conheceram pelos portugueses frutas e plantas que hoje são símbolos nacionais e que não faltam em muitas tribos, como a jaca, a manga, a laranja, o limão, a carambola, a graviola, o inhame, a maçã, o abacate, o café, a tangerina, o arroz, a uva e até mesmo o coco[23] (isso mesmo: até o descobrimento, não havia coqueiros no Brasil). Quando os jesuítas implantaram a agricultura intensiva perto das aldeias, obter comida deixou de ser um estorvo. Para quem estava acostumado a plantar só mandioca e amendoim, tendo que suar em caçadas demoradas para arranjar alguma proteína fresca, a vida ficou muito mais fácil.

Outra novidade foi o animal doméstico. Com uma floresta farta, os nativos não precisaram desenvolver criações para o abate nem bichos de estimação como os dos europeus. Galinhas, porcos, bois, cavalos e cães foram novidades revolucionárias que os índios não demoraram a adotar. Novas palavras surgiram no vocabulário nativo, a maioria associando os novos animais ao fato extraordinário de serem mansos e amigáveis. O porco, em tupi, virou taiaçu-guaia ("porco manso"), os cães ganharam o nome de iaguás-mimbabas ("onças de criação"). Poucos anos depois de conhecerem a galinha, os índios já vendiam ovos para os portugueses.

> É verdade que não faltavam frutas e cereais nas matas brasileiras, mas muitos eram espinhosos e difíceis de abrir, como a castanha-do-pará – e não porque os trópicos favorecem plantas esquisitas, mas porque essas espécies não passaram por um processo de domesticação e seleção artificial.

Em 1534, quando vieram nos porões das caravelas os primeiros cavalos, fazia pelo menos 10 mil anos que equinos não pisavam no Brasil. Houve primos nativos de cavalos na América, mas eles tinham sido extintos durante mudanças climáticas ou pela caça excessiva. Quando chegou à América, o cavalo europeu era outro animal que havia passado por milênios de domesticação. Quando essa dádiva do melhoramento de espécies chegou à América, os índios ficaram estupefatos. Algumas tribos, como os guaicurus, do Pantanal, passaram a utilizar a novidade como instrumento de guerra. Nos terrenos pantaneiros, os guaicurus se apoderaram de manadas selvagens, descendentes provavelmente de cavalos perdidos por colonizadores espanhóis no norte da Argentina. No século 18, montando os cavalos em pelo, sem selas, e com lanças na mão, tornaram-se guerreiros invencíveis, impondo autoridade sobre outras tribos da região e até sobre os brancos. Nunca foram vencidos por adversários europeus e chegaram a ajudar o exército brasileiro durante a Guerra do Paraguai.

Mas nenhum animal doméstico provocou tanta surpresa e divertimento aos índios quanto o bom e velho cachorro. O primo mais próximo dos cães que havia no Brasil até então era o lobo-guará, animal arredio, que mete medo e é feio de doer. Os portugueses trouxeram de presente para os índios um lobo que tinha sido domesticado fazia 14 mil anos, no sul da China. Durante a convivência com o homem, ganharam preferência os cães que eram mansos, alertavam quanto a invasores e permaneciam com cara de filhotes mesmo depois de adultos. No século 16, já havia raças selecionadas para o pastoreio, a caça e a guarda. Nas caçadas dos índios, os cachorros farejavam preses e ajudavam a desentocá-las. "Os cães ampliaram de forma extraordinária a capacidade de caça dos indígenas (e dos povoadores europeus e africanos) sobre determinados povoamentos faunísticos, principalmente os dos mamíferos", conta o biólogo Evaristo Eduardo de Miranda no livro *O Descobrimento da Biodiversidade*.

Os **portugueses** ensinaram **os índios** a **preservar** a floresta

O mito do índio como um homem puro e em harmonia com a natureza já caiu faz muito tempo, mas é incrível como ele sempre volta. Todo mundo sabe que personagens como Peri, o herói do livro *O Guarani*, de José de Alencar, estavam mais para relato épico que para história. Mesmo assim é difícil pensar diferente. Até os documentários etnográficos e os museus propagam a imagem do índio em paz com árvores e animais. Em janeiro de 2009, um texto informativo da exposição Oreretama, do Museu Histórico Nacional, do Rio de Janeiro, dizia que a sociedade indígena "era um tipo de organização que tendia a manter o equilíbrio entre as comunidades humanas e o meio ambiente". Não é bem assim. Antes de os portugueses chegarem, os índios já haviam extinguido muitas espécies e feito um belo estrago nas florestas brasileiras. Se não acabaram com elas completamente, é porque eram poucos para uma floresta tão grande.

As tribos que habitavam a região da mata atlântica botavam o mato abaixo com facilidade, usando uma ferramenta muito eficaz: o fogo. No fim da estação seca, praticavam a coivara, o ato de queimar o mato seco para abrir espaço para a plantação, empregado até hoje. No início, a coivara é eficiente, já que toda a biomassa da floresta vira cinzas que fertilizam o solo. Depois de alguns anos, o solo se empobrece. Pragas e ervas daninhas tomam conta. Como não havia enxadas e pesticidas e ninguém sabia adubar o solo, procuravam-se outras matas virgens para queimar e transformar em roças. O historiador americano Warren Dean estimou que a alimentação de cada habitante exigia a devastação de 2 mil metros quadrados de mata por ano. "Se os agricultores não abrissem senão floresta primária, teriam queimado cerca de 50% dela pelo menos uma vez naquele milênio", escreveu Dean. A devastação foi maior nas áreas mais povoadas. Nas florestas próximas ao litoral, os índios devem ter queimado a mata pelo menos duas vezes por século.[24]

A conta de Warren Dean não considera incêndios acidentais nem queimadas por guerras ou para a caça. O fogo usado para fins de caça foi igualmente destruidor, já que a agricultura não era o forte dos índios brasileiros. É verdade que havia pequenas lavouras, principalmente de mandioca, mas ninguém imaginava fazer plantações intensivas ou métodos sistemáticos de colheita, replantio e rotação de culturas. Havia outro empecilho: grandes reservas de comida atraíam invasores, provocando mais guerras e mais mudanças – não valia a pena investir numa área que talvez tivesse de ser abandonada a qualquer momento. A grande vantagem do fogo era facilitar a caça. Criando fogueiras coordenadas, um pequeno grupo de pessoas consegue controlar uma área enorme da mata sem precisar de machados, serrotes ou alguma outra ferramenta de ferro. As chamas desentocam animais escondidos na terra, no meio de arbustos e nos galhos. Aves, macacos, veados, capivaras, onças, lagartos e muitos outros animais corriam em direção ao mesmo ponto, onde os índios os esperavam para capturá-los. Não é à toa que, assim como em todo o resto do mundo, nas florestas brasileiras só havia animais de grande porte, rápidos e agressivos: os mais lentos foram logo extintos pelas populações nativas. Para caçar alguns poucos animais, eles destruíam uma área enorme da floresta.

O poder do fogo e da devastação ambiental ficou gravado no vocabulário tanto dos índios quanto dos portugueses. Na língua tupi, são muitas as palavras diferenciando as matas abertas, como capoeira ("roça abandonada"), cajuru ("entrada da mata"), caiuruçu ("incêndio"), capixaba ("terreno preparado para plantio"). Os índios caiapós usavam tanto o fogo que daí veio o nome da tribo – "caiapó" significa "que traz o fogo à mão". Quando os europeus chegaram por aqui, refugiaram-se em **campos** que já haviam sido abertos pelos tupis. Alguns biólogos perguntam se as queimadas indígenas não apressaram ou favoreceram o surgimento de cerrados e campos de gramíneas em locais onde antes havia florestas.[25]

A floresta era o maior inimigo dos índios, e é fácil entender por quê. Para quem mora na cidade, é possível enxergar as árvores como um abrigo da paz e de boas energias. Mas quem vive no mato conhece bem o significado da expressão "inferno verde". Não tanto por cobras e grandes animais que podem atacar o homem, mas pelos pequenos. Mosquitos, aranhas, formigas e todo tipo de artrópodes infernizam quem se atreve a passar a noite na mata. Simples picadas transmitem vírus e protozoários causadores de fe-

Vêm das clareiras abertas pelos índios nomes de lugares como Capão Redondo, Capão da Imbuia, Campo Limpo, Campos, Campinas, São Bernardo do Campo, Santo André da Borda do Campo. Alguns locais mostram até quais índios abriram a mata, como a cidade fluminense de Campos dos Goytacazes.

bres que inutilizam uma pessoa por semanas, quando não deixam seu corpo repleto de feridas permanentes, como no caso da leishmaniose. Mesmo nas clareiras e nas ocas, ainda hoje os índios precisam manter fogueiras constantemente acesas, para espantar mosquitos. Por isso, quando os portugueses se mostraram interessados em pau-brasil, os índios derrubaram as árvores com gosto. As ferramentas de aço satisfizeram seu desejo de se livrar do mato sem se importar com o resultado da devastação. Em cinco séculos, algumas tribos fizeram tanto mal à mata quanto os não índios. Conta o historiador Warren Dean:

> Um grupo caingangue residente no Paraná, que havia recebido ferramentas de aço apenas no século 20, lembrava-se de que não mais tinha de escalar árvores, outrora uma atividade muito frequente, para apanhar larvas e mel. Muitos dos que caíam das árvores morriam – agora eles simplesmente derrubavam as árvores.[26]

Os jesuítas se encantavam com o fato de os nativos não se preocuparem em acumular riquezas, não serem "luxuriosos". Essa característica também fazia os índios não se preocupar em deixar riquezas naturais para o futuro. Apesar de muitos líderes indígenas de hoje afirmarem que o homem branco destruiu a floresta enquanto eles tentavam protegê-la, esse discurso politicamente correto não nasceu com eles. Nasceu com os europeus logo nas primeiras décadas após a conquista.

Os portugueses criaram leis ambientais para o território brasileiro já no século 16. As ordenações do rei Manuel I (1469-1521) proibiam o corte de árvores frutíferas em Portugal e em todas as colônias. No Brasil, essa lei protegeu centenas de espécies nativas. Em 1605, o Regimento do Pau-Brasil estabeleceu punições para os madeireiros que derrubassem mais árvores do que o previsto na licença. A pena variava conforme a quantidade de madeira cortada ilegalmente. Pequenos excedentes seriam apreendidos e renderiam ao concessionário multa de cem cruzados. Quem cortasse mais de seis toneladas receberia um castigo maior: pena de morte. A nova lei também estipulava regras de aproveitamento da floresta. O rei proibiu o abandono de toras e galhos pela mata, de modo que "se aproveite todo o que for de receber, e não se deixe pelos matos nenhum pau cortado". Os colonos também não podiam transformar matas de pau-brasil em roças. "Essa legislação garantiu a manutenção e a exploração sustentável das florestas de pau-brasil até 1875, quando entrou no mercado a anilina", escreveu o biólogo Evaristo Eduardo de Miranda. "Ao contrário do que muitos pensam e propagam, a exploração racional do pau-brasil manteve boa parte da mata atlântica até o final do século 19 e não foi a causa do seu desmatamento, fato bem posterior."[27]

O contato também matou milhões de europeus

Genocídio e extermínio, palavras sempre usadas para se falar do contato dos portugueses com os índios, denotam ações com o propósito deliberado de matar um grupo de pessoas. Por mais cruéis que os portugueses e seus aliados índios tenham sido durante as bandeiras e caçadas de escravos nos sertões, essas ações respondem por uma pequena parte da enorme mortalidade de índios durante os primeiros séculos de Brasil. A grande maioria deles morreu por doenças que os portugueses trouxeram, sobretudo gripe, varíola e sarampo. O simples contágio criou epidemias que devastaram nações indígenas inteiras.

É injusto responsabilizar os portugueses por essas mortes. Epidemias causadas pelo contato de etnias foram muito comuns na história do homem: não aconteceram só com os nativos da América. Talvez os antepassados deles próprios, durante milênios de diáspora pelo mundo, tenham transmitido doenças a povos de regiões onde pisaram. Além disso, no século 16, ainda demoraria trezentos anos para se descobrir que as doenças contagiosas são causadas por micro-organismos e passam de uma pessoa a outra pela respiração e pela picada de mosquitos. Tinha-se apenas uma noção vaga da transmissão de doenças venéreas.

Acreditava-se então que as doenças vinham de ares malignos, "maus ares", expressão que deu o nome à malária. Os colonos e navegadores morriam de medo de ser contaminados por esses ares no Brasil. Existe uma história muito boa sobre esse temor. Em 1531, a expedição de Martim Afonso de Souza chegou à ilha de Queimada Grande, no litoral de São Paulo, que estava repleta de fragatas e mergulhões. Ao voltar para a caravela, os marinheiros de repente sentiram um vento quente vindo da ilha. Para eles, era o típico vento demoníaco causador de febre. Pensando em evitar que o suposto vento contaminado se espalhasse, voltaram e atearam fogo na ilha inteira.[28]

Diante da morte inexplicável de tantos nativos, os colonos e os jesuítas não ficavam contentes. Numa carta de

1558, o padre Antônio Blásquez parece triste ao relatar que justamente os índios mais próximos e comprometidos com a Igreja eram os primeiros a morrer. Isso acontecia tanto que, entre os pajés, corria o boato de que a fé cristã matava. Segundo o padre, depois da morte do filho de um cacique, "os feiticeiros diziam que o batismo o matara, e que por ser tanto nosso amigo, morrera".[29]

Na verdade, quando chegaram ao Brasil, os portugueses pensavam que eles é que ficariam doentes. Era isso o que acontecia aos navegadores no resto do mundo. Os habitantes da África e da Ásia eram muito mais resistentes a doenças que os portugueses. Nesses lugares, os europeus ficavam derrubados diante de vírus e parasitas estranhos, para os quais não tinham defesa biológica. Para piorar, depois de meses de **alimentação precária** nas caravelas, o sistema imunológico ia para o chão. Quando voltavam das viagens, novas doenças apareciam em Portugal. O tifo surgiu depois do contato com os turcos no leste do Mediterrâneo; a febre amarela veio da África; o cólera, dos indianos. Essas doenças então desconhecidas causaram crises de mortalidade na população portuguesa. Com base em registros de óbitos e nascimentos em Lisboa, a historiadora portuguesa Teresa Rodrigues descobriu que a cidade viveu grandes crises de mortalidade a partir de 1550, provocadas sobretudo por "epidemias importadas por via dos contatos marítimos e terrestres".[30]

Apesar de pouca gente falar sobre isso, centenas de milhares de mortes devem ter sido causadas na Europa por males americanos. Ao chegarem à América, espanhóis, franceses, portugueses e holandeses penaram com doenças novas e as transmitiram pelo mundo. O antropólogo Michael

Com sorte e bons ventos, a viagem entre Cabo Verde (escala usual do trajeto) e o Brasil durava de duas semanas a um mês. Mas os barcos frequentemente se perdiam pelo Atlântico e demoravam mais de três meses para chegar, o que acarretava falta de água, de lenha, de comida, de paciência e de saúde dos tripulantes.

Crawford, diretor do Laboratório de Antropologia Biológica da Universidade do Kansas, nos Estados Unidos, cita alguns desses males: purupuru, bouba e sífilis venérea, doenças infecciosas causadas por treponemas, novas cepas de tuberculose (doença que foi uma das principais causas de morte até a popularização dos antibióticos e ainda hoje mata quase 3 milhões de pessoas por ano), doenças autoimunes e parasitas, muitos parasitas da pele e do intestino.[31]

Por muito tempo não houve consenso de que a sífilis tenha sido transmitida aos europeus pelos índios americanos. Apesar de a primeira epidemia ter acontecido em Napóles no ano de 1495, logo depois das primeiras viagens à América, havia descrições mais antigas de sintomas similares. A certeza veio em 2008, com um estudo genético da Universidade Emory, dos Estados Unidos. Os pesquisadores compararam o DNA de diferentes bactérias do gênero *Treponema*. Conseguiram montar uma árvore genealógica das bactérias, revelando que a causadora da sífilis é afiliada de bactérias americanas. Com a análise, ficou provado que a doença saiu da América a bordo das caravelas.

A sífilis causou tragédias na Europa. Os historiadores Carmen Bernand e Serge Gruzinski, autores do livro *História do Novo Mundo*, estimam que ela atingiu mais de um terço dos navegadores. O homem apontado como o primeiro sifilítico da Europa é justamente um navegador: Martín Alonso Pinzón, comandante da caravela Pinta, que descobriu a América junto com Cristóvão Colombo, em 1492. Pinzón teria feito sexo com índias na ilha Hispaniola (hoje Haiti e República Dominicana). Morreu em 31 de março de 1493, logo depois de voltar da viagem do descobrimento, com o corpo cheio de feridas causadas pela sífilis. Nos estágios iniciais, a doença provoca feridas no pênis ou na vagina. À medida que a infecção se desenvolve, feridas, manchas e cascas se espalham pelo corpo, caem tufos de cabelos e nascem verrugas no ânus. No último estágio, a bactéria atinge artérias e cérebro. Antes de morrer, o doente fica cego e, muitas vezes, louco. Espalhando-se pelos soldados, e nas cidades portuárias, essa doença aterrorizante devastou populações e adquiriu novos nomes por onde passou – "mal das Índias", "mal napolitano", "mal gálico" ou "mal francês". Cidades da Europa chegaram a fechar bordéis, proibindo a mais antiga profissão do mundo, na tentativa de conter a epidemia.

Os portugueses ainda sofriam com parasitas do intestino e da pele. Numa terra desconhecida, germes simples viram um problema danado. Um bom exemplo é o bicho-de-pé americano. Os índios tentavam lidar com o parasita mantendo os pés limpos e arejados. Já entre as alpargatas quentes, sujas e úmidas dos portugueses, o bicho-de-pé fazia a festa. Muitos europeus perderam o pé antes de descobrir que deveriam tirar o danado com uma agulha.[32] O bicho-de-pé americano se espalhou para colônias europeias na África, causando uma "epidemia de dedos perdidos e infecções secundárias fatais de tétano", como afirma o historiador Alfred Crosby.[33] Em 1605, o padre Jerônimo Rodrigues (que era bom em escrever relatos resmungões) contou que até mesmo os índios de Santa Catarina **sofriam com o parasita:**

Outro missionário que se assustou com os bichos-de-pé foi Fernão Cardim. "Por mais cauteloso que eu fosse, não consegui evitá-los", escreveu o português. "Tiraram-me certo dia mais de vinte de diversas partes do corpo. Vi pessoas desleixadas que ficaram com o corpo singularmente comovido por essas traças-pulgas. Não só tinham estragadas as mãos e os pés, mas ainda o sovaco e outras partes moles, cobertas de pequenas verrugas causadas por esses insetos."[34]

> Há nesta terra grandíssimo número de imundícies, *scilicet*, bichos de pés e muito mais pequenos que os de lá, de que todos andam cheios. E alguns meninos trazem os dedinhos das mãos, que é uma piedade, sem haver quem lhos tire.[35]

Americanos e europeus também trocaram costumes que se revelariam mortais. É muito comum atribuir aos brancos a responsabilidade pelo alcoolismo entre índios. Em diversas tribos, os homens se tornam alcoólatras com muita facilidade, o que desestrutura a sociedade indígena. Ninguém, no entanto, culpa os índios por um hábito tão trágico quanto o álcool: fumar tabaco. Até os navegadores descobrirem a América, não havia cigarros na Europa nem o costume de tragar fumaça. Já os índios americanos fumavam, cheiravam e mascavam a folha de tabaco à vontade. A planta significava uma ligação com os espíritos e era usada em cerimônias religiosas. Entre os tupis, os caraíbas (um tipo de líderes espirituais) pregavam em transe, exaltados com o fumo muito intenso de tabaco.[36] Em outras tribos, fumava-se antes de guerras, para aliviar dores e também por prazer.

Nas colônias do Caribe e do Brasil, os poderes do tabaco logo conquistaram os brancos. Vasco Fernandes Coutinho, donatário da capitania hereditária do Espírito Santo, chegou a ser condenado por "**beber fumo**" com os índios. Apesar de evitarem aderir aos costumes indígenas, os padres faziam vista grossa para o fumo – eles também deveriam dar umas tragadas, pois acreditavam que a "erva santa" fazia bem para curar feridas, eliminar o catarro e aliviar o estômago, órgão que, diante da alimentação brasileira, fazia os padres sofrer.[37]

O tabaco fez tanto sucesso no litoral de São Paulo que Luís de Góis, um dos fundadores da capitania de São Vicente, resolveu levar uma amostra de fumo ao rei de Portugal. Na corte, a planta chamou a atenção de Jean Nicot, embaixador francês em terras lusitanas. Entusiasma-

Os jesuítas usavam a expressão "beber fumo" porque ainda não existia no português o verbo "fumar" – ele só entraria em nosso vocabulário em 1589, segundo o *Dicionário Houaiss*.

do com a descoberta, o diplomata mandou, em 1560, uma remessa de fumo para a sua rainha, Catarina de Médici. A rainha francesa **adorava novidades** e achou o tabaco sensacional, fazendo a planta cair no gosto da corte francesa. O embaixador Nicot acabou emprestando seu sobrenome para o nome científico da erva (*Nicotiana tabacum*), assim como da substância "nicotina".

Foi Catarina de Médici quem difundiu na Europa o costume de comer com garfos e facas – até então, os europeus, tanto nobres quanto pobres, comiam com as mãos.

Os primeiros carregamentos de tabaco consumidos entre os nobres europeus vieram do Brasil. É provável que a primeira plantação de tabaco para exportação do mundo tenha sido uma roça paulista de 1548. Por quase três séculos, a planta foi o segundo maior produto de exportação do Brasil, atrás apenas da cana-de-açúcar.[38] Séculos depois, com a industrialização do cigarro, o hábito de fumar tabaco resultaria numa catástrofe com milhões de mortes. A Organização Mundial de Saúde estima que o fumo vai matar 1 bilhão de pessoas no século 21. Culpa dos índios?

Claro que não. Os índios e seus descendentes não têm nenhuma responsabilidade sobre um hábito que copiamos deles. Na verdade, temos é que agradecer a eles por terem nos iniciado nesse costume maravilhoso que é fumar tabaco e outras ervas deliciosas. Da mesma forma, quem hoje se considera índio poderia deixar de culpar os outros por seus problemas.

OS BANDEIRANTES NÃO ERAM HERÓIS. NÃO?

No variado elenco da história do Brasil, os bandeirantes ganharam recentemente o papel dos grandes facínoras, dos fura-olhos por excelência, dos arquicanalhas. Os mamelucos paulistas, que exploraram o interior do país em busca de ouro, pedras preciosas e índios, não eram uma nobre raça de gigantes, dizem os professores, e sim assassinos inspirados por "motivos deploráveis",[39] que incendiavam as aldeias onde os padres jesuítas viviam com os índios, praticavam execuções aleatórias e até mesmo jogavam o corpo de velhos, crianças e doentes para os cães. A má fama que os bandeirantes ganharam atingiu principalmente o português Antônio Raposo Tavares, o mais temido morador de São Paulo no século 17. Líder das maiores bandeiras para o Paraná e o Paraguai entre 1627 e 1630, é considerado o responsável pela morte e o aprisionamento de mais de 100 mil guaranis, além da destruição de dezenas de aldeias jesuíticas.

Os acusados merecem um novo julgamento.

A ideia dos bandeirantes como homicidas sádicos é inspirada no relato dos jesuítas que tiveram suas missões atacadas pelos paulistas. A área de maior tensão daquela época era a das reduções de Guairá, que se estendiam do leste do Paraguai ao Paraná. Depois de perder índios guaranis dessa região para os sertanejos paulistas, os padres se esforçavam, nos comunicados às autoridades espanholas, para retratar os sertanejos como **demônios**. Em 1627, por exemplo, o padre Antônio Ruiz de Montoya, um dos fundadores das missões de Guairá, escreveu que os portugueses "matam índios como se fossem animais, não perdoando idade nem sexo, pois matam as crianças para que não impeçam suas mães de caminhar, e matam os velhos e as velhas pelo mesmo inconveniente [...] também matam os caciques e os líderes ou os mais valentes".[40] Os padres diziam ainda que Raposo Tavares colaborava com judeus e holandeses. Em época de ocupação holandesa no Nordeste, era como rasgar a camisa da seleção brasileira diante das câmeras, na final da Copa do Mundo.

Os relatos dos padres estão repletos de exageros e mentiras obesas. Em mensagens internas, que eles escreviam para colegas da Europa, a história era diferente – muito mais tranquila e com inimigos bem mais mansos. O próprio padre Montoya contou, numa carta sobre esse mesmo episódio acima, que os paulistas "não se atreveram a chegar ao povoado antes devido à notícia de que o padre ia para onde eles estavam; e fugiram quebrando as canoas, correndo pelos montes". Os exageros nos comunicados oficiais serviam para aterrorizar as autoridades europeias, na esperança de lançá-las contra os paulistas. "Entre duas des-

Como Portugal e a Espanha formavam um único reino entre 1580 e 1640, sensibilizar os chefes espanhóis era um bom jeito de resolver as coisas no lado português.

crições opostas, aquela que mostrava os portugueses como covardes ficou para deleite apenas dos padres, enquanto a versão da selvageria, como se fosse notícia, saiu da pena do provincial e chegou aos olhos do rei", afirma Jorge Caldeira no livro *Mulheres no Caminho da Prata*. O escritor Jaime Cortesão, já na década de 1950, recomenda cautela na hora de ler os relatos dos jesuítas. No livro *Raposo Tavares e a Formação Territorial Brasileira*, Cortesão diz:

> O bandeirante utilizou a espada e o bacamarte. O jesuíta espanhol, se não desdenhou o bacamarte, serviu-se mais da intriga e da pena. E abriu feridas mais profundas; daquelas que levam séculos a fechar, à luz fria da verdade, tão dificilmente visível aos nossos olhos mortais.[41]

Também é preciso desconfiar do número estratosférico de mortes atribuídas aos bandeirantes. Fala-se que as entradas ao sertão lideradas por Raposo Tavares deixaram de "100 a 150 mil mortos e feridos",[42] aprisionaram entre 40 e 60 mil índios em três anos,[43] ou ainda que 15 mil índios teriam sido mortos.[44] O historiador Luis Felipe de Alencastro arrisca dizer que aquelas bandeiras foram "as operações escravistas mais predatórias da história moderna".[45] Com base no relato de jesuítas, o rei espanhol Felipe IV foi mais longe: responsabilizou Raposo Tavares pela perda de mais de 300 mil almas e ordenou sua prisão, depois revogada.[46]

A diversidade dos números sugere que não há critério científico nas estimativas. Mesmo os jesuítas discordavam olimpicamente desses números. Quando Raposo Tavares atacou as aldeias de Guairá, em 1628, os padres Justo Mansilla e Simão Masseta foram destacados para seguir o

"São Paulo fala português há menos de três séculos. Antes, o idioma
mais falado no Brasil era a língua geral, uma mistura de dialetos indígenas. Só com a proibição do tupi pelo marquês de Pombal, no século
18, é que o português virou a língua predominante." Essa história frequentemente repetida não deixa de ser interessante, mas está perdendo adeptos. Quem primeiro a
defendeu foi o historiador Sérgio Buarque de Holanda, no livro *Raí-*
zes do Brasil, de 1936. De lá para cá, a autoridade desse intelectual
valeu mais que evidências históricas. Sabe-se hoje que, nos arredores
de São Paulo, o português era a língua mais usada não só em documentos históricos, mas também no comércio, nas conversas do dia a
dia e nas cartas pessoais. É o que sugerem testamentos e bilhetes da
época. "A língua portuguesa era falada na Vila de São
Paulo desde o início de seu povoamento", escreveu a
filóloga Marilza de Oliveira, da Universidade de São Paulo, numa recente revisão dos estudos sobre a história do português paulista.[47]

O MITO DA
LÍNGUA GERAL

Apesar da grande influência indígena nos casame
ças políticas, o idioma que venceu aquela mistu
português. Aconteceu o mesmo que na Europ
romanos. Assim como falar latim era um sinal de
entre os europeus conquistados, os índios e m
forçavam para falar português. Índias
seus maridos brancos, mamelucos frequentavam
mática nas aldeias – há vestígios de recibos de
aulas de português. Mesmo Domingos Jorge Ve
que aparece em relatos como um índio tapuia, a
língua. Existe até hoje um testamento que ele es
para o amigo Diogo Coutinho de Mello, provando
e escrevia português.

O valor dos produtos era muito diferente no século 17. Um inventário da época avaliou uma frasqueira com nove garrafas por 2.500 réis. Com três dessas era possível comprar um "sítio de trezentas braças de terras perto da vila" e ainda sobrava troco. Uma espingarda variava de 1.200 a 3.000 réis, e uma ovelha saía por 1.000 réis.[49]

Como faltava dinheiro em espécie no Brasil, era regra pagar fiado e morrer endividado. O bandeirante Bartolomeu da Cunha Gago, ao morrer, em 1685, deixou um testamento com 40 cláusulas. Dessas, 18 eram declarações de suas dívidas a parentes, amigos e vizinhos, sem contar uma dívida de cem patacas a São Francisco, Santo Antônio e outros sete santos. O bandeirante ainda usa duas cláusulas do testamento para pedir para sua mulher cuidar de seus filhos bastardos.[51]

grupo do bandeirante durante a volta para São Paulo. A ideia era testemunhar os abusos dos paulistas contra os índios e montar uma acusação formal. Se nos basearmos nos relatos que os dois escreveram, o tamanho da matança pode cair muito – para menos de mil, menos de cem, menos de vinte mortes. A *Relação de Agravos*, que os dois padres apresentaram ao governador do Brasil em Salvador, repete histórias dos jesuítas espanhóis sobre as supostas crueldades que os bandeirantes teriam cometido. Conforme o relatório, o total de mortes dos ataques às aldeias jesuíticas foi de 14 pessoas. Isso mesmo, apenas 14 pessoas.[48]

Mais um indício de que houve exagero nos números criados pelos jesuítas é o inventário de Antônio Raposo Tavares. Em 1632, logo depois de voltar de Guairá, sua declaração de bens dá um total de 128 mil réis. **Não era pouco dinheiro** – na época dava pra comprar 128 ovelhas ou três, quatro sítios com casas construídas. Mas a quantia era muito inferior à de diversos comerciantes paulistas da época. Um tal de Antônio Azevedo Sá, por exemplo, morreu em 1681 deixando **4,1 contos de réis**, trinta vezes mais que o homem conhecido por conquistar dezenas de milhares de escravos.[50]

A imagem da selvageria dos paulistas também ajudava a esconder o real motivo do esvaziamento das missões. A maioria dos índios abandonou os jesuítas não tanto por causa da violência dos ataques paulistas, mas por falta de confiança nos padres e cansaço de suas normas cristãs. A principal arma dos bandeirantes foi disseminar entre os índios guaranis a esperança de uma vida melhor perto do Atlântico. "Os moradores de São Paulo adquiriram a capacidade de provocar revoltas entre os nativos havia pouco reduzidos, fazendo-lhes ver como falsas as promessas de incolumidade e

Mesmo porque, numa época em que objetos de ferro eram caros e raros, seria difícil acorrentar dezenas de milhares de índios de uma só vez e caminhar com eles cerca de 500 quilômetros até São Paulo.

Em 1748, ao chegar de Portugal para governar São Paulo, o nobre Luís Antônio Botelho Mourão se espantou com a miséria e os hábitos locais. Segundo ele, os paulistas "de noite e de dia estão deitados ou balançando na rede, ou cachimbando" e comem "bichos imundos e coisas asquerosas".[56]

paz apresentadas pelos padres", escreveu Caldeira.[52] Não se tratava só de perda de confiança, mas de revolta. Segundo o relato de dois jesuítas, "em várias reduções, os índios ameaçaram a vida dos padres antes de fugir para os matos".[53] Ou seja: muitos guaranis devem ter migrado para São Paulo por iniciativa própria, atrás das promessas (ainda que falsas) dos bandeirantes paulistas. E não apenas sob violência, amarrados ou **acorrentados**.

As expedições ao Guairá foram só o início das polêmicas aventuras de Raposo Tavares. Entre 1639 e 1642, ele foi à Bahia e a Pernambuco ajudar a expulsar os holandeses que tentavam montar colônias no Brasil. Na volta, a bandeira da qual fazia parte viu-se sem comida. A solução foi comer pedaços de couro, raízes de bananeira e os poucos cavalos que restavam para o grupo.[54] De volta a São Paulo, o bandeirante partiu para o norte do Paraguai em 1648, acompanhado de um grupo de 1.200 índios, mamelucos e brancos. Atacados pelos jesuítas, eles desviaram o caminho, chegando à Amazônia peruana. Navegaram pelos rios Mamoré, Madeira e Amazonas, desembarcando em Belém. Passaram três anos atravessando florestas descalços, seminus, sujos e famintos — os bandeirantes frequentemente enganavam o estômago com **formigas, gafanhotos e raízes**. Diante do ataque de índios inimigos, dormiam escondidos, enterrados na areia. Com o grupo reduzido a cerca de cem pessoas, Raposo Tavares só conseguiu voltar para casa em 1651, quando completou 10 mil quilômetros de peregrinação pela América do Sul. "Ao voltar a São Paulo", conta o jornalista Roberto Pompeu de Toledo, "Raposo Tavares estava tão desfigurado que não foi reconhecido pelos parentes."[55] Convenhamos: um homem como esse não soa como um herói?

NOTAS

1   Maria Regina Celestino de Almeida, *Os Índios Aldeados no Rio de Janeiro Colonial,* Unicamp, 2000, páginas 139 e 140.

2   Warren Dean, *A Ferro e Fogo,* Companhia das Letras, 1996, página 87.

3   Eduardo Bueno, *Náufragos, Traficantes e Degredados,* 1ª edição, Objetiva, 1998, página 114.

4   Eduardo Bueno, página 45.

5   Revista *Aventuras na História,* agosto de 2004, página 82.

6   Jorge Couto, "A gente da terra", *Revista de Letras e Culturas Lusófonas,* número 8, janeiro-março de 2000.

7   Carlos Fausto, "Da inimizade", no livro *A Outra Margem do Ocidente,* organização de Adauto Novais, Companhia das Letras, 1999, página 261.

8   Jorge Caldeira (organizador), *Brasil: A História Contada por Quem Viu,* Mameluco, 2008, página 35.

9   Serafim Leite, *Novas Cartas Jesuíticas,* Companhia Editora Nacional, 1940, páginas 244 e 245.

10 Matthew Restall, *Sete Mitos da Conquista Espanhola,* Civilização Brasileira, 2006, página 97.

11 John Manuel Monteiro, *Negros da Terra,* Companhia das Letras, 1994, páginas 71 e 72.

12 Warren Dean, página 104.

13 Warren Dean, página 105.

14 Ronaldo Vainfas e Lúcia Bastos Pereira das Neves, *Dicionário do Brasil Joanino,* Objetiva, 2008, verbete "Guerra indígena", páginas 189 e 190.

15 Maria Regina Celestino de Almeida, página 158.

16 Maria Regina Celestino de Almeida, página 209.

17 Marcio Marchioro, "Censos de índios na capitania de São Paulo (1798-1803)", comunicação de pesquisa apresentada na 25ª Reunião Brasileira de Antropologia, 2006.

18 Maria Leônia Chaves de Resende e Hal Langfur, "Minas Gerais indígena: a resistência dos índios nos sertões e nas vilas de El-Rei", revista *O Tempo*, volume 12, julho de 2007, página 17, disponível em www.historia.uff.br/tempo.

19 Maria Leônia Chaves de Resende e Hal Langfur, página 7.

20 Leonardo Coutinho, "A aldeia urbana", revista *Veja*, 7 de maio de 2008.

21 M. A. Chiabai, M. D. Shriver, T. Frudakis e R. W. Pereira, "Correlação entre pigmentação de pele e ancestralidade biogeográfica oferece a possibilidade de se utilizar amostras da população brasileira no estudo da variação genética normal de fenótipos de pigmentação de pele", Anais do 54º Congresso Brasileiro de Genética, 2008, disponível em web2.sbg.org.br/congress/sbg2008/pdfs2008/23695.pdf.

22 Warren Dean, página 65.

23 Evaristo Eduardo de Miranda, "A invenção do Brasil", revista *National Geographic*, maio de 2007.

24 Warren Dean, página 47.

25 Evaristo Eduardo de Miranda, *Natureza, Conservação e Cultura*, Metalivros, 2003, página 17.

26 Warren Dean, página 65.

27 Evaristo Eduardo de Miranda, "Verdades da natureza brasileira", entrevista ao jornal *Universidade*, do Instituto Ciência e Fé, dezembro de 2006.

28 Warren Dean, página 69.

29 Azpilcueta Navarro e outros, *Cartas Avulsas*, Edusp, 1988, página 209.

30 Teresa Rodrigues, "As crises de mortalidade em Lisboa (séculos XVI a XIX): uma análise global", *Boletín de la Asociación de Demografía Histórica*, Bilbao, volume 13, número 2, 1995, páginas 45 a 74, disponível em http://dialnet.unirioja.es/servlet/articulo?codigo=104032.

31 Michael H. Crawford, *The Origins of Native Americans: Evidence from Anthropological Genetics*, Cambridge University Press, 1998, páginas 53 a 61.

32 Carmen Bernand e Serge Gruzinski, *História do Novo Mundo*, volume 1, Edusp, 2001, página 288.

33 Alfred W. Crosby, *Imperialismo Ecológico*, Companhia das Letras, 1993, página 177.

34 Serafim Leite, página 236.

35 Jorge Caldeira, página 63.

36 Ronaldo Vainfas, *A Heresia dos Índios: Catolicismo e Rebeldia no Brasil Colonial*, Companhia das Letras, 1995.

37 Jorge Couto, "A gênese do Brasil", no livro *Viagem Incompleta*, organização de Carlos Guilherme Mota, Senac, 1999, página 67.

38 Ronaldo Vainfas, *Dicionário do Brasil Colonial*, Objetiva, 2000, verbete "Fumo".

39 Reinaldo José Lopes, "Bandeirantes: faroeste caboclo", site da revista *Aventuras na História*, disponível em http://historia.abril.com.br/fatos/bandeirantes-faroeste-caboclo-434323.shtml.

40 Jorge Caldeira, *Mulheres no Caminho da Prata*, volume 1 de *O Banqueiro do Sertão*, Mameluco, 2006, página 319.

41 Jurandir Coronado Aguilar, *Conquista Espiritual*, Editrice Pontificia Universitá Gregoriana, Roma, 2002, página 285.

42 Site da Prefeitura Municipal de Guairá, disponível em www.guaira.pr.gov.br, acesso em 10 de junho de 2010.

43 Luiz Felipe de Alencastro, *O Trato dos Viventes*, Companhia das Letras, 2008, página 192.

44 Altiva Pilatti Balhana, em Jorge Caldeira, *História do Brasil com Empreendedores*, Mameluco, 2009, página 223.

45 Luiz Felipe de Alencastro, página 194.

46 John Hemming, *Ouro Vermelho: A Conquista dos Índios Brasileiros*, Edusp, 1995, página 406.

47 Marilza de Oliveira, *Para a História Social da Língua Portuguesa em São Paulo: Séculos XVI-XVIII*, disponível em http://www.fflch.usp.br/dlcv/lport/pdf/maril011.pdf.

48 Jorge Caldeira (organizador), *Brasil: A História Contada por Quem Viu*, página 130.

49 Heitor Megale e Sílvio de Almeida Toledo Neto, *Por Minha Letra e Sinal: Documentos do Ouro do Século XVII*, Ateliê Editorial, página 61.

50 Jorge Caldeira, *História do Brasil com Empreendedores*, página 181.

51 Heitor Megale e Sílvio de Almeida Toledo Neto, páginas 69 a 75.

52 Jorge Caldeira, *Mulheres no Caminho da Prata*, página 361.

53 Jorge Caldeira, *Mulheres no Caminho da Prata*, página 345.

54 Glória Kok, "Descalços, violentos e famintos", *Revista de História da Biblioteca Nacional*, julho de 2008.

55 Roberto Pompeu de Toledo, *A Capital da Solidão*, Objetiva, 2003, página 192.

56 José Teixeira de Oliveira, *História do Café no Brasil e no Mundo*, Barléu Edições, 2004, página 364.

GROS

NE

AGRADEÇAM AOS INGLESES

Por volta de 1830, o escravo José Francisco dos Santos conquistou a liberdade. Depois de anos de trabalho forçado na Bahia, viu-se livre da escravidão, provavelmente comprando sua própria carta de alforria ou ganhando-a de algum amigo rico. Estava enfim livre do sistema que o tirou da África quando jovem, jogou-o num navio imundo e o trouxe amarrado para uma terra estranha. José tinha uma profissão – havia trabalhado cortando e costurando tecidos, o que lhe rendeu o apelido de "Zé Alfaiate". No entanto, o ex-escravo decidiu dar outro rumo a sua vida: foi operar o mesmo comércio do qual fora vítima. Voltou à África e se tornou traficante de escravos. Casou-se com uma das filhas de Francisco Félix de Souza, o maior vendedor de gente da África atlântica, e passou a mandar ouro, negros e azeite de dendê para vários portos da América e da Europa. Foi o fotógrafo e etnólogo Pierre Verger que encontrou, com um neto de Zé Alfaiate, uma coleção de 112 cartas escritas pelo ex-escravo. As mensagens foram enviadas entre 1844 e 1871 e tratam de negócios com Salvador, Rio de Janeiro, Havana (Cuba), Bristol (Inglaterra) e Marselha (França). Em 22 de outubro de 1846, numa carta para um comerciante da Bahia, o traficante conta que teve problemas ao realizar um dos atos mais terríveis da escravidão – marcar os negros com ferro incandescente. Diz ele:

> Por esta goleta [*uma espécie de escuna*] embarquei por minha conta em nome do sr. Joaquim d'Almeida 20 balões [*escravos*] sendo 12 H. e 8 M. com a marca "5" no seio direito. Eu vos alerto que a marca que vai na listagem geral é "V seio" mas, como o ferro quebrou durante a marcação, não houve então outro remédio senão marcar com ferro "5".[1]

Talvez Zé Alfaiate tenha entrado para o tráfico por um desejo de vingança, na tentativa de repetir com outras pessoas o que ele próprio sofreu. O mais provável, porém, é que visse no comércio de gente uma chance comum e aceitável de ganhar dinheiro, como costurar ou exportar azeite. Havia muito tempo que o costume de atacar povos inimigos e vendê-los era comum na África. Com o tráfico pelo oceano Atlântico, as pilhagens a povos do interior, feitas para capturar escravos, aumentaram muito – assim como o lucro de reis, nobres e cidadãos comuns africanos que operavam a venda. Essa personalidade dupla da África diante do tráfico de escravos às vezes aparece num mesmo indivíduo, como é o caso de Zé Alfaiate. Ex-escravo e traficante, foi ao mesmo tempo vítima e carrasco da escravidão.

Não era preciso sair do Brasil para agir como ele. Por aqui, os escravos tiveram que se adaptar a um novo modo de vida, mas não abandonaram costumes do outro lado do Atlântico. Nas vilas da corrida do ouro de Minas Gerais, nas fazendas de tabaco da Bahia, era comum africanos ou descendentes escravizarem. Como um pedaço da África, cristão e falante de português, o Brasil também abrigou reis africanos que vinham se exilar no país quando a situação do seu reino complicava, embaixadores negros interessados em negociar o preço de escravos, e até mesmo filhos de nobres africanos que vinham estudar na Bahia, numa espécie de **intercâmbio estudantil**. Esses fenômenos certificam uma boa metáfora que Joaquim Nabuco usa no livro *O Abolicionismo*, clássico do movimento brasileiro pelo fim da escravidão. Nabuco dizia que o tráfico negreiro provocou uma união das fronteiras brasileiras e africanas, como se a África tivesse aumentado seu território alguns milhares de quilômetros. "Lançou-se, por assim dizer, uma ponte entre a África e o Brasil, pela qual passaram milhões de africanos, e estendeu-se o hábitat da raça negra das margens do Congo e do Zambeze às do São Francisco e do Paraíba do Sul."[2] Com os mais de 4 milhões de escravos que vieram forçados ao Brasil, veio também a África.

Na década de 1990, quando os historiadores passaram a dar mais peso à influência da cultura africana na escravidão brasileira, os estudos sofreram uma revolução. Em pesquisas como as dos historiadores João José Reis, Robert Slenes, Kátia Mattoso e Manolo Florentino, houve uma mudança de ponto de vista muito parecida com a que sucedeu com os índios. Os negros deixaram de ser vistos como vítimas constantemente passivas, que nunca agiam por escolha própria. "Em franca reação à visão reificadora do africano sugerida pelos estudos das décadas de 1960 e 1970, os his-

Os mocambos e quilombos, povoados de negros que fugiam da escravidão, também eram muito comuns na África, principalmente no Congo e em Angola.

No auge de seu poder, o rei africano Kosoko, de Lagos, hoje maior cidade da Nigéria, resolveu dar um presente para três de seus filhos. Mandou-os para uma espécie de intercâmbio estudantil do outro lado do Atlântico, provavelmente de carona num navio negreiro cheio de escravos vendidos para o Brasil.

PRÍNCIPES AFRICANOS VINHAM ESTUDAR NO BRASIL

Na Bahia, os irmãos ficaram a cargo de um comerciante amigo do rei. Segundo Benjamin Campbell, cônsul inglês em Lagos, os três "foram muito bem tratados na Bahia, como se fossem príncipes".[3] Voltaram para casa em 28 de agosto de 1850, batizados, com nomes cristãos – Simplício, Lourenço e Camílio – e elogiando a hospitalidade dos brasileiros. Viagens assim não foram raras durante a escravidão. Algumas décadas antes da viagem dos três irmãos, em 1781, o príncipe Guinguin foi carregado por seus súditos "a bordo de um navio português para ser levado ao Brasil, onde foi educado", conta Pierre Verger.[4] "Forneceram-lhe vinte escravos para sua subsistência."

toriadores buscaram mostrar o negro como sujeito da história, protagonista da escravidão, ainda que não aquilombado, quando não cúmplice do cativeiro", escreveu o historiador Ronaldo Vainfas.[5] Essa nova corrente de estudos descobriu personagens bem diferentes dos pares "senhor cruel/escravo rebelde" ou "senhor camarada/escravo submisso", como se refere o historiador Flávio dos Santos Gomes.[6] Também fez aflorar histórias aparentemente desagradáveis para minorias e movimentos sociais, como as que estão a seguir.

Zumbi tinha escravos

Zumbi, o maior herói negro do Brasil, o homem em cuja data de morte se comemora em muitas cidades do país o Dia da Consciência Negra, mandava capturar escravos de fazendas vizinhas para que eles trabalhassem forçados no Quilombo dos Palmares. Também sequestrava mulheres, raras nas primeiras décadas do Brasil, e executava aqueles que quisessem fugir do quilombo.

Essa informação parece ofender algumas pessoas hoje em dia, a ponto de preferirem omiti-la ou censurá-la, mas na verdade trata-se de um dado óbvio. É claro que Zumbi tinha escravos. Na sua época, não havia nada de errado nisso. Sabe--se muito pouco sobre ele — cogita-se até que o nome mais correto seja Zambi —, mas é certo que viveu no século 17. E quem viveu próximo do poder no século 17 tinha escravos, sobretudo quem liderava algum povo de influência africana.

Desde a Antiguidade, os humanos guerrearam, conquistaram escravos e muitas vezes venderam os que sobravam. Até o século 19, em Angola e no Congo, de onde veio a maior parte dos africanos que povoaram Palmares, os sobás se valiam de escravos na corte e invadiam povoados vizinhos para capturar gente. O sistema escravocrata só começou a ruir quando o Iluminismo ganhou força na Europa e nos Estados Unidos. Com base na ideia de que todos as pessoas merecem direitos iguais, surgiu a Declaração dos Direitos da Virgínia, de 1776, e os primeiros protestos populares contra a escravidão, na Inglaterra. Os abolicionistas apareceram um século depois de Zumbi e a 7 mil quilômetros da região onde o Quilombo dos Palmares foi construído.

É difícil acreditar que, no meio das matas de Alagoas, Zumbi tenha se adiantado ao espírito humanista europeu ou previsto os ideais de liberdade, igualdade e fraternidade da Revolução Francesa. É ainda mais difícil quando consultamos os poucos relatos de testemunhas que conheceram Palmares. Eles indicam o esperado: o quilombo se parecia com um povoado africano, com hierarquia rígida entre reis e servos. Os moradores chamavam o lugar de **Ngola Janga**, em referência aos reinos que já existiam na região do Congo e de Angola.

Significa "novo reino" ou "novo sobado".

Ganga Zumba, tio de Zumbi e o primeiro líder do maior quilombo do Brasil, provavelmente descendia de imbangalas, os "senhores da guerra" da África Centro-Ocidental. Os imbangalas viviam de um modo similar ao dos moradores do Quilombo dos Palmares. Guerreiros temidos, eles habitavam vilarejos fortificados, de onde partiam para saques e sequestros dos camponeses de regiões próximas. Durante o ataque a comunidades vizinhas, recrutavam garotos – que depois transformariam em guerreiros – e adultos para trocar por ferramentas e armas com os europeus. Algumas mulheres conquistadas ficavam entre os guerreiros como esposas. "As práticas dos imbangalas tinham o propósito de aterrorizar a população em geral e de encorajar as habilidades marciais – bravura na guerra, lealdade total ao líder militar e desprezo pelas relações de parentesco", afirma o historiador americano Paul Lovejoy. "Essas práticas incluíam a morte de escravos antes da batalha, canibalismo e infanticídio." Tanta dedicação a guerras e sequestros fez dos imbangalas grandes fornecedores de escravos para a América. Lovejoy estima que três quartos dos cerca de 1,7 milhão de escravos embarcados entre 1500 e 1700 vieram da África Centro-Ocidental, sobretudo do sul do Congo.[7] Como a aliança com os portugueses às vezes se quebrava, os guerreiros também acabavam sendo escravizados.[8] Provavelmente foi assim que os pais ou avôs de Zumbi chegaram ao Brasil.

Entre os soldados que lutaram para derrubar o Quilombo de Palmares, o que mais impressionava, além da força militar dos quilombolas, era o modo como eles se organizavam politicamente. Segundo o relato do capitão holandês João Blaer, que lutou contra o quilombo em 1645, todos os quilombolas eram

> [...] obedientes a um que se chama o Ganga Zumba, que quer dizer Senhor Grande; a este têm por seu rei e senhor todos os mais, assim naturais dos Palmares como vindos de fora; tem palácio, casas de sua família, é assistido de guardas e oficiais que costumam ter as casas reais. É tratado com todos os respeitos de rei e com todas as honras de senhor. Os que chegam à sua presença põem os joelhos no chão e batem palmas das mãos em sinal de reconhecimento e protestação de sua excelência; falam-lhe "majestade", obedecem-lhe por admiração.[9]

Não há relatos de que os moradores de Palmares cometessem infanticídio ou canibalismo, mas diversos falam de ataques a camponeses, sequestros de homens e mulheres e ainda de vilarejos fortificados.

Para obter escravos, os quilombolas faziam pequenos ataques a povoados próximos. "Os escravos que, por sua própria indústria e valor, conseguiam chegar aos Palmares, eram considerados livres, mas os escravos raptados ou trazidos à força das vilas vizinhas continuavam escravos", afirma Edison Carneiro no livro *O Quilombo dos Palmares*, de 1947. No quilombo, os moradores deveriam ter mais liberdade que fora dele. Mas a escolha em viver ali deveria ser um caminho sem volta, o que lembra a máfia hoje em dia. "Quando alguns negros fugiam, mandava-lhes crioulos no encalço e, uma vez pegos, eram mortos, de sorte que entre eles reinava o temor", afirma o capitão João Blaer. "Consta mesmo que os palmaristas cobravam tributos – em mantimentos, dinheiro e armas – dos moradores das vilas e povoados. Quem não colaborasse poderia ver suas propriedades saqueadas, seus canaviais e plantações incendiados e seus escravos sequestrados", afirma o historiador Flávio Gomes no livro *Palmares*.

Não dá para ter certeza de que a vida no quilombo era assim mesmo, mas os vestígios e o pensamento da época levam a crer que sim. Apesar disso, Zumbi ganhou um retrato muito diferente de historiadores marxistas das décadas de 1950 a 1980. Décio Freitas, Joel Rufino dos Santos e Clóvis Moura fizeram do líder negro do século 17 um representante comunista que dirigia uma sociedade igualitária. Para eles, enquanto fora do quilombo predominava a monocultura de cana-de-açúcar para exportação, faltava comida e havia classes sociais oprimidas e opressoras (tudo de ruim), em Palmares não existiam desníveis sociais, plantavam-se alimentos diversos e por isso havia abundância de comida (tudo de bom). "Nesta bibliografia de viés marxista há um esforço em caracterizar Palmares como a primeira luta de classes na História do Brasil", afirma a historiadora Andressa Barbosa dos Reis em um estudo de 2004.[10]

A imaginação sobre Zumbi foi mais criativa na obra do jornalista gaúcho Décio Freitas, amigo de Leonel Brizola e do ex-presidente João Goulart. No livro *Palmares: A Guerra dos Escravos*, Décio afirma ter encontrado cartas mostrando que o herói cresceu num convento de Alagoas, onde recebeu o nome de Francisco e aprendeu a falar latim e português. Aos 15 anos, atendendo ao chamado do seu povo, teria partido para o quilombo. As cartas sobre a infância de Zumbi teriam sido enviadas pelo padre Antônio Melo, da vila alagoana de Porto Calvo, para um padre de Portugal, onde Décio as teria encontrado. Ele nunca mostrou as mensagens para os historiadores que insistiram em ver o material. A mesma suspeita recai sobre outro livro seu, *O Maior Crime da Terra*. O historiador Claudio Pereira Elmir procurou por cinco anos algum vestígio dos registros policiais que Décio cita. Não encontrou nenhum. "Tenho razões para acreditar que ele inventou as fontes e que pode ter feito o mesmo em outras obras", disse-me Claudio no fim de 2008. O nome de Francisco, pura cascata de Décio Freitas, consta até hoje no *Livro dos Heróis da Pátria* da presidência da República.

Também se deve à historiografia marxista o fato de Zumbi ser muito mais importante hoje em dia do que Ganga Zumba, seu antecessor. Enquanto o primeiro ficou para a história como herói da resistência do quilombo, seu tio faz o papel de traidor. Essa fama se deve ao acordo de paz que fez com os portugueses em 1678. Ganga Zumba, recebido em Recife quase como chefe de Estado, prometeu ao governador de Pernambuco mudar o quilombo para um lugar mais distante e devolver os moradores que não tivessem nascido em Palmares. Em troca, os portugueses se comprometeriam a deixar de atacar o grupo. Os historiadores marxistas acharam a promessa de entregar os negros uma traição, que Zumbi teria se recusado a levar adiante. "A ele [Zumbi] foram associados os valores da guerra, da coragem, do destemor e principalmente a postura de resistir continuamente às forças coloniais", conta a historiadora Andressa dos Reis. "Esta visão de Freitas foi a imagem do Quilombo e de Zumbi que se cristalizou nas décadas de 1980 e 1990." Os poucos documentos do período não são o bastante para dizer que Zumbi agiu diferente de Ganga Zumba e foi mesmo contra o **acordo de paz**. Se foi, pode ter agido contra o próprio quilombo, provocando sua destruição. Acordos entre comunidades negras e os europeus eram comuns na América Latina – e nem sempre os quilombolas cumpriram a promessa de devolver escravos. No Suriname, o quilombo dos negros chamados saramacás respeitou o acordo de paz com os holandeses. Esse grupo, que o historiador americano Richard Price considera a "experiência mais extraordinária de quilombos no Novo Mundo", conseguiu manter o povoado protegido dos ataques europeus. Tem hoje 55 mil habitantes.

Em 1685, na tentativa de fazer um acordo de paz com o quilombo, o rei de Portugal mandou uma mensagem carinhosa para Zumbi. Um trecho: "Convido-vos a assistir em qualquer estância que vos convier, com vossa mulher e vossos filhos, e todos os vossos capitães, livres de qualquer cativeiro ou sujeição, como meus leais e fiéis súditos, sob minha real proteção".[11]

O sonho dos escravos era ter escravos

O livro *Mulheres Negras do Brasil*, de Schuma Schumaher e Érico Vital Brazil, foi lançado em 2007 com patrocínio do Banco do Brasil e da Petrobras. Um capítulo da obra trata

Hoje em dia relacionamos negros a escravos porque a escravidão africana foi a última. Essa relação tem uma história muito recente. Houve um tempo em que escravos lembravam brancos de olhos azuis.

QUANDO OS ESCRAVOS TINHAM OLHOS AZUIS

A própria palavra "escravo" vem de "eslavos" – os povos do leste europeu constantemente submetidos à vontade de germanos e bizantinos na alta Idade Média.[12] Brancos europeus também foram escravizados por africanos. Entre 1500 e 1800, os reinos árabes do norte da África capturaram de 1 milhão a 1,25 milhão de escravos brancos, a maioria deles do litoral do Mediterrâneo, segundo um estudo do historiador americano Robert Davis, autor do livro *Christian Slaves, Muslim Masters* ["Cristãos Escravos, Senhores Muçulmanos"].[13]

das mulheres negras livres de Minas Gerais do século 18. O livro reúne belas imagens da época, mas deixa de fora uma informação essencial. Nas vinte páginas sobre as negras mineiras, não há sequer uma menção ao fato mais corriqueiro daquela época: assim que conseguiam economizar para comprar a alforria, o próximo passo de muitas negras era adquirir escravos para si próprias.

A corrida do ouro de Minas Gerais do século 18 fez pequenas vilas rurais se transformarem em cidades efervescentes. Era um fenômeno poucas vezes visto no Brasil. Até então, mesmo as capitais das províncias eram povoados bucólicos que funcionavam como centros administrativos das colônias ao redor. Já as ruas de Mariana, Diamantina, Sabará e Vila Rica, atual Ouro Preto, ficaram de repente apinhadas de aventureiros e mineiros enriquecidos. Depois de duzentos anos procurando, Portugal tinha enfim encontrado ouro em larga escala no Brasil. Entre 1700 e 1760, um em cada quatro portugueses veio ao Brasil, quase todos para Minas Gerais. O ouro que esses aventureiros descobriam fazia as cidades vibrar. Hospedarias lotadas, tabernas e armazéns se multiplicavam, vendedores disputavam espaço nas ruas oferecendo porcos, galinhas, frutas, doces e queijo. Sapateiros, ferreiros, alfaiates, tecelões e chapeleiros enriqueciam. As irmandades religiosas faziam festas e competiam para construir a igreja mais bonita. Nesse novo ambiente urbano, havia possibilidades para muita gente, inclusive escravos e escravas.

A mando de seus donos, as escravas costumavam vender doces e refeições nas lavras de ouro para os garimpeiros famintos. Quando ultrapassavam a venda que o senhor esperava, faziam uma caixinha para si próprias. Com alguns anos de economia, conseguiam juntar o suficiente para comprar a carta de alforria, tornando-se "forras". Também acontecia de ganharem a liberdade por herança, quando o dono morria ou voltava para Portugal. Nessas ocasiões, eram ainda agraciadas com alguns bens do senhor faleci-do. Em 1731, a ex-escrava Lauriana ganhou do testamento do seu antigo dono o sítio onde moravam. Já o português Antônio Ribeiro Vaz, morto em 1760 na cidade de Sabará, libertou seus sete escravos e legou a eles a casa e todos os bens que possuía.[14]

Em liberdade, essas Chicas da Silva tinham muito mais tempo e ferramentas para ganhar dinheiro. Contando com escravos como mão de obra barata, algumas fizeram fortuna. A angola Isabel Pinheira morreu em 1741 deixando sete escravos no testamento, que deveriam ser todos alfor-riados quando ela morresse. Na década de 1760, a baiana Bárbara de Oliveira tinha vários imóveis, joias, roupas de seda e nada menos que 22 escravos. Era uma **fortuna** para a época. Apesar de serem livres e ricas, as negras forras não viraram senhoras da elite: continuavam carregando o estig-ma da cor. Havia uma compensação. Elas desfrutavam de uma autonomia muito maior que as mulheres brancas. En-quanto as "donas" ficavam em casa debaixo das decisões do marido e cuidando de sua reputação, as negras circulavam na rua, nas lavras e pelas casas, conversando com quem qui-sessem e tocando a vida independentemente de maridos.

No livro *Escravos e Libertos nas Minas Gerais do Sé-culo XVIII*, o historiador Eduardo França Paiva mostra mais um caso interessante: o da negra Bárbara Gomes de Abreu e Lima. Dona de um casarão em frente à Igreja Matriz de Sabará, ela tinha sete escravos e parcerias comerciais com

Uma carta de alforria custava cerca de 150 mil réis – o equivalente a uma casa simples na cidade.

empresários e políticos. Seu testamento indica que ela revendia ouro e controlava negócios em diversas cidades de Minas e da Bahia. A herança incluía dezenas de joias e artefatos de metais preciosos, como cordões, corações, argolas, brincos, "tudo de ouro", além de "quatro colheres de prata pesando oito oitavas cada uma, quatro garfos de prata e uma faca com cabo de prata", saias de seda e vestidos. Nem todas as negras tiveram tantas riquezas, direitos e relações quanto Bárbara. Mas, como diz o historiador Eduardo Paiva, ela "representava, certamente, um modelo a ser seguido por outras **escravas libertas**".[15] Segundo os "mapas da população" do Arquivo Público mineiro, consultados pelos historiadores Francisco Vidal Luna e Herbert Klein, havia em Sabará mais mulheres negras e pardas donas de escravos que senhoras brancas. No ano de 1830, eram 229 morenas e negras com escravos contra 223. Ao todo, de 1.811 casas com escravos, 776 eram chefiadas por pardos e negros (ou 43%).[16] Mais detalhes curiosos vêm da vila mineira de Serro Frio (hoje Serro), onde houve uma grande exploração de diamantes. A análise de registros fiscais de 1738 revela que, de todos os proprietários de gente, 22% já haviam vivido em cativeiro. Destes, a maioria (63%) eram mulheres. Mais pobres, os libertos tinham geralmente menos escravos que os brancos. Em média, cada branco tinha cinco escravos; já os negros e pardos ficavam com dois cativos.[17]

O fato de a ex-escrava ter escravos não era motivo de surpresa para os vizinhos. De acordo com o historiador José Roberto Pinto de Góes, os negros somavam três quartos da população livre de Sabará. Em 1830, 43% das casas de negros livres tinham escravos.

Donas de escravos como qualquer outro senhor colonial, essas negras forras também praticavam atos cruéis que marcaram a escravidão brasileira. Uma das piores coisas que poderia acontecer para escravos da mesma família era serem separados e vendidos para cidades diferentes. Essa prática frequentemente resultava em fugas e rebeliões nas senzalas. A negra forra Luísa Rodrigues não se importou com isso em seu testamento, de 1753. Consta ali sua decisão de vender dois dos quatro filhos de sua escrava Leonor. Também concedeu alforria para um dos outros dois filhos da escrava, provavelmente querendo compensar o fato de ter separado a família.

Negros agiam assim por todo o país, e não só as mulheres. "Em Campos dos Goytacazes [Rio de Janeiro], no final do século 18, um terço da classe senhorial era 'de cor'. Isso acontecia na Bahia, em Pernambuco etc.", escreveu o historiador José Roberto Pinto de Góes.[18] O historiador americano Bert Barickman, analisando os registros de posses de escravos em vilas rurais ao redor de Salvador, descobriu que negros eram uma parcela considerável dos proprietários de escravos. No vilarejo de São Gonçalo dos Campos, pardos e negros alforriados tinham 29,8% de todos os cativos. Em Santiago do Iguape, 46,5% dos escravos eram propriedade de negros, que, diante dos brancos, eram minoria da população livre. "Embora possuíssem geralmente apenas um número reduzido de cativos, esses não brancos eram, ainda assim, senhores de escravos", diz o historiador Barickman.[19]

Números como esses variam muito. Em regiões mais rurais, a parcela de negros e pardos donos de escravos era bem menor. Em 1830, os forros representavam 6% do total de donos de escravos em 15 cidades de São Paulo e do atual Paraná (São Paulo, Areias, Jundiaí, Santos, Cunha, Curitiba, Antonina, Taubaté, Sorocaba, Paranaguá, Bragança, Piracicaba, Ubatuba, Castro, Guaratuba).[20] O que as estatísticas mostram é que comprar gente era um ato corriqueiro de quem subia de vida, tanto entre brancos como entre negros.

Dentro da injustiça essencial da escravidão, havia espaço para relações das mais diversas, bastante influenciadas por situações e personalidades individuais. Muitos exemplos disso saem dos registros policiais do Rio de Janeiro do século 19. A cidade tinha naquela época mais escravos que a Roma antiga. A proporção de negros surpreendia viajantes que chegavam à cidade. "Se não soubesse que ela fica no Brasil poder-se-ia tomá-la sem muita imaginação como uma capital africana, residência de poderoso príncipe negro, na qual passa inteiramente despercebida uma população de forasteiros brancos puros. Tudo parece negro", escreveu, em 1859, o médico alemão Robert Avé-Lallemant.[21]

NEM SEMPRE os SENHORES LEVAVAM A MELHOR

Essa multidão impunha respeito aos senhores, que nem sempre levavam a melhor em disputas jurídicas. Em 1872, por exemplo, a escrava Francelina foi acusada de matar sua proprietária por envenenamento. Os vizinhos livres testemunharam a favor dela, dizendo que a moça era muito maltratada pela senhora morta. Francelina foi absolvida pela justiça. No mesmo ano, vinte negros do comerciante de escravos José Moreira Velludo resolveram espancá-lo até a morte. Não queriam ser vendidos para uma fazenda de café e concluíram que matar seu dono seria o melhor jeito de evitar a mudança. O comerciante sobreviveu à surra por pouco, graças a alguns empregados que espantaram os agressores. Dias depois, ainda ferido, Velludo foi à delegacia – não para acusar os negros que o surraram, e sim para inocentá-los. Como nos últimos anos antes da abolição um escravo era um produto valioso, o traficante queria livrá-los da cadeia para não perder o dinheiro que investira na compra.[22]

E ter sido escravo dificultava, mas não impedia, essa ascensão social. Afirmam os historiadores Francisco Vidal Luna e Herbert Klein:

> Ao contrário dos indivíduos livres do sul dos Estados Unidos, os brasileiros livres de cor não eram, definitivamente, um grupo isolado ou marginalizado, sem acesso aos recursos da economia aberta de mercado. Uma parcela volumosa desse grupo já experimentava considerável mobilidade econômica, e participava da maioria das ocupações e arranjos domésticos desfrutados por seus companheiros brancos.[23]

Também houve casos de escravos que se tornaram traficantes, como mostra Zé Alfaiate no começo deste capítulo. Entre os negros que depois de livres voltaram para a terra natal, formando a comunidade de "brasileiros" no Daomé, hoje Benin, vários passaram a vender gente. O africano João de Oliveira voltou à África em 1733, depois de adquirir a liberdade na Bahia. Abriu dois portos de venda de escravos, pagando do próprio bolso o custo das instalações para o embarque dos negros capturados. O ex-escravo Joaquim d'Almeida tinha casa no Brasil e na África. Cristão e enriquecido pelo tráfico, financiou a construção de uma capela no centro da cidade de Aguê, no Benin.[24]

Não há motivo para ativistas do movimento negro fecharem os olhos aos escravos que viraram senhores. Ninguém hoje deve ser responsabilizado pelo que os antepassados distantes fizeram séculos atrás. Além disso, na época em que eles viveram, ter escravos não era considerado errado: tratava-se de um costume tido como correto pela lei e pela tradição. Negras forras e ricas podem até ser consideradas heroínas do movimento negro, personagens que ativistas deveriam divulgar com esforço. Para um brasileiro descendente de africanos, é muito mais gratificante (além de correto) imaginar que seus ancestrais talvez não tenham sido apenas vítimas que sofreram caladas. Tratar os negros apenas como vítimas indefesas, como afirmou o historiador Manolo Florentino, "dificulta o processo de identificação social das nossas crianças com aquela figura que está sendo maltratada o tempo todo, sempre faminta, maltrapilha".[25] É uma pena que historiadores comprometidos com a causa negra ou patrocinados por estatais escondam esses personagens.

Os portugueses aprenderam com os africanos a comprar escravos

Na mancha clara e sem fim do deserto do Saara, um traço negro se movimenta devagar. Em fila indiana, 2 mil escravos são conduzidos para o comprador, no norte da África. Estão presos uns aos outros com forquilhas no pescoço e carregam, ao lado de camelos, sacos de ouro, algodão, marfim e couros. Meses antes, soldados de uma nação vizinha invadiram a cidade deles, mataram quase metade dos moradores e os que sobraram agora marcham sob o sol do Saara, como mercadoria. Chegarão em poucas semanas a castelos de reis árabes, onde as mulheres se tornarão concubinas e os homens, trabalhadores forçados.

Entre a diversidade das culturas africanas, a escravidão funcionava como um traço comum. Era quase uma regra dos reis ter escravos eunucos, escravas domésticas, dezenas de mulheres – que por sua vez tinham serviçais. As caravanas de comércio escravo existiam muitos séculos antes de os europeus atingirem a costa oeste do continente. No século 8, logo depois da colonização árabe no norte da África, africanos do sul do Saara passaram a atravessar o deserto para vender aos árabes algodão, ouro, marfim e sobretudo **escravos**. Na volta, as caravanas levavam aos reis africanos sal, joias, objetos metálicos e tecidos. Diz o historiador americano Paul Lovejoy:

> A escravidão já era fundamental para a ordem social, política e econômica de partes da savana setentrional, da Etiópia e da costa oriental africana havia vários séculos antes de 1600. A escravização era uma atividade organizada, sancionada pela lei e pelo costume. Os cativos eram a principal mercadoria do comércio, incluindo o setor de exportação, e eram importantes na esfera interna, não apenas como concubinas, criados, soldados e administradores, mas também como trabalhadores comuns.[26]

Seis grandes rotas ligavam nações ao sul do Saara aos povos árabes do norte. Três saíam do Império de Gana, no oeste da África, rumo ao Marrocos e à Argélia; uma ligava o Chade à Líbia, e outras duas iam, pelo rio Nilo, das terras sudanesas até o Egito.

Como há pouquíssimos registros dessa época, os historiadores não sabem direito qual o número de escravos vendidos pelo Saara. Mas concordam com o tamanho dele. Para o historiador Luiz Felipe de Alencastro, foram 8 milhões de pessoas. O americano Patrick Manning fala que só as rotas transaarianas escoaram 10 mil escravos por ano – 1 milhão de escravos por século. Contando as caravanas transaarianas e orientais até o fim da escravidão, Paul Bairoch soma 25 milhões de escravos – mais que o dobro do que foi levado às Américas, geralmente estimado em 12 milhões de pessoas.

Com a venda de escravos, alguns reinos africanos viraram impérios, como o reino de **Kano**, na atual Nigéria. Quando os portugueses chegaram à região, em 1471, para comprar ouro direto da fonte em vez de obtê-lo por intermediários árabes, Kano já era um território enriquecido havia um século pela venda de ouro, escravos, sal e couro. Em outras regiões, a escravidão era uma cultura estabelecida com tanta força que camponeses pagavam impostos ao Estado central usando escravos como moeda. Esse sistema facilitava a obtenção de escravos que seriam vendidos a europeus, americanos e árabes. O Império Axante, que se espalhava de Gana para a Costa do Marfim e Togo, cobrava dessa forma os impostos de regiões conquistadas. "Somente o pagamento de tributos eram da ordem de 2 mil escravos por ano por volta de 1820", escreveu o historiador Paul Lovejoy.[27] Para conseguir comprar ouro nessa região, os portugueses precisaram arranjar escravos como moeda de troca. Estima-se que, entre 1500 e 1535, eles compraram cerca de 10 mil cativos no golfo do Benin apenas para trocá-los por ouro na própria África.[28] Entraram em contato com os costumes locais e se tornaram escravistas.

> Enriquecido com a venda de escravos, o reino de Kano tinha uma mesquita central e 21 cidades erguidas a mando do grão-vizir (o ministro do rei), com cerca de mil escravos em cada uma delas.

Os **africanos** lutaram **contra** o fim da **escravidão**

Se já estavam ricos com a venda de escravos aos árabes, os reinos africanos lucraram muito mais com o comércio pela costa do oceano Atlântico. Trocando pessoas por armas, o reino de Axante expandiu seu território. O rei Osei Kwame

(1777-1801), graças aos escravos que vendia, tinha palácios luxuosos, além de estradas bem aparadas que ligavam as cidades de seu império centralizado. Outro exemplo bem documentado é o reino do Daomé, atual Benin (um país estreito entre Togo e Nigéria). No século 18, havia por lá um Estado com burocracia militar, estradas, pontes vigiadas por guardas e cidades com 28 mil pessoas.

Nessa região e em muitos outros reinos, eram os próprios africanos que operavam o comércio de escravos. A "dominação europeia" se restringia a um forte no litoral, de onde os europeus só podiam sair com a autorização dos funcionários estatais. Quando viajavam, eram sempre acompanhados por guardas. O rei controlava o preço dos escravos e podia, de repente, mandar todos os europeus embora, fechando o país para o comércio estrangeiro. Também podia dar uma surra no branco que o irritasse. Foi isso que fez, em 1801, o rei Adandozan com Manoel Bastos Varela, diretor do forte português em Ajudá. Mandou embarcar o diretor "nu e amarrado" para o Brasil.

O soberano do Daomé podia reclamar diretamente com a rainha portuguesa. Seis anos antes de Manoel Varela ser enviado pelado para o Brasil, o rei anterior, Agonglô, escreveu uma longa carta à rainha Maria I. Com muita cordialidade, reclamava do diretor do forte português na cidade de Ajudá, Francisco Antônio da Fonseca e Aragão, "o qual esquece completamente as obrigações do seu cargo, preocupando-se somente em aumentar suas próprias finanças".[29] Na carta de 20 de março de 1795, o rei ainda pede que o diretor do forte seja castigado "de maneira exemplar, como é costume fazer em semelhantes situações". Quem respondeu à carta foi o príncipe dom João,

Ela própria, a Louca.

A imagem mais repetida da escravidão deve ser a do **negro sendo chicoteado no pelourinho** de uma grande fazenda por um carrasco sádico, enquanto dezenas de outros negros assistem cabisbaixos e, na casa-grande, um poderoso coronel branco dá um pequeno **sorriso de satisfação**. Castigos violentos como esses aconteceram em diversos sistemas escravistas. No Brasil, eram comuns sobretudo nas grandes plantações de cana-de-açúcar do Nordeste, as *plantations* descritas pelo sociólogo pernambucano **Gilberto Freyre**, onde imperava a monocultura dedicada à exportação. Na mesma região, um outro cenário poderia ser visto. Antes de o sol aparecer, o senhor, seu filho e um escravo, os três pardos ou negros, já estão com a enxada na mão a caminho da roça. Só os três cuidam da pequena plantação de fumo e mandioca, por isso trabalham até o começo da noite.

MUITO ALÉM DA CASA-GRANDE

No livro *Um Contraponto Baiano*, o historiador americano Bert Barickman defende que cenas assim aconteciam no próprio Recôncavo Baiano, região de grandes *plantations* de cana-de-açúcar. Em fazendas de Nazaré das Farinhas, São Gonçalo dos Campos e Santiago do Iguape, em média 59% dos senhores tinham até quatro escravos – apenas 4,5% deles tinham mais de 20 escravos e só 1%, mais de 60. Não se sabe como senhores e escravos viviam nessas pequenas fazendas, mas alguns registros dão uma ideia. O historiador Barickman se baseia na peça de teatro *O Juiz de Paz na Roça*, criada por Martins Pena em 1838. Na peça, **O senhor e seu único escravo trabalham juntos**, voltam para casa reclamando do cansaço e jantam lado a lado. O senhor escravista, diz o historiador, "nem na roça, onde empenha uma enxada, nem à mesa de jantar, onde come com as mãos e depois lambe os dedos, poderia se fazer passar por um grande e altivo senhor do tipo descrito por Gilberto Freyre".[30]

futuro dom João VI, que anos depois fugiria com toda a corte para o Brasil. Dom João respondeu ponto por ponto. Aceitou demitir o diretor do forte e pediu desculpas por não enviar uma galé carregada com ouro e prata, como o rei africano tinha pedido:

> Farei o necessário para vos dar satisfação quando a coisa for possível, tão logo as circunstâncias me permitirão, porque presentemente me é impossível fazê-lo, não somente por falta de tempo, mas por outras razões sobre as quais é supérfluo informar-vos, desejando em tudo agradar-vos como importa à minha fiel amizade.[31]

Para se comunicar com os portugueses, o rei do Daomé usava algum escravo português que tinha entre seu **séquito**. Eram geralmente marujos que acabavam capturados quando o Daomé atacava os vizinhos. Se Portugal não se interessava em pagar resgate para libertá-los, eles continuavam servindo ao rei africano. Trabalhando de intérpretes e escrivães, esses escravos brancos aproveitavam, nas cartas que escreviam a mando do líder negro, para incluir mensagens secretas de socorro. Como ninguém além deles falava português, não corriam o risco de ter a mensagem flagrada. Numa carta do rei Adandozan de 1804, o escrivão branco Inocêncio Marques de Santana incluiu um pequeno recado, uma espécie de "me tira daqui pelo amor de Deus" a dom João: "Eu, escrivão deste Cruel Rei, que aqui me acho há 23 anos fora dos portugueses, Vossa Magnificência queira perdoar meu grande atrevimento", escreveu Inocêncio, avisando sobre "como tratam os pobres portugueses nesta terra".[32]

O escravo português era chamado pelo rei africano de "meu branco" – uma versão oposta do "minha nega".

Os intérpretes brancos ajudavam os nobres africanos durante viagens diplomáticas. Entre 1750 e 1811, embaixadores africanos foram à Bahia e a Portugal com o objetivo de negociar o preço de escravos e pedir o monopólio de venda aos portugueses. Segundo o etnógrafo Pierre Verger, foram quatro viagens diplomáticas de enviados do rei do Daomé, duas dos reis de Onim (hoje Lagos) e outra do chefe de Ardra (Porto Novo). Tanto no Brasil quanto na corte em Portugal, os diplomatas e seus auxiliares foram recebidos com luxo. A partir de 1795, dois diplomatas do Daomé passaram quase dois anos sob os cuidados do reino português. Foram para a Bahia e de lá para Portugal. Na sede do reino, um deles morreu de resfriado e outro foi batizado, ganhando o nome real de João Carlos de Bragança. Apesar da morte do representante, a comitiva voltou a Salvador para desfrutar dos confortos das instalações **portuguesas**.

O comércio direto para o Brasil fazia nobres africanos se interessarem pela política interna do reino português. Em 1822, quando dom Pedro I deu o grito às margens do Ipiranga, o obá Osemwede, do Benin, e Ologum Ajan, de Lagos, foram os primeiros a reconhecer a independência do Brasil.[33] O país também servia de exílio, onde negros nobres vinham passar um tempo depois de derrubados do trono. O príncipe Fruku, do golfo da Guiné, foi posto num navio negreiro por um adversário político. No Brasil, ganhou o nome de Jerônimo, mas deve ter ficado pouco tempo como escravo. Se os brasileiros o encaravam como um cativo qualquer, os africanos viam nele um príncipe. "Juntando os seus tostões, os patrícios de Fruku não devem, portanto, ter demorado em comprar-lhe a liberdade", escreveu o historiador Alberto da Costa e Silva, um dos grandes especialistas em

O embaixador africano desfrutou tanto dos agrados oficiais que esgotou a paciência do governador da Bahia, Fernando José de Portugal e Castro. "Não foram poucas as impertinências, grosserias e incivilidades que sofri do Embaixador, apesar da afabilidade e atenção com que sempre lhe falava", escreveu o governador, em 1796, ao secretário de Estado de Portugal.[34]

história do tráfico atlântico. "Liberto, Jerônimo deixou-se ficar em Salvador, já que não podia, sob pena de ser reescravizado, retornar ao Daomé."[35] Vinte e quatro anos depois, com a morte do inimigo que o mandou ao Brasil, Fruku voltou à África para disputar o trono do Daomé, desta vez com o nome de "Dom Jerônimo, o **brasileiro**".

Outro exemplo é Nan Agotiné, mãe do rei Guezo, do Daomé. Vendida como escrava ao Brasil, ela montou seu próprio reinado em São Luís do Maranhão.

Os nobres africanos dependiam da venda de escravos para manter seu poder. Vendendo gente, eles obtinham armas. Garantiam assim a expansão do território e o domínio das terras já conquistadas. Sem a troca de escravos por armas, tinham a soberania do território e a própria cabeça ameaçadas. Como observa Alberto da Costa e Silva:

> Para as estruturas de poder africanas, a venda de escravos era essencial à obtenção de armas de fogo, de munição e de uma vasta gama de objetos que davam *status* e prestígio aos seus possuidores. O sistema de troca de seres humanos (geralmente prisioneiros de guerra e presos comuns ou políticos) por armas de fogo e outros bens consolidara-se ao longo dos séculos, desde o primeiro contato com os europeus na África, e não podia ser facilmente substituído pelo comércio normal. Há quem pense que o interesse de alguns africanos na manutenção do tráfico era ainda maior do que o dos armadores de barcos negreiros ou o dos senhores de engenhos e de plantações no continente americano.[36]

Para essa espiral romper o ciclo, foi preciso entrar em cena um elemento externo e poderoso: a Inglaterra. O ideal de liberdade dos negros, que todas as pessoas sensatas defendem hoje em dia, surgiu somente por causa dos protestos eufóricos e do poder autoritário dos ingleses.

Sem a influência do povo da Inglaterra, a escravidão duraria muito mais

Lendo a palavra "Inglaterra", talvez chegue à sua mente a palavra "interesses". Nos livros didáticos brasileiros, a Inglaterra quase sempre aparece acompanhada desse termo. O livro *Nova História Crítica* para a 7ª série, de Mário Schmidt, aponta três possíveis motivos que teriam levado os ingleses a ficar contra a escravidão – os três relacionados aos tais interesses. "Há historiadores que insistem que a Inglaterra era um país capitalista *interessado* em ampliar seus mercados consumidores. [...] É claro que os ingleses não eram contra o tráfico por uma questão humanitária."[37] Em 2007, os jornais revelaram que os livros de Schmidt tinham trechos com uma carga ideológica pesadíssima, como "A princesa Isabel é uma mulher feia como a peste e estúpida como uma leguminosa".[38] Outros livros didáticos, se não têm frases tão emblemáticas, contam histórias igualmente simplistas. "Interessava à Inglaterra a formação de um amplo mercado consumidor, principalmente de produtos manufaturados", pontifica o livro *História e Vida*, de Nelson Piletti e Claudino Piletti.[39]

Na verdade, o movimento abolicionista inglês teve uma origem muito mais ideológica que econômica. Organizado em 1787 por 22 religiosos ingleses, foi um dos primeiros movimentos populares bem-sucedidos da história moderna, um molde para as lutas sociais do século 19. Os abolicionistas se organizavam em comitês, contavam com o apoio de homens comuns e mulheres defensoras do voto universal, que saíam de porta em porta distribuindo panfletos, juntando abaixo-assinados e promovendo boicotes.

Os comitês arrecadavam dinheiro para a *propaganda*, publicando livretos com discursos abolicionistas e plantas de navios negreiros. Essas publicações deixaram a população horrorizada com as condições dos escravos e propensa a **boicotar** produtos feitos por eles. Para pressionar o Parlamento britânico a votar o direito dos negros, os abolicionistas entraram com petições na Câmara dos Comuns — equivalentes aos projetos de iniciativa popular à nossa Câmara dos Deputados. Foram em média 170 por ano entre 1788 e 1800, chegando a 900 em 1810. No total, até o fim da escravidão na Inglaterra, em 1833, foram mais de 5 mil petições, cada uma com centenas de milhares de assinaturas. Esse radicalismo faria o tráfico de escravos ser extinto em 1807, forçando todo o Atlântico a tomar a mesma **posição**.

Os livros não só dão pouca ressonância a esse movimento popular como erram ao contar a história dos interesses econômicos. Sabe-se disso desde 1979, quando o historiador americano Seymour Drescher publicou o livro *Econocide* ("Econocídio"). Para ele, não foi o declínio do comércio com a América que possibilitou a abolição, mas o contrário: o fim da escravidão abalou a economia britânica na América. Muitas das cidades mais ativas na abolição, como Manchester e Liverpool, eram as que mais lucravam vendendo para reinos escravistas da África e da América. "Quem apoiava o tráfico poderia muito bem acusar os abolicionistas de agir contra seus próprios interesses", escreveu **Drescher**.[40] Como diz o historiador Manolo Florentino:

> Quando se trata de avaliar os motivos da pressão inglesa pelo fim do tráfico atlântico de escravos, paira nos bancos escolares do ensino médio o estigma do "Ocidentalismo" — crença que reduz

Em 1787, um boicote dos abolicionistas ingleses ao açúcar feito por escravos conseguiu que 300 mil pessoas deixassem de consumi-lo na Inglaterra.

Ainda mais fora de sintonia é a ideia de que os ingleses interromperam o tráfico de escravos para criar um mercado consumidor na América. Mesmo naquela época, era um pouco difícil para os empresários montar ações que trariam lucro apenas um século depois.

Se a Inglaterra conseguiu acabar com o tráfico pelo Atlântico, a escravidão durou muito mais em outros pontos da África. Em Serra Leoa, os escravos só foram libertados em 1928, e apenas em 1950 no Sudão. Na Mauritânia, república islâmica ao sul do Marrocos, seguiu até 1980. Ilegalmente, é praticada nesse país ainda hoje.

a civilização ocidental a uma massa de parasitas sem alma, deca-
dentes, ambiciosos, desenraizados, descrentes e insensíveis. Não
podem ser levadas a sério teses que vinculam a ação britânica a
imaginárias crises econômicas do cativeiro no Caribe na passagem
do século XVIII para o seguinte. O tráfico seguia lucrativo e não
passava pela cabeça de nenhum líder inglês sério que a demanda americana por bens britânicos pudesse aumentar com o fim
da escravidão. Mas tudo isso continua a ser ensinado aos nossos
filhos e netos.[41]

Em 2007, completaram-se duzentos anos da proibição do tráfico de escravos, a primeira vitória da campanha
abolicionista da Inglaterra. Nenhum país da África ou movimento negro da América prestou homenagens ou agrade-
cimentos aos ingleses.

NOTAS

1 Milton Guran, *Agudás: Os "Brasileiros" do Benim*, Nova Fronteira, 2000, página 47.

2 Joaquim Nabuco, *O Abolicionismo*, obra publicada originalmente em 1883, página 60, disponível em www.dominiopublico.gov.br.

3 Pierre Verger, *Fluxo e Refluxo do Tráfico de Escravos entre o Golfo do Benin e a Bahia de Todos os Santos: Dos Séculos XVII a XIX*, 2ª edição, Corrupio, 1987, página 264.

4 Pierre Verger, página 251.

5 Ronaldo Vainfas, "Colonização, miscigenação e questão racial: notas sobre equívocos e tabus da historiografia brasileira", revista *O Tempo*, volume 4, número 8, agosto de 1999.

6 Flávio dos Santos Gomes, *Histórias de Quilombolas*, Companhia das Letras, 1995, página 10.

7 Paul E. Lovejoy, *A Escravidão na África*, Civilização Brasileira, 2002, páginas 128 a 130.

8 Marina de Mello e Souza, "A rainha Jinga – África central, século XVII", revista eletrônica *ComCiência*, número 97, 9 de abril de 2008.

9 Flávio dos Santos Gomes, *Palmares*, Contexto, 2005, página 104.

10 Andressa Merces Barbosa dos Reis, *Zumbi: Historiografia e Imagens*, dissertação de mestrado disponível em www.dominiopublico.gov.br.

11 Mary del Priore e Renato Pinto Venâncio, *O Livro de Ouro da História do Brasil*, Ediouro, 2001, página 79.

12 *Dicionário Houaiss*, verbete "Escravo"; *Merriam-Webster Dictionary*, verbete "*slave*".

13 Rory Carroll, "New book reopens old arguments about slave raids on Europe", *Guardian*, 11 de março de 2004.

14 Eduardo França Paiva, *Escravos e Libertos nas Minas Gerais do Século XVIII*, Annablume, 1995, páginas 137 e 138.

15 Eduardo França Paiva, páginas 45 e 147.

16 Francisco Vidal Lina, Herbert S. Klein e Irani del Nero da Costa, *Escravismo em São Paulo e Minais Gerais*, Edusp, 2009, página 472.

17 Francisco Vidal Lina, Herbert S. Klein e Irani del Nero da Costa, página 456.

18 José Roberto Pinto de Góes, "Negros: uma história reparada", revista *Insight Inteligência*, número 34, julho-setembro de 2006, páginas 52 a 62.

19 Bert Jude Barickman, *Um Contraponto Baiano*, Civilização Brasileira, 2003, página 239.

20 Francisco Vidal Lina, Herbert S. Klein e Irani del Nero da Costa, página 472.

21 Lilia Moritz Schwarcz, *As Barbas do Imperador*, 2ª edição, Companhia das Letras, 1999, página 13.

22 Sidney Chalhoub, "Medo branco de almas negras: escravos, libertos e republicanos na cidade do Rio", *Revista Brasileira de História*, volume 8, número 16, páginas 83 a 105.

23 Francisco Vidal Lina, Herbert S. Klein e Irani del Nero da Costa, página 487.

24 J. Michael Turner, "Escravos Brasileiros no Daomé", revista *Afro-Ásia*, UFBA, número 10-11, 1970, página 16; Alberto da Costa e Silva, *Um Rio Chamado Atlântico*, Nova Fronteira, 2003, página 160.

25 Carolina Glycerio e Silvia Salek, "Vitimização do negro nos livros estimula preconceito, diz historiador", BBC Brasil, 23 de agosto de 2007, disponível em www.bbc.co.uk/portuguese/reporterbbc/story/2007/08/ 070704_dna_racismo_educacao_cg.shtml.

26 Paul E. Lovejoy, página 59.

27 Paul E. Lovejoy, página 240.

28 Wolfgang Döpcke, "O Ocidente deveria indenizar as vítimas do tráfico transatlântico de escravos?", *Revista Brasileira de Política Internacional*, volume 44, número 2, 2001.

29 Pierre Verger, página 268.

30 Bert Jude Barickman, página 251.

31 Pierre Verger, páginas 289 a 291.

32 Pierre Verger, página 289.

33 Lilia Moritz Schwarcz, página 18.

34 Silvia Hunold Lara, *Fragmentos Setecentistas*, Companhia das Letras, 2007, página 200.

35 Alberto da Costa e Silva, "Fruku, o príncipe-escravo", *Aventuras na História*, edição 5, fevereiro de 2004.

36 Alberto da Costa e Silva, *Um Rio Chamado Atlântico*, Nova Fronteira, 2003, página 18.

37 Mário Furley Schmidt, *Nova História Crítica: 7ª Série*, Nova Geração, 2001.

38 Editorial "O Mec acorda tarde", *O Estado de S. Paulo*, caderno Opinião, 20 de setembro de 2007.

39 Nelson Piletti e Claudino Piletti, *História e Vida, Brasil: Do Primeiro Reinado aos Dias de Hoje*, volume 2, 23ª edição, Ática, 2006, página 40.

40 Seymour Drescher, *Capitalism and Antislavery: British Mobilization in Comparative Perspective*, Oxford University Press, 1987, página 72.

41 Manolo Florentino, "Sensibilidade inglesa", *Revista de História da Biblioteca Nacional*, maio de 2008.

ESCRITORES

PEQUENA COLETÂNEA DE BOBAGENS DOS NOSSOS GRANDES AUTORES

Intelectuais famosos nem sempre são geniais. Cometem besteiras em troca de dinheiro, adotam ideologias da moda que se revelam loucura e escrevem coisas de que depois se arrependem. Erram principalmente quando jovens, o que é de esperar. Mas alguns insistem no erro até a velhice, sustentando toda a sua obra em equívocos fundamentais. Quando entram para a história, passam por uma triagem que ao longo dos anos retira imperfeições, feitos medíocres e detalhes bizarros. Nas biografias e nos verbetes de enciclopédias, ficam somente os cachos vistosos do bom-mocismo. É uma pena. As frutas podres contam boas histórias sobre a época e a personalidade dos artistas – além de serem bem divertidas.

Machado de Assis,
censor do Império

Machado de Assis é um tipo incomum de gênio – aquele que alcançou a fama muito antes de publicar suas grandes obras, antes mesmo de publicar os primeiros romances. Na década de 1860, quando tinha vinte e poucos anos, era um jornalista cultural respeitado e temido. José de Alencar, uma década mais velho e já escritor conceituado, chamava-o de "o primeiro crítico brasileiro". Contrário ao teatro francês romântico e exagerado, feito para divertir as madames dos bulevares franceses, Machado pregava que o teatro tinha "uma missão nacional, uma missão social e uma missão humana", e que por isso os palcos precisavam de histórias mais realistas. Sua fama como crítico literário lhe rendeu um cargo rotineiro para a época, mas hoje em dia odiado: agente da censura.

Machado foi censor do Conservatório Dramático, o órgão da corte do imperador dom Pedro II encarregado de julgar as peças que poderiam ser levadas ao público. Entre 1862 e 1863, avaliou dezessete peças, proibindo três delas. *A Mulher que o Mundo Respeita* não ganhou a licença porque o censor achou a comédia "um episódio imoral, sem princípio nem fim", "uma baboseira". O drama *As Conveniências* foi reprovado com uma justificativa curta que zelava os bons costumes:

> Não posso dar o meu voto de aprovação ao drama *As Conveniências*. Tais doutrinas se proclamam nele, tal exaltação se faz da paixão diante do dever, tal é o assunto, e tais as conclusões, que é um serviço à moral proibir a representação desta peça. E se o pudor da cena ganha com essa interdição, não menos

ganha o bom gosto, que não terá de ver à ilharga de boas composições esta que é um feixe de incongruências, e nada mais.[1]

No artigo "Machado de Assis, leitor e crítico de
teatro", o professor João Roberto Faria, da Universidade de
São Paulo, detalha as regras que Machado de Assis tinha
que seguir em seu trabalho de censor. O conservatório pedia aos censores que barrassem as peças baseados em dois
motivos. Primeiro, se a história tivesse assuntos e expressões que ferissem o decoro, pois era preciso garantir que
"pudesse a Imperial Família honrar com a Sua Presença o
espetáculo", como regia uma norma do conservatório. Segundo, deveria barrar as peças contrárias à religião e às autoridades brasileiras. Para Machado, isso era pouco. Numa
crônica de 1860, ele defende que os censores deveriam ter
o poder de ser "uma muralha de inteligências às irrupções
intempestivas que o capricho quisesse fazer no mundo da
arte, às bacanais indecentes e parvas que ofendessem a dignidade do tablado".

Como não tinha esse direito, o escritor foi obrigado a
aprovar várias peças em que não viu mérito literário algum.
Claro que não fez isso sem esbravejar contra os autores. O
estilo de alguns de seus pareceres mostra que, se pudesse,
Machado censuraria mais.

O melhor exemplo é a avaliação de *Clermont ou A
Mulher do Artista*. O escritor teve que dar ok à história,
que não pecava "contra os preceitos da lei", apesar de con-
siderá-la "uma dessas banalidades literárias que constituem
por aí o repertório quase exclusivo dos nossos teatros".[2]

A censura que Machado de Assis gostaria de praticar
era ainda mais cruel do que aquela que lhe era permitida,

posto submeteria autores aos julgamentos particulares do censor. (Se bem que, com tanta peça ruim nos teatros hoje em dia, até que um censor como Machado de Assis não seria nada mal.)

José de Alencar
contra a abolição

Em 1867, José de Alencar publicou a série *Ao Imperador: Novas Cartas Políticas de Erasmo*. São sete cartas abertas dirigidas a dom Pedro II, das quais três tratam abertamente da defesa da escravidão negra no Brasil. O escritor era então deputado no Rio de Janeiro, eleito pelo Ceará, e tentava convencer dom Pedro II a deixar de insistir na abolição dos escravos. O imperador fazia uma grande pressão pelo fim do comércio de gente – ameaçava até desistir do trono se os parlamentares não votassem pelo fim dos cativeiros. Depois que a liberdade dos escravos se tornou uma conquista obviamente justa, a série de cartas de Alencar desapareceu. Não entrou na obra completa do escritor, publicada em 1959 pela editora Nova Aguilar. Até serem redescobertas em 2008, pelo historiador paulista Tâmis Parron, ficaram 140 anos adormecidas.

O curioso é que os motivos de Alencar contra a abolição parecem mais simpáticos aos negros que os argumentos em favor da liberdade. Nos discursos pró e contra a escravidão do século 19, os parlamentares se baseavam em razões que hoje parecem loucura. Nenhum negro gostaria de ouvir, por exemplo, o argumento abolicionista de que os africanos formavam uma raça inferior e, por isso, era necessário parar imediatamente de trazê-los ao Brasil, para que não prejudicassem o futuro do país. Já os defensores da escravidão tinham razões politicamente corretas. O mais conhecido deles, o senador Bernardo de Vasconcelos, dizia que a África civilizava o Brasil, portanto a imigração de negros africanos enriquecia a cultura brasileira. A argumentação de José de Alencar vai nessa linha. Ele não defende o sistema escravocrata por achar que os negros tinham um cérebro pior ou eram menos dotados por Deus, mas porque vê neles um grande potencial de crescimento e auxílio no progresso do país. Chega a citar negros ilustres da história brasileira, como Henrique Dias, herói da expulsão dos holandeses em Pernambuco. "Sem a escravidão africana e o tráfico que a realizou, a América seria hoje um vasto deserto", diz Alencar na segunda carta ao imperador. "Três séculos durante, a África despejou sobre a América a exuberância de sua população vigorosa."

De acordo com José de Alencar, toda nova civilização da história floresceu por meio da escravidão de civilização decadente. O trabalho forçado seria uma "educação pelo cativeiro", ou seja, um modo de tirar indivíduos da selva e dar-lhes acesso à instrução. O escravo, durante anos de servidão, iria adquirir qualidades morais suficientes para ser um novo membro da sociedade. Como mostra desse fenômeno, Alencar cita o alto número de escravos alforriados no Brasil que compravam a liberdade ou a ganhavam de presente. Ele afirma:

> Se a escravidão não fosse inventada, a marcha da humanidade seria impossível, a menos que a necessidade não suprisse esse vínculo por outro igualmente poderoso. Desde que o in-

teresse próprio de possuir o vencido não coibisse a fúria do vencedor, ele havia de imolar a vítima. Significara, portanto, a vitória na Antiguidade uma hecatombe; a conquista de um país, o extermínio da população indígena.

Desde as origens do mundo, o país centro de uma esplêndida civilização é, no seu apogeu, um mercado, na sua decadência, um produtor de escravos. O Oriente abasteceu de cativos a Grécia. Nessa terra augusta da liberdade, nas ágoras de Atenas, se proveram desse traste os orgulhosos patrícios de Roma. Por sua vez, o cidadão rei, o *civis romanus*, foi escravo dos godos e hunos.

Modernamente, os povos caminham pela indústria. São os transbordamentos das grandes nações civilizadas que se escoam para as regiões incultas, imersas na primitiva ignorância. O escravo deve ser, então, o homem selvagem que se instrui pelo trabalho. Eu o considero nesse período como o neófito da civilização.[3]

Muita gente repete que é preciso preservar os costumes nacionais contra a influência estrangeira. Alencar e seus colegas do Partido Conservador usam esse argumento para defender a exploração dos negros. A escravidão, para eles, fazia parte da tradição brasileira – era importante para a identidade nacional. Por essa razão, o país não deveria ceder às pressões abolicionistas da França e da Inglaterra, as duas grandes potências da época. Alencar pede a dom Pedro II que pare de se preocupar com a opinião internacional e valorize as instituições brasileiras. "São muitos os cortejos que já fez a coroa imperial à opinião europeia e americana. Reclama sério estudo cada um destes atos, verdadeiros golpes e bem profundos, na integridade da nação brasileira." Dom Pedro II deveria ter respondido assim: deixar o patriotismo de lado e aceitar a influência estrangeira pode salvar um país de costumes bárbaros.

As três paixões de Jorge Amado

Quando tinha 28 anos, o baiano Jorge Amado conseguiu defender, ao mesmo tempo, dois dos maiores tiranos do século 20: Adolf Hitler e Josef Stálin. O escritor da baianidade, do cacau e da morena subindo no telhado era comunista de carteirinha desde que foi ao Rio de Janeiro estudar direito. Ele fez propaganda do nazismo em 1940, meses depois de a Alemanha e a União Soviética fecharem um pacto de não agressão. Naquela época, quem não era bobo sabia dos planos de Hitler – a Alemanha já tinha invadido a Polônia e aos poucos conquistava Bélgica, Holanda, Dinamarca, Noruega e França. Mesmo assim, Amado virou redator da página de cultura do *Meio-Dia*, então jornal de propaganda nazista no Brasil. Não que o escritor se identificasse com a doutrina de Hitler – a questão provavelmente era financeira. Jorge Amado devia escrever o que lhe pagassem, fosse comunista, nazista ou americano. Durante o emprego no jornal dos alemães, tentou convencer colegas para que trabalhassem para Hitler. No livro *Os Dentes do Dragão*, Oswald de Andrade conta:

> Em 1940 Jorge convidou-me no Rio para almoçar na Brahma com um alemão altamente situado na embaixada e na

agência Transocean, para que esse alemão me oferecesse escrever um livro em defesa da Alemanha. Jorge, depois me informou que esse livro iria render-me 30 contos. Recusei, e Jorge ficou surpreendido, pois aceitara várias encomendas do mesmo alemão.[4]

O escritor baiano logo pulou fora do nazismo, mas manteve a paixão pelo sorriso de Stálin uma década mais. Em 1951, escreveu *O Mundo da Paz*, um livro inteirinho para adular Stálin e os países socialistas. Nessa época, quem não era bobo já ouvira falar dos expurgos e das execuções em massa cometidas pelo **líder soviético**. Mesmo assim, o escritor baiano chamou um dos ditadores mais cruéis do século 20, cuja truculência resultou na morte e no martírio de milhões de pessoas, de "sábio dirigente dos povos do mundo na luta pela felicidade do homem sobre a Terra". Décadas depois, em suas memórias, admitiu que fez vista grossa para os problemas soviéticos quando criou *O Mundo da Paz*:

> Tarefa política, de volta da União Soviética e dos países de democracia popular do Leste Europeu, escrevo livro de viagens, o elogio sem vacilações do que vi, tudo ou quase tudo parece-me positivo, stalinista incondicional silenciei o negativo como convinha. Para falar da Albânia plagiei título de Hemingway: A Albânia é uma festa.[5]

Famoso até no mundo soviético, onde suas obras comunistas tiveram mais de 10 milhões de cópias, Jorge Amado renegou, em 1956, a obra que adulou Stálin. Nesse ano, já estava difícil jogar os crimes do homem para baixo do

Naquela época, já circulavam pelo mundo histórias sobre o Holodomor, o genocídio ucraniano de 1932 e 1933. A tragédia ocorreu por causa da perseguição de Stálin aos camponeses ucranianos e da ordem de confiscar os grãos que eles produziam. Entre 3 e 3,5 milhões de pessoas morreram de fome. Algumas foram atiradas em valas comuns ainda enquanto agonizavam.

tapete. Mas até o fim da vida o escritor insistiu no nacionalismo e no regionalismo. No livro *Navegação de Cabotagem*, Jorge Amado mostra por que admirava o líder político baiano Antonio Carlos Magalhães:

> No caso de Toninho, ele é a Bahia, cara e entranhas, ou seja, o sim e o não. No político e administrador duas coisas sobretudo me seduzem: a sua qualidade intrínseca de baiano. Toninho é baiano antes de tudo, e seu permanente interesse pela cultura, comprovado, verdadeiro.[6]

o frango
de Graciliano Ramos

Bons colunistas de jornal costumam comentar tendências, avaliar episódios e fornecer aos leitores previsões coerentes sobre o futuro do país. O alagoano Graciliano Ramos não era hábil nessas tarefas. Numa crônica de 1921, o autor de *Vidas Secas* defendeu que o futebol era uma moda passageira que jamais pegaria no Brasil. Acreditava que o esporte não combinava com a personalidade "bronca" do brasileiro:

> Mas por que o *football*?
>
> Não seria, porventura, melhor exercitar-se a mocidade em jogos nacionais, sem mescla de estrangeirismo, o murro, o cacete, a faca de ponta, por exemplo? Não é que me repugne a introdução de coisas exóticas entre nós. Mas gosto de indagar se elas serão assimiláveis ou não.

No caso afirmativo, seja muito bem-vinda a instituição alheia, fecundemo-la, arranjemos nela um filho híbrido que possa viver cá em casa. De outro modo, resignemo-nos às broncas tradições dos sertanejos e dos matutos. Ora, parece-nos que o *football* não se adapta a estas boas paragens do cangaço. É roupa de empréstimo, que não nos serve.[7]

Quando Graciliano escreveu a crônica, já havia diversos clubes de futebol no país, mas o esporte ainda demoraria alguns anos para ganhar popularidade. A imagem do Brasil como terra do futebol surgiria só a partir da Copa de 1950, quando a seleção perdeu a final, no Maracanã, para o Uruguai. Na década de 1920, porém, o futebol ainda era uma atividade estrangeira e elitista como o turfe.

Graciliano Ramos se arrependeria mais uma vez por fazer avaliações com base no patriotismo e nas suas crenças políticas. Quando era gerente editorial da Livraria José Olympio, ele negou um prêmio literário a Guimarães Rosa, então um desconhecido, porque os contos de *Sagarana* não tinham mensagens edificantes ao proletariado.

Para que um costume intruso possa estabelecer-se definitivamente em um país, é necessário não só que se harmonize com a índole do povo que o vai receber, mas que o lugar a ocupar não esteja tomado por outro mais antigo, de cunho indígena. É preciso, pois, que vá preencher uma lacuna, como diz o chavão. [...]

Estrangeirices não entram facilmente na terra do espinho. O *football*, o boxe, o turfe, nada pega.[8]

Na mesma crônica, o escritor patriota ainda pediu aos jovens que esquecessem o esporte e resgatassem, em nome da cultura brasileira, atividades nacionais que andavam esquecidas, como a queda de braço e a rasteira. Isso mesmo, a rasteira. A sugestão de Graciliano produz involuntariamente um efeito irônico:

Reabilitem os esportes regionais que aí estão abandonados: o porrete, o cachação, a queda de braço, a corrida a pé, tão útil a um cidadão que se dedica ao arriscado ofício de furtar galinhas, a pega de bois, o salto, a cavalhada e, melhor que tudo, o cambapé, a rasteira.

A rasteira! Este, sim, é o esporte nacional por excelência![9]

Gilberto Freyre
admirava a Ku Klux Klan

Quando publicou *Casa-Grande & Senzala*, em 1933, o escritor e antropólogo Gilberto Freyre provocou uma revolução: defendeu que os mestiços, até então considerados a causa dos problemas do país, eram na verdade uma agradável particularidade dos brasileiros. Foi uma reviravolta para ele próprio. Antes de publicar sua obra-prima, o pernambucano, assim como os colegas mais velhos, torcia pelo gradual embranquecimento dos brasileiros. O antropólogo afirmou, por exemplo, que o Brasil deveria seguir a Argentina e clarear a população. "Temos muito que aprender com os vizinhos do Sul", escreveu ao resenhar o livro *Na Argentina*, de Oliveira Viana, um dos grandes defensores da eugenia no Brasil. "Parece que neste ponto a República do Prata leva decidida vantagem sobre os demais países americanos. Em futuro não remoto sua população será praticamente branca." Ele também reclama, num artigo escrito para o *Diário de Pernambuco* em 1925, das regiões "contaminadas pelo sangue negro", onde "o mata-borrão ariano dificilmente chupa, apenas atenua, o colorido das muitas manchas escuras". E torce para que o sangue "da raça superior" predomine no país.[10]

Em *Vida Social no Brasil nos Meados do Século 19*, sua dissertação de mestrado apresentada na Universidade Colúmbia, nos Estados Unidos, em 1922, há afirmações ainda mais comprometedoras. No trabalho acadêmico, o brasileiro elogiou o esforço dos "cavalheiros da Ku Klux Klan americana" – grupo que naquela época já executava negros –, chamando-os de "uma espécie de maçonaria guerreira" criada pelos sulistas americanos contra a humilhação imposta pelo Norte. Em 1964, quando a dissertação foi republicada, os trechos condescendentes à KKK foram retirados. Nessa ocasião, Freyre divulgou o estudo como o embrião de *Casa-Grande & Senzala*.

A admiração aos brancos radicais não é, na verdade, tão incoerente com *Casa-Grande & Senzala*. Gilberto Freyre tinha saudade do modo aristocrático de viver. Para a historiadora Maria Lúcia Pallares-Burke, autora de *Gilberto Freyre, um Vitoriano nos Trópicos*, o elogio à Ku Klux Klan era mais uma defesa da cultura tradicional do Sul dos Estados Unidos. O antropólogo lamentava a decadência dos hábitos sulistas, para ele uma "coisa deliciosa", uma região "havia lazer, havia fausto, havia escravos e havia maneiras gentis" antes de ser destruída pelo Norte industrial. Aqueles que defendiam a cultura tradicional, afirma a historiadora, "se solidarizavam com instituições ou atitudes que se apresentavam como regeneradoras de um passado valioso, não questionando, muitas vezes, os métodos execráveis utilizados para essa regeneração".[11] Gilberto Freyre tinha uma melancolia similar quando pensava no desaparecimento das tradições de Pernambuco – o que preocupa muitos pernambucanos ainda hoje. Achava que o estado vivia "o triste fim de uma aristocracia" reinante numa época em que os negros eram "fiéis". A saudade dos velhos costumes foi fundamental para ele enxergar a escravidão brasileira como um regime mais adocicado que o de outros países – o que fez do Brasil um lugar mais propenso à mestiçagem.[12]

Gregório de Matos
era um dedo-duro

O poeta barroco Gregório de Matos e Guerra, o "Boca do Inferno", é conhecido pelos poemas satíricos com que esbravejava contra líderes e políticos da Bahia. Ele publicava folhas volantes, tipo de panfletos do século 17, repletas de ofensas e palavrões. Para o governador Antônio Luís, por exemplo, escreveu:

> Sal, cal, e alho
>
> caiam no teu maldito caralho. Amém.
>
> O fogo de Sodoma e de Gomorra
>
> em cinza te reduzam essa porra. Amém.
>
> Tudo em fogo arda,
>
> Tu, e teus filhos, e o Capitão da Guarda.[13]

Peças como essa renderam a Gregório de Matos a imagem de um artista libertino. A fama que ele tem hoje, sobretudo na Bahia, lembra a de um escritor *beatnik*, um revolucionário que transgrediu padrões morais da época e teve coragem de remexer nos segredos da elite baiana. Atribui-se a Gregório de Matos a defesa dos negros e pobres, o que fica muito perto de considerá-lo um herói nacional-popular, um ícone da "baianidade".

Ninguém sabe se as peças atribuídas a Gregório de Matos são mesmo de sua autoria. Nos anos seiscentos, o conceito de indivíduo criador não estava bem assentado. A arte barroca era um estilo coletivo: plágios eram comuns e aceitáveis, e os artistas ligavam pouco para assinar as obras. A autoria, assim como a inovação introduzida pelo artista, só ganharia importância mais de um século depois, com os poetas românticos. É provável que, quando seus textos foram compilados, no século 18, boa parte da sátira baiana tenha sido considerada **obra sua**.

De qualquer modo, os poemas satíricos atribuídos a Gregório de Matos têm muito pouco de libertino. Em 1989, o crítico literário João Adolfo Hansen, da Universidade de São Paulo, defendeu que essa fama do Boca do Inferno diz mais sobre a Bahia de hoje que a do século 17. No livro *A Sátira e o Engenho*, o crítico mostra que o poeta odiava negros, pobres, índios e judeus – o que era esperado de um fidalgo do reino português daquela época. Escreveu o pesquisador:

> Ao contrário do que algumas interpretações contemporâneas vêm propondo, a sátira barroca produzida na Bahia não é oposição aos poderes constituídos, ainda que ataque violentamente membros particulares desses poderes, muito menos transgressão libertadora de interditos morais e sexuais.[14]

Entre os poemas atribuídos a Gregório de Matos, vários atacam judeus e negros. Em *Milagres do Brasil São*, ele

Gregório de Matos se tornou uma grife que provavelmente esconde diversos outros artistas. É o mesmo fenômeno que aconteceu com Antônio Francisco Lisboa (*veja o capítulo "Aleijadinho"*).

afirma que ser mulato é "ter sangue de carrapato". Em outra peça, diz que "de mulata sai mula, como de mula mulata". Um dos seus alvos preferidos são os falsos cristãos-novos. Trata-se dos judeus que por força da perseguição religiosa se converteram ao catolicismo só na aparência, seguindo com os costumes judaicos dentro de casa. Como neste trecho de "O burgo":

> Quantos com capa cristã
> professam o judaísmo
> mostrando hipocritamente
> devoção às leis de Cristo![15]

Outro poema trata o "Galileu requerente" como um cão que merece levar pedradas:

> Latis, e cuidais, que eu morro
> de ouvir o vosso latir,
> e eu zombo de vê-lo ouvir,
> porque quem late é cachorro:
> vós latis, e eu me desforro
> dando-vos estas pedradas,
> que quando um cão nas estradas
> late ao manso caminheiro,
> assentando-lhe o cacheiro
> deixa as partes sossegadas.[16]

O crítico João Adolfo Hansen comparou a sátira atribuída a Gregório de Matos às denúncias secretas à Inquisição, muito comuns naquela época. Desde 1591, a Bahia abrigou agentes do Santo Ofício, incumbidos de condenar bruxas, homossexuais, judeus e hereges em geral. Na Europa, a condenação incluía ser queimado nas enormes fogueiras que marcaram o fim da Idade Média. Mesmo sem ordenar fogueiras humanas no Brasil, os padres inquisidores espalhavam o terror. Quando apareciam, os cidadãos corriam até eles para fazer denúncias contra hereges, na tentativa de parecer bons católicos e livrar a própria barra. Qualquer atitude incomum era motivo para delação, como **usar azeite** para fritar comida. Os católicos do século 16 também viam com maus olhos tomar banho na sexta-feira, cruzar as pernas na igreja e ler a Bíblia em espanhol – coisa dos luteranos, uma vez que os católicos só tinham o livro sagrado em latim. As delações à Inquisição eram anônimas, mas tinham uma contrapartida pública: os poemas satíricos. Assim como as denúncias religiosas, os textos ao estilo Gregório de Matos atacavam desvios de conduta, procuravam punir pecadores, conter vícios e proteger a tradição católica dos rituais pagãos. Uma mostra disso é que os autores denunciam também mulheres que consideram promíscuas. Um poema critica uma tal de Luzia por causa de seus desejos sexuais: a moça quer que um amigo lhe dê "quatro investidas – duas de dia e duas de noite". Outro fala de Brazia de Calvário, "outra mulata meretriz" que foi pega fazendo sexo com um frade. Beatos muito fofoqueiros esses poetas que ganharam o nome de Gregório de Matos.[17]

Católicos usavam nas frituras a banha de porco, animal proibido nas refeições dos judeus. O azeite, portanto, provocava a suspeita de judaísmo.

Os crimes de Euclides da Cunha

A morte de Euclides da Cunha, de tão trágica, sombria e novelesca, até hoje inspira livros e programas de TV. Numa manhã de agosto de 1909, depois de saber que a mulher, Anna, não dormira em casa, Euclides resolveu lavar a honra: tomou emprestado o revólver de um vizinho. Foi até o bairro de Piedade, no Rio de Janeiro, onde morava Dilermando de Assis, o loiro, alto, forte e charmoso capitão do exército com quem Anna já havia tido um filho. Chegou gritando "vim para matar ou morrer!" e foi direto ao quarto do amante. Mirou uma região especial do jovem capitão, acertando na virilha. Logo disparou mais dois tiros em Dilermando e outro, quase à queima-roupa, no irmão dele. Dilermando, campeão de tiro na Escola Militar, conseguiu alcançar seu revólver e revidar, matando o autor de *Os Sertões* com um único tiro.

Menos conhecidos que a tragédia de Piedade são os motivos que levaram a mulher de Euclides da Cunha a abandoná-lo. A fuga de Anna para a casa do amante foi resultado de anos de brigas com o marido, de humilhações e situações miseráveis causadas pelo descaso de Euclides com a família. Faz parte desse fardo até mesmo a suspeita de o escritor ter assassinado um bebê recém-nascido.

Em 1902, com o lançamento de *Os Sertões*, Euclides da Cunha passou de engenheiro militar anônimo para intelectual de pose. Depois de presenciar a Guerra de Canudos, na Bahia, ele mostrou ao Brasil uma figura então pouco conhecida, o sertanejo nordestino, que logo se tornaria um personagem nacional. O livro teve três edições em quatro anos. Dois anos depois de lançar a obra-prima, Euclides pensou em repetir o feito, fazendo mais uma viagem que lhe rendesse um clássico. Em agosto de 1904, embarcou para a Amazônia como chefe da Comissão de Reconhecimento do Alto Purus, destinada a resolver de uma vez por todas o problema das fronteiras do Acre (*veja mais sobre isso na página 223*). Deixou a mulher no Rio de Janeiro, sem dinheiro e sem casa para abrigar os três filhos. Anna da Cunha, sem a ajuda do pai, que morrera anos antes no Pará, teve que colocar os dois filhos mais velhos num colégio interno e se mudar com o caçula para uma pensão barata.

O comportamento do marido não deve ter sido uma surpresa. Euclides era um homem nervoso, temperamental, pouco generoso com a família. Desde o começo do casamento, a mulher e a família dela reclamavam da sua falta de cuidados. Numa carta de 1894, ele disse à sogra: "Eu compreendo que me odeiem, mas eu não compreendo que tentem aviltar--me". Anos depois, o pai dela, o major **Sólon Ribeiro**, reclamou a ele da "forma estranha como tratas tua mulher e filhos":

> Pensei que o trato que tens feito e sobretudo os meus conselhos tivessem modificado a tua maneira de viver, mas encontrei os mesmos destemperos, a mesma desordem de outrora.[18]

Na pensão do Rio de Janeiro, Anna, então com 34 anos, conheceu Dilermando de Assis, de 17 anos, aluno da Escola de Guerra. Os dois logo se apaixonaram e decidiram morar juntos. Viveram tranquilamente por dois anos, até Euclides aparecer de volta da expedição ao Acre. O casal tentou esconder o relacionamento, sem saber, àquela altura, que isso seria impossível: Anna estava grávida de três meses. "Quando a esposa não podia mais ocultar o crescimento

---

O escritor reclamava que a família da mulher fazia uma "surda e traiçoeira conspiração" contra ele.

O major Sólon Ribeiro foi o homem que fez a proclamação da República acontecer em 15 de novembro de 1889. Na noite do dia 14, cansado das indecisões do marechal Deodoro e outros conspiradores, ele saiu pelo Rio de Janeiro espalhando boatos de que a Guarda Nacional estava prestes a atacar o exército. Os boatos ajudaram a levar os militares à rua, precipitando o golpe militar republicano.

do ventre, Euclides teve certeza da infidelidade", conta Luiza Nagib Eluf, procuradora da Justiça de São Paulo e autora do livro *Matar ou Morrer: O Caso Euclides da Cunha*. "Passou a agredi-la de todas as formas possíveis, física e moralmente, humilhando-a na presença dos empregados, amigos e familiares."[19]

A história mais triste aconteceria em julho de 1906. Semanas antes de Anna dar à luz o filho, Dilermando foi enviado pela escola militar a Porto Alegre. Ela ficou sozinha com o marido traído. Assim que a mulher pariu o menino, Euclides da Cunha trancou-a no quarto. Anna foi impedida de ver ou amamentar o próprio filho. "O marido se instalou numa vigilância obstinada e não cedeu, conservando-se indiferente ao desespero da mulher", afirma Judith de Assis na biografia sobre a mãe.[20] Uma semana depois do nascimento, o menino, que ganhara o nome de Mauro, morreu de inanição.

Os destemperos de Euclides da Cunha causariam estragos mesmo depois de sua morte. Durante a tragédia da casa de Piedade, o tiro que o escritor acertou no irmão de Dilermando de Assis atingiu a nuca do rapaz. A bala não foi retirada, mas acabou se alojando na espinha dorsal. Poucos anos depois do tiroteio, Dinorah Cândido de Assis ficou hemiplégico (com metade do corpo paralisado). Jogador de futebol do Botafogo e aspirante da marinha, ele passou a andar de cadeira de rodas por volta dos 20 anos. Em 1921, deprimido, alcoólatra e afastado da família, jogou-se do cais de Porto Alegre e morreu afogado.

O tempo e a fama de Euclides da Cunha apagaram essas sombrias relações familiares. O mesmo aconteceu com as falhas de reportagem que o escritor cometeu na mais im-

Em 1916, houve mais uma tragédia. Dilermando de Assis estava num cartório do Rio de Janeiro quando levou um tiro nas costas. Quem disparou foi Euclides Filho, na tentativa de vingar a morte do pai. Assim como sete anos antes, Dilermando foi atingido mais uma vez, mas sobreviveu e conseguiu revidar, matando o filho de sua mulher.

Dos tempos de Euclides da Cunha até hoje, Antônio Conselheiro ganhou caras diversas. O líder do povoado de Canudos já foi comparado a Jesus Cristo, por lembrar o salvador espiritual de um povo oprimido; e a Che Guevara, já que teria montado uma sociedade igualitária em desafio à ordem imposta pela metrópole. Uma nova imagem pode fazer parte desse álbum: a de Antônio Conselheiro como o herói dos homens de negócios.

OS EMPRESÁRIOS DE CANUDOS

Uma das principais reivindicações políticas do líder de Canudos é a mesma dos empresários hoje em dia: a redução de impostos. Na época, o governo republicano tentava organizar um sistema de impostos que taxasse não só mercadorias que entravam e saíam dos portos, mas o comércio interno do país. Quando vagava pelo sertão, Antônio Conselheiro comparava a cobrança à escravidão de todas as raças e levantava a população contra o seu pagamento. Em 1893, queimou o edital de cobrança da cidade baiana de Bom Conselho. Meses depois, um protesto contra os impostos acabou em confusão e no assassinato de policiais do distrito de Itapicuru.[21] "Não deis a César o que é de César, tal é a máxima desse chefe de seita", escreveu Machado de Assis sobre o Conselheiro.

Depois que os conselheiristas se instalaram em Canudos, os agentes fiscais foram tantas vezes expulsos de lá que desistiram de tributar o lugar. O povoado se tornou assim uma espécie de Zona Franca do Sertão. Isso favoreceu os negociantes que viviam por ali. Pouca gente sabe, mas a sociedade de Belo Monte não era tão igualitária assim. Havia na cidade negociantes e comerciantes endinheirados. O principal deles era Antônio da Mota, dono de uma loja no centro do povoado, que fornecia ferramentas e artigos de couro para as cidades vizinhas. Também viviam ali Antônio Vilanova, empresário enriquecido mesmo antes de chegar ao vilarejo, e Joaquim Macambira, outro que coordenava, a partir de Canudos, negócios com as cidades ao redor. Esses homens faziam parte da cúpula de Antônio Conselheiro. Os líderes de Canudos pediam que o governo atrapalhasse um pouco menos a sua vida e os seus negócios – o mesmo pedido (legítimo) que os empresários e industriais fazem nos dias de hoje.

Será que isso é o bastante para considerar Antônio Conselheiro um herói do liberalismo econômico? Não: seria um exagero. Investir nessa imagem seria tão errado quanto compará-lo a um Che Guevara ou a Jesus Cristo. Canudos tem origens muito mais complexas na religião popular e no ressentimento do povo contra o fim da monarquia. Mas o exemplo da Canudos empresarial tem seu valor. Mostra como é fácil puxar a imagem de Antônio Conselheiro para cá ou para lá.

portante de suas viagens. Em 1897, Euclides viajou à Bahia como enviado especial à Guerra de Canudos pelo jornal *A Província de S. Paulo* (atual *O Estado de S. Paulo*). Mandou de lá uma mistura de informações erradas e atrasadas sobre o conflito.

Dos quase três meses de viagem rumo a Belo Monte, o intelectual ficou mais de dois meses hospedado em Salvador, preparando-se para a viagem ao sertão, e no hospital militar armado em Monte Santo, a 30 quilômetros da **guerra**. No campo de batalha de fato, ficou pouco mais de duas semanas, pegando parte do fim das batalhas, que acabaram no dia 5 de outubro. De lá, mandou mensagens esquisitas para a redação em São Paulo. No dia 2 de outubro, ele enviou ao jornal um telegrama informando que "os fanáticos de Antônio Conselheiro acham-se concentrados em Santa Maria".[22] Nenhum outro repórter ou militar que acompanhou a guerra citou um lugar ao redor de Canudos chamado Santa Maria – ainda hoje ninguém sabe do que Euclides estava falando. No mesmo telegrama, que trata dos acontecimentos do dia primeiro, Euclides disse a seus leitores que "as nossas baixas são relativamente pequenas".[23] Na verdade, aquele foi um dos dias mais violentos da guerra, com 500 mortes entre os soldados. *A Província de S. Paulo* publicaria ainda outro telegrama do correspondente, em 8 de outubro, sobre fatos de dois dias antes. O enviado especial conta o seguinte:

Euclides tinha problemas pulmonares – costumava ter crises de escarro. Contou também ter sido atacado por uma febre durante a viagem.

> Após forte bombardeio, a 3ª brigada e a 6ª tomaram novas posições ao inimigo, sendo conquistada a igreja nova, na qual, entre as aclamações de todo o exército, foi hasteada a bandeira da República. Está muitíssimo reduzida a área em poder do inimigo. Este cederá brevemente, pois já perdeu todos os recursos.

Apesar de estar perto das batalhas e supostamente bem informado sobre elas, Euclides dava notícia velha. A igreja havia sido destruída cinco dias antes e a guerra, que ele afirma terminar "brevemente", já havia acabado no dia 5 de outubro. Até mesmo a redação de *A Província de S. Paulo* sabia disso: copiando notícias de jornais cariocas, já havia publicado o fim do conflito quando Euclides mandou a mensagem. "Este telegrama demonstra o desconhecimento do correspondente dos rumos da guerra. Dois dias após a queda do arraial, relatava que os combates continuavam, repetindo as informações sobre baixas e o incêndio de Canudos", afirma o historiador Marco Antonio Villa no livro *Canudos, o Povo da Terra*.[24]

Mesmo com essas barrigadas de reportagem, a experiência de Euclides da Cunha no sertão baiano lhe rendeu, cinco anos depois, o livro *Os Sertões*. Euclides teve que pagar do próprio bolso metade dos custos da impressão – o jornal *A Província de S. Paulo*, que anos antes tinha prometido publicar a obra, acabou caindo fora (talvez pela decepção de ter Euclides como *freelancer*). Prestes a lançar o livro, o autor morria de medo de que a obra fosse execrada pelos **críticos**. Aconteceu o contrário: o livro foi reverenciado por quase todos e ainda hoje é considerado um dos mais importantes do pensamento brasileiro. Contribuiu para o sucesso uma característica literária incomum: a obra era dificílima de ler. Mais uma vez, Euclides foi difícil com seus leitores. Escrevendo em tempos parnasianos, quando ainda não era ridículo esbanjar eruditismo, o autor abusou de termos científicos, palavras complicadas e construções labirínticas. Tudo isso dentro de um estilo poético, epopeico. Para reproduzir teorias pseudocientíficas da época, como

Preocupado com erros de revisão do original, Euclides da Cunha passou madrugadas na Companhia Tipográfica do Brasil corrigindo, com canivete e caneta-tinteiro, 37 erros em todos os primeiros 1.200 exemplares da primeira edição. Ao todo, executou mais de 44 mil emendas.

a inferioridade dos não brancos e a confusão de raças que resultava na miscigenação dos brasileiros, criava rodeios incompreensíveis como este:

> Abstraíamos de inúmeras causas perturbadoras, e consideremos os três elementos constituintes de nossa raça em si mesmos, intactas as capacidades que lhes são próprias.
>
> Vemos, de pronto, que, mesmo nesta hipótese favorável, deles não resulta o produto único imanente às combinações binárias, numa fusão imediata em que se justaponham ou se resumam os seus caracteres, unificados e convergentes num tipo intermediário. Ao contrário a combinação ternária inevitável determina, no caso mais simples, três outras, binárias. Os elementos iniciais não se resumem, não se unificam; desdobram-se; originam número igual de subformações – substituindo-se pelos derivados, sem redução alguma, em uma mestiçagem embaralhada onde se destacam como produtos mais característicos o mulato, o mamaluco ou curiboca e o cafuz. As sedes iniciais das indagações deslocam-se apenas mais perturbadas, graças a reações que não exprimem uma redução, mas um desdobramento. E o estudo destas subcategorias substitui o das raças elementares agravando-o e dificultando-o, desde que se considere que aquelas comportam, por sua vez, inúmeras modalidades consoante as dosagens variáveis do sangue.[25]

Mesmo intelectuais da época consideraram o livro sonolento, ainda que relevante. José Veríssimo, um dos críticos mais famosos daquele começo de século, elogiou o livro, mas alfinetou o estilo:

Pena que conhecendo a língua, como a conhece, esforçando-se evidentemente por escrevê-la bem, possuindo raras qualidades de escritor, força, energia, eloquência, nervo, colorido, elegância, tem o Sr. Euclides da Cunha viciado o seu estilo, já pessoal e próprio, não obstante de um primeiro livro, sobrecarregando a sua linguagem de termos técnicos, de um boleio de frases como quer que seja arrevesado, de arcaísmos e sobretudo de neologismos, de expressões obsoletas e raras, abusando frequentemente contra a índole da língua e contra a gramática.[26]

As críticas seguintes não chegaram tão fundo: fizeram só considerações gerais sobre Euclides da Cunha e seu livro. "Sinal de que os articulistas tinham lido somente parcialmente a obra, mesmo tendo dez ou mais dias para fazê-lo", sugere o historiador Marco Antonio Villa.[27] Já naquela época, *Os Sertões* era o livro mais chato da história do Brasil.

NOTAS

1 João Roberto Faria, "Machado de Assis, leitor e crítico de teatro", *Estudos Avançados*, número 51, 2004.

2 João Roberto Faria, idem.

3 José de Alencar, *Cartas a Favor da Escravidão*, organização de Tâmis Parron, Hedra, 2008, página 67.

4 Oswald de Andrade, *Os Dentes do Dragão*, Globo, 2009, página 111.

5 Jorge Amado, *Navegação de Cabotagem*, 2ª edição, Record, 1992, página 233.

6 Jorge Amado, página 591.

7 Milton Pedrosa, *Gol de Letra: O Futebol na Literatura Brasileira*, Gol, 1967, página 167.

8 Milton Pedrosa, página 168.

9 Milton Pedrosa, idem.

10 Maria Lúcia G. Pallares-Burke, *Gilberto Freyre: Um Vitoriano nos Trópicos*, Unesp, 2005, página 268.

11 Maria Lúcia G. Pallares-Burke, página 313.

12 Maria Lúcia G. Pallares-Burke, páginas 266 a 274.

13 Frederico Barbosa, *Cinco Séculos de Poesia: Antologia da Poesia Clássica Brasileira*, 3ª edição, Landy, 2000, página 70.

14 João Adolfo Hansen, *A Sátira e o Engenho*, Companhia das Letras, 1989, página 51.

15 João Adolfo Hansen, página 251.

16 João Adolfo Hansen, página 71.

17 João Adolfo Hansen, página 443.

18 Judith Ribeiro de Assis e Jeferson de Andrade, *Anna de Assis*, 10ª edição, Irradiação Cultural, 1987.

19 Luiza Nagib Eluf, *Matar ou Morrer: O Caso Euclides da Cunha*, 1ª edição, Saraiva, 2009.

20 Judith Ribeiro de Assis e Jeferson de Andrade, *Anna de Assis*, página 54.

21 Marco Antonio Villa, *Canudos, o Povo da Terra*, 3ª edição, Ática, 1999, página 52.

22 Marco Antonio Villa, página 256.

23 Marco Antonio Villa, página 257.

24 Roberto Ventura, *Folha Explica Os Sertões*, Publifolha, 2002, página 14.

25 Euclides da Cunha, *Os Sertões: Campanha de Canudos*, 3ª edição, Ateliê Editorial, 2004, páginas 154 e 155.

26 José Leonardo do Nascimento e Valentim Facioli (organizadores), *Juízos Críticos: Os Sertões e os Olhares de sua Época*, Unesp, 2003, página 47.

27 Marco Antonio Villa, página 264.

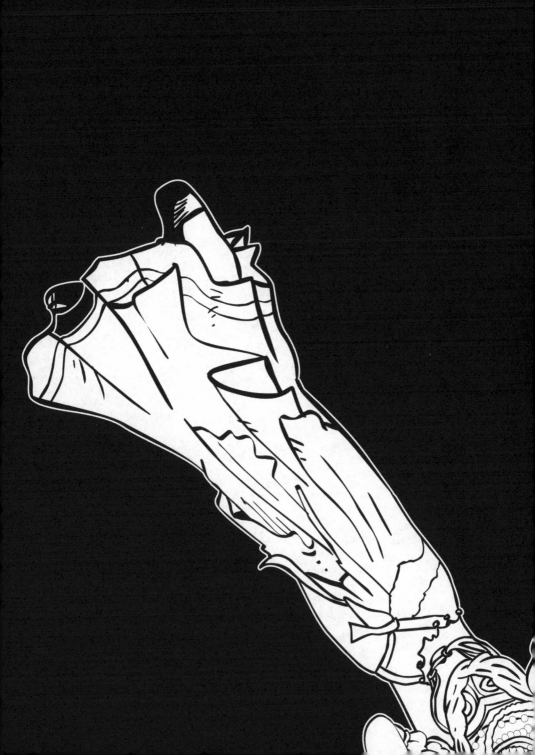

SAMBA

SAMBA E FASCISMO

Um traço comum no carnaval de diferentes épocas e países é o de virar as regras do avesso. Durante as festas pagãs da Roma Antiga, que deram origem ao carnaval cristão, escravos e seus senhores invertiam os papéis: por um dia, eram os servos que mandavam. Uma inversão parecida acontecia na Idade Média. As pessoas faziam missas e procissões cômicas — no lugar dos padres, guiavam as cerimônias religiosas personagens bizarros como o Rei Momo. A véspera da quaresma liberava os foliões para tirar um sarro dos próprios costumes religiosos e da Igreja, autoridade indiscutível daquela época. Não havia tantos papéis trocados nos primeiros carnavais do Brasil, mas uma reviravolta de comportamentos também tomava conta. Durante as festas conhecidas como entrudos, as pessoas atiravam bolas de cera nos outros e faziam guerrinhas d'água pela rua. Em 1832, ao visitar o carnaval de Salvador com dois tenentes da marinha britânica, o jovem inglês Charles Darwin se assustou com os perigos do carnaval baiano. "Estes perigos consistem principalmente em sermos, impiedosamente, fuzilados com bolas de cera cheias de água e molhados com esguichos de lata. Achamos muito difícil manter a nossa dignidade enquanto caminhávamos pelas ruas", escreveu Darwin em seu diário.[1] Por quase todo o país, a polícia até tentava conter os entrudos, mas raramente conseguia. A festa dura até hoje – em alguns blocos do interior, os carnavalescos ainda atiram água, confete e farinha uns nos outros. Na maior parte da história do Brasil, o carnaval foi uma algazarra deliciosamente sem noção.

Mas suponha que, de repente, um ditador bem metódico, militar e fascista, um ditador como o italiano Benito Mussolini, aliado de Hitler na Segunda Guerra Mundial, tivesse o direito de regular essa bagunça para torná-la orgulho da nação. Como seria o carnaval organizado por Mussolini?

Imagino que não haveria personagens trocados, arremessos de bolas de cera ou guerrinhas d'água. Como em um desfile patriótico, os carnavalescos marchariam em linha reta, com tempo metodicamente marcado para cada evolução. Passariam diante das autoridades do governo e de jurados, que avaliariam a disciplina, o figurino e a média de acertos dos grupos, dando notas até dez. A organização do carnaval permitiria apenas músicas edificantes e patrióticas. Para ressaltar a pátria e deixar de fora a influência estrangeira, a melodia só poderia ser executada por instrumentos considerados da cultura nacional.

Se adicionarmos algumas celebridades quase nuas e muitas penugens, o cenário fica parecido com a Sapucaí.

Foi mais ou menos assim que nasceu o desfile das escolas de samba do Rio de Janeiro. Seu formato atual deve muito a costumes e ideologias fascistas da década de 1930, além do interesse do presidente Getúlio Vargas de misturar sua imagem à cultura nacional e popular, exatamente como Mussolini fazia na Itália. Já havia desfiles em sociedades carnavalescas no começo do século 20, é verdade, mas a maioria das regras da apresentação moderna nasceu com o fascismo. Em 1937, ano em que o governo de Vargas se tornaria uma ditadura bem parecida com a italiana, foi instituído que todos os sambas-enredos deveriam homenagear a história do Brasil. As primeiras regras de avaliação e ordem do desfile nasceram dois anos antes, quando o interventor federal do Rio de Janeiro, Pedro Ernesto, começou a dar dinheiro para as escolas. A apresentação ocorria na Avenida Rio Branco, o mesmo local onde as demonstrações militares comemoravam a Independência todo dia 7 de setembro. Os instrumentos de sopro foram proibidos. Só poderiam participar entidades registradas como sociedades recreativas civis.

Esse carnaval disciplinado e patriótico não nasceu só por imposição do governo: os grupos também aderiram espontaneamente a ele. A Deixa Falar, primeira escola de samba de que se tem notícia, desfilou em 1929 usando na comissão de frente cavalos da Polícia Militar do Rio de Janeiro. Três anos depois, o samba-enredo da escola era *A Primavera e a Revolução de Outubro*, em homenagem à tomada de poder de Getúlio Vargas em outubro de 1930.[2] A apresentação contou com participantes vestidos de militares. Não fosse a influência do fascismo italiano, o famoso desfile do carnaval brasileiro não existiria. E, sem ele, o samba que conhecemos hoje seria também muito diferente. O mesmo patriotismo que deu um empurrão ao desfile de carnaval provocou a folclorização do samba.

o samba antes do folclore

Costuma-se contar a história do samba em dois momentos opostos. O primeiro, quando os sambistas eram perseguidos pela polícia – que reprimia manifestações culturais dos negros – e obrigados a tocar escondidos, em vielas dos morros e fundos de quintal. No segundo momento acontece o contrário: o governo passa a incentivar o carnaval e as músicas populares. Em 1995, com a publicação do livro *O Mistério do Samba*, o antropólogo Hermano Vianna revelou que a mudança de postura com relação à música não aconteceu assim tão de repente. Estilos negros e populares faziam parte de festas dos ricos e famosos séculos antes de o desfile das escolas de samba virar uma **festa oficial**. Em 1802, por exemplo, o comerciante inglês Thomas Lindley escreveu que as festas dos baianos ricos eram animadas pela "sedutora dança dos negros, misto de coreografia africana e fandangos espanhóis e portugueses".[3] Até mesmo em Portugal os músicos populares brasileiros eram bem recebidos. No fim do século 18, poucos anos antes de a corte portuguesa fugir para o Brasil, o músico Caldas Barbosa, mestiço filho de uma escrava, encantou a corte de dona Maria I, a Louca, tocando lundus.[4]

Em São Paulo, as festas da marquesa de Santos, amante do imperador dom Pedro I, eram animadas com lundus, ritmo que chegou ao Brasil com os negros angolanos.

Hermano Vianna revelou também que o samba, em sua origem, tinha muito pouco de folclórico ou nacionalista.

Os estilos europeus fazem parte da raiz ancestral do samba tanto ou mais que a percussão africana. Os primeiros sambistas liam partituras, tocavam instrumentos clássicos, participavam de bandas de jazz, adoravam ouvir tango e conhecer as novidades musicais nos cabarés parisienses. A cara que o samba tem hoje, de símbolo da "autenticidade brasileira" e da resistência da cultura negra dos morros cariocas, é uma criação mais recente, que de certa forma abafou a primeira. Afirma Vianna em *O Mistério do Samba*:

> O samba não se transformou em música nacional através dos esforços de um grupo social ou étnico (o "morro"). Muitos grupos e indivíduos (negros, ciganos, baianos, cariocas, intelectuais, políticos, folcloristas, compositores eruditos, franceses, milionários, poetas – e até mesmo um embaixador americano) participaram, com maior ou menor tenacidade, de sua "fixação" como gênero musical de sua nacionalização. Os dois processos não podem ser separados. Nunca existiu um samba pronto, "autêntico", depois transformado em música nacional.[5]

Um exemplo de que o primeiro samba não tinha nada de folclórico são dois pioneiros desse estilo musical: Pixinguinha e Donga, que em 1917 registrou o primeiro samba gravado na história. Os dois começaram a tocar juntos na década de 1910, provavelmente na casa da baiana Hilária Batista da Silva, a tia Ciata, na Praça Onze, centro do Rio de Janeiro. O quintal dessa casa é frequentemente apontado como "berço do samba", o lugar que abrigou o nascimento mítico desse novo estilo musical. Negra baiana que migrou para o Rio ainda no século 19, Ciata vendia doces vestindo turbante e saia do candomblé. Era a típica figura que inspirou a ala das baianas do desfile das escolas. À noite e nos fins de semana, músicos, políticos, intelectuais, jornalistas e amigos iam para o samba na casa dela – até então, "samba" significava um evento, uma festa e não um tipo de música. O novo estilo saiu da criatividade daquele grupo de amigos.

Acontece que as composições que surgiram da casa da baiana tinham muito pouco do samba que hoje anima a Sapucaí. Lembravam mais o maxixe, o "tango brasileiro", ritmo dançado a dois derivado de polcas europeias. Instrumentos de sopro eram comuns – com sua flauta, Pixinguinha era um dos protagonistas daquelas festas. O escritor Mário de Andrade, no livro *Música de Feitiçaria do Brasil*, escreveu que a própria tia Ciata "passava os dias de violão no colo inventando melodias maxixadas".[6] *Pelo Telefone*, grande sucesso daquele grupo, também lembra mais o maxixe que a percussão das escolas de samba. Apesar de ter sido provavelmente uma criação coletiva, foi registrado por Donga, estourando no carnaval de 1917. "Fiz o samba, não procurando me afastar muito do maxixe, música que estava bastante em voga", contou o sambista décadas depois.[7] Os músicos da casa da tia Ciata tampouco se achavam defensores de uma etnia, de uma tradição ancestral ou de um símbolo nacional. *Pelo Telefone* citava uma tecnologia e um jogo tão novos para aquela época quanto o GPS portátil e o pôquer online um século depois: "O chefe da polícia pelo telefone mandou me avisar/que na Carioca tem uma roleta para se jogar".

Em 1919, Donga e Pixinguinha criaram a banda Os Oito Batutas para animar a sala de espera do Cine Palais, no Rio de Janeiro. Essa banda foi a primeira a divulgar o samba

A sala de cinema precisava dos músicos para atrair público. Os espectadores tinham sumido um ano antes, durante a epidemia de gripe espanhola de 1918. A gripe havia matado até mesmo Rodrigues Alves, que estava prestes a assumir a presidência da República pela segunda vez.

pelo mundo. Seus integrantes tocavam piano e instrumentos de sopro, apresentavam-se vestindo ternos e sapatos engraxados – o grupo lembrava uma *jazz band* americana. Como um conjunto de festas de casamento e formaturas nos dias de hoje, tocavam de tudo: lundus, polcas, batuques, músicas sertanejas, maxixes e sambas. Esse repertório eclético rendeu a eles shows pelo mundo. Os Oito Batutas se apresentaram para os reis da Bélgica quando visitaram o Brasil, na embaixada americana (o embaixador admirava o grupo), no pavilhão da fábrica da General Motors e até mesmo para a princesa Isabel e a família real brasileira em exílio na França. Entre fevereiro de 1922 e abril de 1923, passaram seis meses tocando na boate Le Schéhérazade, de Paris, e outros seis se apresentando em teatros de Buenos Aires. Durante a viagem à França, entre cafés e cabarés cheios de novidades musicais, eles se apaixonaram pelo jazz. Ainda em Paris, Pixinguinha ganhou um saxofone de presente. "Alguns anos mais tarde (fins de 1927), os Oito Batutas circulam pelo sul do Brasil", conta o antropólogo Luís Fernando Hering Coelho.[8] "O programa da apresentação no Teatro Álvaro de Carvalho, em Florianópolis, no dia 28 de agosto de 1927 os anuncia como Jazz-Band Os Batutas, e no repertório há sambas, marchas, emboladas, maxixes e músicas do repertório jazzístico como *Who?*, *Beautiful Girl*, *Black Bottom*, *One Step*."

Também era fascinado pela música internacional o flautista, pianista e violonista Sinhô. Uma espécie de Roberto Carlos da década de 1920, Sinhô tinha o apelido de "o rei do samba". Deve-se a ele a fixação do samba como um estilo musical que pôde ser descoberto pelas gravadoras de discos.[9] "O que há de mais povo e de mais carioca tinha em

Depois das viagens a Paris e Buenos Aires, Donga (o criador do primeiro samba) entra para a banda Carlito Jazz. E Pixinguinha grava *Carinhoso*, o grande clássico do chorinho.

Sinhô a sua personificação típica", escreveu o poeta Manuel Bandeira, admirador do sambista.[10] Sinhô encantou o Rio de Janeiro compondo valsas, maxixes, fox, charleston, toadas, fados, e chegou a gravar sambas com orquestras. Essa "personificação típica" do povo ligava pouco para a arte popular. Suas marchinhas carnavalescas eram quase cópias de canções europeias. Numa tarde de 1920, quando tentava divulgar partituras de suas músicas na Casa Beethoven, no Rio de Janeiro, ouviu uma freguesa assobiar a valsa francesa *C'est pas Difficile*. Fascinado com a canção, foi para casa e tentou repetir a melodia no piano. Trocando algumas notas e adicionando outras, criou a marchinha *Pé de Anjo*, caçoando do pé grande de China, irmão de Pixinguinha.[11] A música foi o *hit* do carnaval de 1920.

Assim era o samba brasileiro – inspirado nas novidades europeias e americanas e formado por instrumentos de sopro e piano – até uma ideologia antiga ganhar músculos por aqui: o nacionalismo. Contorcendo a cabeça dos artistas, o nacionalismo provocou o nascimento de um novo samba. Antes de chegar a esse novo estilo musical, é bom dar uma volta pelo tipo de nacionalismo que nasceu no Brasil e o modo como ele criou a imagem que hoje temos do país.

o Brasil nacionalista

Se pudéssemos fazer uma terapia de grupo entre países, surgiriam comportamentos reveladores durante as sessões. Haveria aquele país que mal notaria a existência dos outros, como a França, talvez os Estados Unidos. A Alemanha se seguraria calada, sofrendo de culpa, desconfortável consigo e com os colegas ao redor. Uma quarentona insone, em crise por não ser tão rica e atraente quanto no passado, representaria muito bem a Argentina. Claro que haveria também países menos problemáticos, como o Chile ou a Suíça, contentes com a sua pouca relevância. Não seria o caso do Brasil, paciente que sofreria de diversos males psicológicos. Bipolar, oscilaria entre considerações muito negativas e muito positivas sobre si próprio. Obcecado com sua identidade, em todas as sessões aborreceria os colegas perguntando "Quem sou eu?", "Que imagem eu devo passar?", "O que me diferencia de vocês?".

Muito mais do que entre habitantes de outras pátrias, a identidade nacional foi sempre um problema psicanalítico no Brasil. Construída sob traumas, a imagem que os brasileiros têm de si próprios oscilou entre extremos.

Até a década de 1930, tudo aquilo que hoje achamos naturalmente brasileiro – o samba, a feijoada, a capoeira, o futebol – não eram ícones da identidade nacional. Considerava-se a feijoada um prato regional como o barreado ou o acarajé. O **futebol** era um estrangeirismo que muitos intelectuais reprovavam. Nas colônias de imigrantes, pouca gente falava português – algumas cidades sequer tinham um nome familiar, como a catarinense Dreizehnlinden, hoje Treze Tílias. Os brasileiros não se reconheciam como um povo alegre e cordial – e o mundo também não associava essa característica ao Brasil. A falta de identidade era considerada um problema desde os tempos do Império e se agravou com a República. Quando os militares derrubaram a monarquia, em 1889, acabaram com uma das poucas coisas

Veja no capítulo "Escritores" a previsão de Graciliano Ramos de que o futebol nunca pegaria no Brasil.

Na América espanhola, onde a independência foi logo seguida da criação da República, não houve unidade suficiente para evitar separatismos. O continente se separou em diversos pequenos países.

em comum entre os brasileiros – o fato de serem súditos de **dom Pedro II**. O Brasil, sem a coroa, tinha ficado sem cara.

Os brasileiros também tinham vergonha de si próprios. Nos anos oitocentos e no começo do século 20, estavam em voga teorias raciais europeias. Acreditava-se que etnias tinham características permanentes, que não mudavam com a educação ou a cultura de cada região. Um dos principais teóricos racistas foi o conde francês Arthur de Gobineau, para quem a mistura racial era grande causa da decadência de civilizações e da degeneração dos povos. Adivinhe o que Gobineau pensava sobre o Brasil. "Os brasileiros só têm em particular uma excessiva depravação. São todos mulatos, a ralé do gênero humano, com costumes condizentes", escreveu o conde francês em 1853.[12] Esse pensamento era comum. Depois de visitar o país, o zoólogo suíço Louis Agassiz escreveu em 1868: "Que qualquer um que duvide dos males da mistura de raças [...] que venha ao Brasil, pois não poderá negar a deterioração decorrente da amálgama das raças mais geral aqui do que em qualquer outro país do mundo".[13] Quando conheceram essas ideias, os intelectuais brasileiros olharam para o Brasil e acharam ter entendido tudo: a culpa pelos problemas nacionais era da mistura de raças. O sociólogo Nina Rodrigues dedicou em 1899 um livro todo, chamado *Mestiçagem, Degenerescência e Crime*, para defender a teoria de que negros e mestiços eram mais dados a andar fora da lei.

Provavelmente os brasileiros, assim como qualquer ser humano, estavam certos em ter vergonha de si próprios; de qualquer forma aconteceu que, no começo do século 20, aquele pensamento virou ao contrário. Foi em 1933, quando o sociólogo Gilberto Freyre publicou *Casa-Grande &*

Senzala. Diferentemente dos pensadores anteriores, o pernambucano celebrava a mistura de índios, negros e brancos, para ele uma riqueza que definia o Brasil. Se em outros países as etnias não se misturaram, resultando em sociedades fechadas e preconceituosas, no Brasil a miscigenação começou logo quando os portugueses desceram das caravelas. "O ambiente em que começou a vida brasileira foi de grande intoxicação sexual. O europeu saltava em terra escorregando em índia nua. Os próprios padres da Companhia precisavam descer com cuidado, se não atolavam o pé em carne", escreveu ele.

Essa mistura original teria acontecido só aqui por causa do tipo de gente que formou o Brasil. De um lado, os portugueses eram "menos ardentes na ortodoxia que os espanhóis e menos estritos que os ingleses nos preconceitos de cor e de moral cristã". De outro, os índios brasileiros eram "crianças grandes" que não tinham a "resistência das grandes semicivilizações americanas, como os Incas e Astecas".[14] Até *Casa-Grande & Senzala*, quem se preocupava com identidade nacional não conseguia ir muito longe. Ou louvava o índio forte e belo, romântico e distante como os personagens de José de Alencar, ou torcia para que o povo embranquecesse, no sangue ou pelo menos nas ideias, adquirindo o máximo de cultura europeia que pudesse. A absolvição dos mestiços era o que faltava para se fortalecer um novo nacionalismo no Brasil.

Nas primeiras décadas do século 20, a devoção à pátria unia tanto ditadores da esquerda quanto da direita, como o comunista Josef Stálin e o nazista Adolf Hitler. Em busca da alma nacional, da autêntica raiz da pátria, as nações valorizavam o folclore, recuperando canções, danças e jeitos populares que as diferenciassem. Quando conheceram essa tendência, os intelectuais brasileiros olharam para o Brasil e acharam ter entendido tudo: a raiz autêntica do país era o mestiço, o caboclo, o popular. Era preciso defender a "raça brasileira" como Hitler defendia os arianos.

Escritores e poetas correram a pesquisar o folclore e as músicas populares, na tentativa de encontrar as "raízes da alma brasileira". O escritor Mário de Andrade publicou obras sobre modinhas do tempo do império, folclore, música popular, música de feitiçaria e danças dramáticas. Também criou a Sociedade de Etnografia e Folclore de São Paulo e organizou o Congresso da Língua Nacional Cantada, em 1937. Mesmo antes dos modernistas, já havia artistas deslumbrados com a cultura e os hábitos do povo. O melhor exemplo é o pintor Almeida Júnior. Em vez de retratar cenas de momentos ilustres da pátria, ele preenchia as telas com cenas simples e humildes, como o caipira tocando viola na janela de casa, objeto do quadro *O Violeiro*, de 1899.

Como na Europa, o nacionalismo unia políticos e intelectuais de todos os lados. Em 1936, a Ação Integralista Brasileira, criada nos moldes do partido fascista italiano, tinha 1 milhão de **filiados**. O partido de ultradireita exaltava o caboclo, considerado representante legítimo do povo brasileiro. Entre os membros da Ação Integralista havia estudiosos de folclore que ainda hoje ocupam as estantes de quem liga para a cultura nacional. Luiz da Câmara Cascudo, **chefe do partido no Nordeste**, escreveu 31 livros, a maioria sobre contos populares, alimentação popular, religião popular, gestos, lendas, cantigas e locuções tradicionais e... populares do Brasil. O líder do integralismo, Plínio Salgado,

O mais impressionante é que quase todos os outros 38 milhões de brasileiros levavam os integralistas a sério.

E também a cara da nota de 50 mil cruzeiros da década de 1990.

era também um intelectual ligado aos artistas modernistas. Em 1929, com o pintor e poeta Menotti del Picchia e o escritor Guilherme de Almeida, dois que tinham participado da Semana de Arte Moderna de 1922, ele divulgou o movimento Verde-Amarelismo ou Escola da Anta. Defendeu ali, sem ironia, a anta como símbolo nacional. Plínio também criou textos muito parecidos com os de Gilberto Freyre ou de Mário de Andrade:

> A meiga ingenuidade do índio, raça infantil em permanente comunhão cósmica, raça constituída de homens-árvores, virginais nas suas impressões e nos seus raciocínios porque vinham agora mesmo da terra, misturavam-se à onda negra vinda das florestas da África no bojo dos navios, para reiniciar o diálogo de Cam com seus irmãos, interrompido na Ásia, depois do Dilúvio. E o branco arremessou de si todos os preconceitos para abraçar seus irmãos.[15]

O nacionalismo popular resolveu o complexo de inferioridade dos brasileiros, mas criou outro distúrbio – o "complexo de Zé Carioca". Como escreveu a antropóloga Lilia Moritz Schwarcz num artigo com esse título, apareceu uma "necessidade de cobrar uma certa singularidade local" e um mal-estar com as expressões culturais que não pareciam genuinamente brasileiras.[16]

Assim se completa o transtorno bipolar que acometeu o país. Se antes a cultura europeia era a fonte de civilização, poucos anos depois ela virou a influência que contaminava. Artistas e intelectuais ficariam obcecados com a macumba para turistas, com o que o país tinha de exótico, de singular. Como descreve a historiadora e filósofa Guiomar de Grammont em três ótimas frases do livro *Aleijadinho e o Aeroplano*:

> Em sua maior parte, os modernistas eram jovens da elite que tiveram mais ou menos contato com a cultura europeia, e, em um fenômeno comum a esse tipo de experiência, o confronto com o "velho" mundo os fez indagarem-se sobre a sua própria identidade. Eles inventam uma "pátria" à qual possam ter orgulho de pertencer. Contudo, essa invenção guarda muitos traços do "exotismo" e do "primitivismo" com que os europeus a percebiam.[17]

O samba depois do folclore

Durante a garimpagem daquilo que era exótico na cultura brasileira, a primeira leva do samba era fina demais para ficar na peneira. No decorrer da década de 1920, Pixinguinha, Donga e Sinhô levaram pedradas da crítica porque suas composições pareciam pouco brasileiras. Em 1928, o crítico Cruz Cordeiro, da revista *Phono-Arte*, condenou a influência estrangeira em duas composições de Pixinguinha e Donga:

> Não podemos deixar de notar que em suas músicas não se encontra um caráter perfeitamente típico. A influência das melodias e mesmo do ritmo das músicas norte-americanas é, nesses dois choros, bem evidente. Este fato nos causou sérias surpresas porquanto sabemos que os compositores são dois dos melhores autores da música típica nacional.[18]

Dois anos depois, Cruz Cordeiro, prestes a se tornar diretor artístico da RCA Victor, a principal gravadora do país, não recomendou a seus leitores o disco que continha nada menos que *Carinhoso*, a obra-prima de Pixinguinha. Seus argumentos:

> Parece que o nosso popular compositor anda muito influenciado pelo ritmo e pela melodia da música de jazz. É o que temos notado desde algum tempo, mais de uma vez. Nesse seu choro, cuja introdução é um verdadeiro *fox-trot*, apresenta em seu decorrer combinações da música popular *yankee*. Não nos agradou.[19]

Essa patrulha ideológica predominava. O próprio Mário de Andrade participou dela. Em cartas e artigos do fim da década de 1920, ele fala várias vezes da importância do folclore para a música brasileira. Numa carta ao escritor Joaquim Inojosa, diz que "o compositor brasileiro tem de se basear quer como documentação quer como inspiração no folclore", porque senão "não faz música brasileira não". Chega até a usar a expressão "influência deletéria do urbanismo":

> Nas maiores cidades do país, no Rio de Janeiro, no Recife, em Belém, apesar de todo progresso, internacionalismo e cultura, encontram-se núcleos legítimos de música popular em que a influência deletéria do urbanismo não penetra.[20]

Um episódio demonstra como os intelectuais modernistas selecionaram só o que era exótico na cultura brasileira. Na década de 1920, Mário de Andrade conheceu Pixinguinha durante uma apresentação dos Oito Batutas em São

Paulo. O escritor se interessou pouco pela música do grupo: queria mesmo era saber de folclore. Estava escrevendo *Macunaíma* e precisava conversar com algum negro que lhe desse detalhes dos rituais de macumba. Pixinguinha explicou como o candomblé funcionava e acabou virando personagem do romance de Mário de Andrade. Ganhou no livro um retrato folclórico: "negrão filho de Ogum, **bexiguento** e fadista de profissão".[21] O trecho aparece no sétimo capítulo, quando Macunaíma vai a um terreiro de macumba do Rio de Janeiro da mãe de santo tia Ciata, aquela em cuja casa nasceu o samba. Na vida real, ela não era exótica: casada com um funcionário público, fazia das recepções em casa ocasiões sociais frequentadas por jornalistas e políticos. Mas, no livro, também aparece folclorizada, como uma sinistra mãe de santo, "negra velha com um século de sofrimento, **javevó e galguincha** com a cabeleira branca esparramada".

A macumba para turistas que tanto fascinava os escritores logo teve um equivalente musical. Trata-se do "samba do Estácio", estilo surgido no fim da década de 1920. Ao contrário das músicas da primeira leva, as novas não lembravam o maxixe, e sim a marcha, pois a melodia era pontuada em tamborins e surdos. Muito praticadas em bares e morros como os do Estácio e da Mangueira, eram uma "maneira mais rudimentar de fazer samba, recorrendo muito ao improviso e a técnicas 'primitivas', se comparadas às desenvolvidas por sambistas e chorões, como Donga, Sinhô e Pixinguinha".[22] O estilo ainda facilitava o desfile das escolas, como contou, em 1974, o sambista Ismael Silva, um dos fundadores da escola de samba Deixa Falar. "No estilo antigo, o samba era assim: tan-tantan-tan-tantan. Não dava. Como é que um bloco ia andar assim na rua? Aí a gente

Pixinguinha possuía o rosto marcado pela varíola, também conhecida por bexiga.

Se alguém falasse de mim com essas palavras estranhas, eu processava.

começou a fazer um samba assim: bumbum paticumbum-
-pruburundum."[23]

Os novos sambistas iam conscientemente contra o
estilo anterior. Exaltavam a periferia e os morros do Rio –
apesar de muitos deles serem brancos e terem uma origem
mais abonada que os sambistas da primeira geração. Carlos
Alberto Ferreira Braga, o Braguinha, autor de clássicos tanto da primeira quanto da segunda leva (ajudou a escrever a
letra de *Carinhoso* e de marchinhas clássicas, como *Chiqui-
ta Bacana* e *Balancê*) era filho de um industrial e estudava
arquitetura na Escola Nacional de Belas Artes.[24] Noel Rosa,
o mais criativo dos compositores de sambas do Estácio,
estudou no tradicional Colégio de São Bento e chegou a
entrar na faculdade de Medicina. Como outros sambistas
dessa geração, Noel Rosa adotou o marketing da pobreza,
fazendo de si um representante da periferia carioca. "Noel
vestiu rigorosamente o figurino do samba do Estácio e des-
considerou o resto. Em seus sambas ocorrem várias saudações a quase todos os recantos do samba no Rio de Janeiro,
quase todos ligados às recentes escolas de samba e que faziam sambas nos moldes do Estácio: Mangueira, Salgueiro,
Osvaldo Cruz, Madureira etc.", escreveu o historiador José
Adriano Fenerick. "No entanto, Noel nunca se referiu à
Cidade Nova, local de onde saíram os sambistas da geração
de Donga e Pixinguinha, como sendo reduto de bambas.
Ele, num primeiro momento, desloca o samba do fundo das
casas das tias baianas para o morro e o subúrbio [...]."[25]

O marketing da pobreza deu certo. No meio da década de 1930, o novo estilo já carregava a imagem de expressão
cultural dos morros e dos negros. Tinha se tornado folclore,
um valor cultural que deveria ser preservado e protegido

de influências externas. Em 25 de fevereiro de 1936, o jornalista **Carlos Lacerda** escreveu no *Diário Carioca*:

Lacerda, que depois seria um ícone da direita, ainda era, em 1936, um jovem de esquerda.

> O samba nasce do povo e deve ficar com ele. O samba elegante das festanças oficiais é deformado: sofre as deformações na passagem de música dos pobres para divertimento dos ricos. O samba tem de ser admirado onde ele nasce, e não depois de roubado aos seus criadores e transformado em salada musical para dar lucros aos industriais da música popular. O samba é música de classe. O lirismo da raça negra vive nele.[26]

Já nessa época, Carlos Lacerda falava da música dos pobres como se ela fosse o samba original, que luta para não ser deformado pelo capitalismo. Na verdade, aconteceu o oposto. O samba nasceu com músicos que queriam ganhar a vida e agradar o público, e não fazer autoetnografia. "O interessante é que o 'autêntico' nasce do 'impuro', e não o contrário, mas em momento posterior o 'autêntico' passa a posar de primeiro e original, ou pelo menos de mais próximo das 'raízes'", afirma o antropólogo Hermano Vianna no livro *O Mistério do Samba*. Ele acrescenta:

> Não se pode dizer que as escolas de samba fossem fenômenos puros, mas se criou em torno delas um aparato que defende essa pureza, condenando toda modificação introduzida no samba.[27]

Os primeiros sambistas, aqueles que também tocavam jazz e maxixe, morreram irritados com os músicos do morro. Em janeiro de 1930, Sinhô se queixou ao jornal *Diário Carioca*:

A evolução do samba! Com franqueza, eu não sei se ao que ora se observa, devemos chamar evolução. Repare bem as músicas deste ano. Os seus autores, querendo introduzir novidades ou embelezá--las, fogem por completo ao ritmo do samba. O samba, meu caro amigo, tem a sua toada e não pode fugir dela. Os modernistas, porém, escrevem umas coisas muito parecidas com marcha e dizem "samba". E lá vem sempre a mesma coisa: "Mulher! Mulher! Vou deixar a malandragem". "A malandragem eu deixei". "Nossa Senhora da Penha". "Nosso Senhor do Bonfim". Enfim, não fogem disso.[28]

No fim dos anos 1960, o jornalista Sérgio Cabral (pai do governador do Rio de Janeiro) testemunhou um debate entre Donga, o rei do primeiro samba, e Ismael Silva, cofundador do segundo estilo. A discussão começou quando os dois tiveram que responder à pergunta: "Qual o verdadeiro samba?"

DONGA: Ué, samba é isso há muito tempo:

"O chefe da polícia

Pelo telefone

Mandou me avisar

Que na Carioca

Tem uma roleta para se jogar..."

ISMAEL: Isso é maxixe!

DONGA: Então o que é samba?

ISMAEL: "Se você jurar

Que me tem amor

Eu posso me regenerar

Mas se é

Para fingir, mulher

A orgia, assim não vou deixar"

DONGA: Isso é marcha![29]

Um fenômeno muito parecido com o da folclorização do samba aconteceu com a feijoada. O prato ganhou a cara de comida dos negros, mesmo tendo pouquíssima influência africana. Muita gente repete que a feijoada nasceu nas senzalas, criada pelos escravos com feijão e carnes desprezadas na casa-grande. Eis um daqueles mitos que de tão repetidos se tornam difíceis de derrubar. A feijoada tem origem europeia. Quem diz é o próprio folclorista Câmara Cascudo.

A ORIGEM DA
FEIJOADA É EUROPEIA

Conforme o que ele conta no livro *História da Alimentação no Brasil*, nem índios nem negros tinham o hábito de misturar feijão com carnes. A técnica de preparo vem de mais longe: o Império Romano. Desde a Antiguidade os europeus latinos fazem cozidos de misturas de legumes e carnes. Cada região de influência romana adotou sua variação: o cozido português, a *paella* espanhola, o *bollito misto* do norte da Itália. O *cassoulet*, da França, criado no século 14, é parecidíssimo com a feijoada: feito com feijão branco, linguiça, salsicha e carne de porco. Com o feijão preto, espécie nativa da América que os europeus adoraram, o prato virou atração entre os brasileiros mais endinheirados. A citação mais antiga que restou sobre a feijoada mostra a refeição bem longe das senzalas. No *Diário de Pernambuco* de 7 de agosto de 1833, o elegante Hotel Théâtre, de Recife, informa sua nova atração das quintas-feiras: "Feijoada à brasileira".[30]

Apesar do desdém dos velhos compositores, o samba do Estácio, acompanhando o enredo das escolas, ganhou o país pelas rádios e como propaganda de Getúlio Vargas. Grupos de samba faziam parte de apresentações folclóricas de eventos oficiais, ao lado de danças indígenas. A *Hora do Brasil*, programa criado pelo governo Vargas, incluía sambas das escolas na sua programação. Em 29 de janeiro de 1936, a Estação Primeira de Mangueira comemorou o fato de seus sambas terem sido transmitidos, numa edição especial do programa, para a rádio nacional da Alemanha nazista.[31] Enquanto censurava rádios e jornais, amedrontava escritores e artistas e proibia imigrantes europeus de falar línguas estrangeiras em público, o Departamento de Imprensa e Propaganda (DIP) financiava blocos de carnaval e concursos carnavalescos. A transformação do samba de música regional a ícone nacional deve muito a Getúlio Vargas. Mas não só a ele. Também é resultado da influência de outro personagem famoso: o Pato Donald.

No fim da década de 1930, o samba se confundia tanto com o Brasil que foi possível existir uma criatura estranha – o samba-cívico. Os músicos adulavam o país e o presidente. A composição *É Negócio Casar*, composta por Ataulfo Alves e Felisberto Martins, em 1941, fala que "O Estado Novo veio para nos orientar. No Brasil não falta nada, mas precisa trabalhar". *Salve 19 de Abril*, criado em 1943, comemora o aniversário de Getúlio Vargas, que segundo a música "veio ao mundo porque Deus quis, o **timoneiro** que está com o leme do meu país". *Ministério da Economia*, também de 1943, conta que as coisas melhoraram: "Sua Excelência mostrou que é de fato, agora tudo vai ficar barato, agora o pobre já pode comer, até encher".

Repare na palavra: é a mesma depois usada pelos chineses para se referir ao ditador Mao Tsé-tung, "o grande timoneiro".

O grande clássico do samba cívico foi *Aquarela do Brasil*, de Ary Barroso. Composto seis anos depois que Gilberto Freyre publicou *Casa-Grande & Senzala*, a letra já associava o Brasil aos mulatos: "Brasil, meu Brasil brasileiro, meu mulato inzoneiro, vou cantar-te nos meus versos". A música de Ary Barroso estourou no Brasil pouco antes de Walt Disney, criador do Mickey e do Pato Donald, fazer uma visita ao Rio. Acabou virando trilha sonora do desenho animado *Alô, Amigos*, de 1942. No desenho, o Pato Donald conhece um novo personagem, chamado Zé Carioca. Os dois amigos andam por um calçadão carioca, tomam cachaça – o Pato Donald engasga com a bebida enquanto Zé Carioca toca uma caixinha de fósforo – e sambam com Carmen Miranda. Nada poderia ser mais significativo para os brasileiros. Na década de 1940, o Brasil era rural e pobre – não participava da lista das trinta maiores economias do mundo. De repente, a nação que poucas décadas antes se considerava uma reunião de párias e degenerados ganhou uma homenagem da Disney, referência artística de um dos países mais poderosos. O transtorno bipolar chegou ao pico de euforia.

No filme *Alô, Amigos*, o Pato Donald, antes de conhecer o Rio, vai ao lago Titicaca, ao monte Aconcágua e, na Argentina, conhece um gaúcho. O desenho fazia parte de uma política de aproximação diplomática. Era época da Segunda Guerra Mundial e os Estados Unidos queriam evitar que os países apoiassem a Alemanha.

Foi assim que o samba virou o símbolo da nação e do povo brasileiro. Sua ascensão tem pouca coisa de pura e autêntica: veio da variação de um estilo anterior, nacionalizou-se com a obsessão dos artistas com o exótico, o interesse de um presidente fascista e a influência de um desenho animado. Uma música não é necessariamente ruim por ter surgido desse jeito – afinal de contas, se existir algum estilo original ou puro, ele deve ser chatíssimo. Não é exatamente o samba que é chato de ouvir, e sim tanta gente propagando a ladainha de que ele remete à raiz autêntica brasileira.

Sobretudo porque isso faz mal à música. Em outros países com cultura negra, a música popular não fez cara feia para modernidades e se ligou na tomada, adotando instrumentos eletrônicos. O jazz, apesar de ter sido usado como propaganda americana, não se tornou ícone de identidade nacional dentro do país. Isso deixou o estilo livre para se misturar e se diversificar — ainda hoje renasce em tipos diferentes. No caso do samba, sempre que alguém tentou alterá-lo, levou pedradas. Em julho de 1940, no primeiro show no Brasil depois de uma temporada nos Estados Unidos, Carmen Miranda cantou sambas em inglês no Cassino da Urca. A plateia, cheia de políticos do Estado Novo, recebeu a cantora com um silêncio constrangedor (depois ela revidaria com a música "Disseram que eu voltei americanizada..."). Quando João Gilberto misturou o samba com o jazz, criando a bossa nova, mais pedradas: o novo estilo seria resultado da "alienação das elites brasileiras", escreveu o crítico José Ramos Tinhorão.[32] Não é só o samba que sofre com esse patrulhamento. Uma crítica parecida atingiu o movimento mangue beat, criado pelo pernambucano Chico Science. O escritor Ariano Suassuna, enfadonho defensor da pureza cultural pernambucana, criticava (ainda na década de 1990) o criador do mangue beat por misturar a cultura do estado com coisas de fora. Como propuseram os integralistas décadas antes, Suassuna gostava apenas do que era folclórico — a parte "Chico".[33] "Com sua parte **Science** eu não quero negócio não", dizia ao músico. Os próprios sambistas parecem obcecados em deixar o estilo numa jaula de vidro que todos devem apreciar. "Não deixe o samba morrer, não deixe o samba acabar", afirma uma composição. "Tá legal, eu acei-

Ou seja: ciência não combina com Brasil.

to o argumento, mas não altere o samba tanto assim", diz Paulinho da Viola.

Com tanta preocupação em cultuar o exótico, alguma escola de samba poderia homenagear o Blanka, personagem brasileiro no videogame *Street Fighter II*. Nesse clássico dos fliperamas dos anos 1990, o jogador pode escolher seu lutador entre vários, cada um representante de uma nação. O japonês Ryu é o galã: especialista em artes marciais, luta com um quimono rasgado nos braços, deixando os bíceps à mostra. Ken, representante americano, também é uma pessoa normal. Nenhum jogador é tão fiel à pátria quanto Blanka. O brasileiro é um monstro corcunda com o corpo verde e o cabelo laranja, que dá choques elétricos como um peixe amazônico, chupa o cérebro dos adversários e parece mentalmente menos capaz. De tão exótico, feio e colorido, parece ter saído direto da Sapucaí.

NOTAS

1   Charles Darwin, *O Diário do Beagle*, tradução de Caetano Galindo, UFPR, 2006, página 60.

2   Hermano Vianna, *O Mistério do Samba*, 6ª edição, Jorge Zahar Editor, 2008, página 125.

3   Hermano Vianna, página 37.

4   Mônica Neves Leme, em *Dicionário do Brasil Joanino*, de Ronaldo Vainfas e Lúcia Bastos Pereira das Neves, Objetiva, 2008, página 307.

5   Hermano Vianna, página 151.

6   Carlos Sandroni, *Feitiço Decente: Transformações do Samba no Rio de Janeiro*, Jorge Zahar Editor, 2001, página 133.

7   Carlos Sandroni, página 133.

8   Luís Fernando Hering Coelho, "A trajetória dos Oito Batutas na invenção musical do Brasil", Actas del VI Congreso de la Rama Latinoamericana de la Asociación Internacional para el Estudio de la Música Popular, Buenos Aires, 2005.

9   José Adriano Fenerick, *Nem do Morro nem da Cidade*, Annablume/Fapesp, 2005, página 224.

10   Vasco Mariz, *Vida Musical*, Civilização Brasileira, 1997, página 119.

11   André Gardel, "O poeta e o sambista", *Revista de História da Biblioteca Nacional*, novembro de 2007.

12   Lilia Moritz Schwarcz, "Complexo de Zé Carioca", *Revista Brasileira de Ciências Sociais*, número 29, 1995.

13   Lilia Moritz Schwarcz, idem.

14   Gilberto Freyre, *Casa-Grande & Senzala*, 25ª edição, José Olympio, 1987, páginas 93 e 57.

15   Patricia Schmidt, *Plínio Salgado: O Discurso Integralista, a Revolução Espiritual e a Ressurreição da Nação*, UFSC, 2008.

16   Lilia Moritz Schwarcz, idem.

17   Guiomar de Grammont, *Aleijadinho e o Aeroplano*, Civilização Brasileira, 2008, página 40.

18 Acervo online da revista *Phono-Arte*, página 5, disponível em www. revistaphonoarte.com/pagina5.htm.

19 Acervo online da revista *Phono-Arte*, página 13, disponível em www. revistaphonoarte.com/pagina13.htm.

20 Hermano Vianna, página 106.

21 Mário de Andrade, *Macunaíma: O Herói sem Nenhum Caráter*, Global, 2008, página 76.

22 Santuza Cambraia Naves, "Almofadinhas e malandros", *Revista de História da Biblioteca Nacional*, março de 2006.

23 Sérgio Cabral, *As Escolas de Samba do Rio de Janeiro*, Lumiar, 1996, página 28.

24 *Dicionário Cravo Albin da Música Popular Brasileira*, verbete "Braguinha", disponível em www.dicionariompb.com.br/verbete.asp?tabela=T_FORM_A&nome=Braguinha.

25 José Adriano Fenerick, página 228.

26 Sérgio Cabral, página 109.

27 Hermano Vianna, páginas 122 e 123.

28 Sérgio Cabral, página 35.

29 Sérgio Cabral, página 37.

30 Rodrigo Elias, "Feijoada: breve história de uma instituição comestível", revista *Textos do Brasil*, edição 13, 2007.

31 Hermano Vianna, páginas 124 e 125.

32 Hermano Vianna, página 132.

33 Leonardo Lichote, "Há dez anos, o Brasil perdia o mangueboy Chico Science", *O Globo Online*, 2 de fevereiro de 2007.

GUERRA
DO
PARANÁ

UMA VINGANÇA CONTRA O QUESTIONÁRIO DA ESCOLA

É como bonecas de criança ou telefones celulares. Você aperta a barriga e o brinquedo diz "Eu te amo!". Ao captar a palavra "João", o celular liga automaticamente para o João. Incrível, não? Um mecanismo eletrônico igual a esses deve estar implantado na maioria dos brasileiros. Funciona quando muitos de nós mostramos o que sabemos sobre história do Brasil.

Você pode testar em qualquer pessoa com um conhecimento médio de história, que tenha estudado um curso de humanas na faculdade, e até mesmo em professores pouco preparados. Para saber como o *chip* funciona em títeres de carne, osso, verde e amarelo, basta, em vez de apertar a barriga, pronunciar a expressão "Guerra do Paraguai".

O efeito é imediato. Quando essas palavras atravessam o ar, penetram no tímpano e atingem o lobo temporal, o brasileiro comum passa a repetir, automaticamente e sem controle, que "o Brasil matou 95% da população masculina do Paraguai", "só sobraram mulheres e crianças" e "a Inglaterra, devido a seus próprios interesses, levou o Brasil à guerra, temendo que o Paraguai, uma potência em crescimento, desafiasse seu imperialismo". Pode reparar. São sempre as mesmas frases, as mesmas palavras.

O primeiro livro a implantar essas expressões em nossa cabeça foi *Guerra do Paraguai: Grande Negócio*, escrito em 1968 pelo historiador argentino León Pomer, militante político que se exilaria no Brasil. Em 1979, surgiu uma versão brasileira – *Guerra do Paraguai: Genocídio Americano*, de Julio José Chiavenato. Mais roteiro de ficção que pesquisa historiográfica, os dois livros revisaram a primeira versão do conflito, aquela que louvava os feitos heroicos dos militares. Mostraram a Inglaterra como um vilão mais maligno que o Darth Vader de *Guerra nas Estrelas*. Os ingleses teriam feito o exército brasileiro (um personagem forte e ingênuo, tipo o alienígena Chewbacca) arrancar os pelos para destruir o vizinho. E o presidente do Paraguai, Solano López, aparece como o mocinho, um Luke Skywalker em busca de um país autônomo, feliz e desenvolvido. Com base nessas duas obras, não seria difícil imaginar as cidades paraguaias com calçadas largas, fontes e bulevares, fábricas, cafés e bons jornais, tudo destruído pelos brasileiros entre 1864 e 1870.

Poucos livros estavam tão alinhados com o espírito da época quanto *Genocídio Americano*. Enquanto a obra esgotava nas livrarias, a ditadura militar desmoronava e a esquerda brasileira crescia. Nos palanques do ABC, Lula se tornava uma personalidade nacional. A campanha das Diretas Já mostrava a força de uma nova opinião pública. Falar mal de militares era intelectualmente estimulante para os autores e um jeito fácil de ganhar popularidade. Nas escolas, professores de história e geografia ressaltavam verdades à esquerda que criariam a base do senso comum nos anos 2000. No fim de duas décadas, *Genocídio Americano* teve dezessete reimpressões e inspirou dez em cada dez livros didáticos.

Esse revisionismo começou a ruir no fim dos anos 1990. O historiador inglês Leslie Bethell dizia, já em 1995, que se a Inglaterra teve algum papel naquela guerra foi o de tentar evitá-la. Intelectuais do próprio Paraguai convergiram em direção a essa linha de pensamento, como o escritor paraguaio Guido Alcalá, que considerou Solano López um precursor do totalitarismo moderno. Em 2002, o conflito ganhou um relato brilhante, o livro *Maldita Guerra*, de Francisco Doratioto. Historiador e diplomata brasileiro que viveu três anos no Paraguai, Doratioto escavou arquivos e bibliotecas, relatórios estatísticos, cartas de diplomatas e generais. Com olhar científico e mais distante da discussão política, descobriu que o Brasil mal tinha noção do risco militar do país vizinho, tanto menos a ideia de destruí-lo. Revelou também que, se o presidente Solano López fosse sensato, não declararia guerra ao Brasil ou teria se rendido em 1865, nos primeiros meses do conflito, em vez de prolongar o sofrimento dos seus cidadãos por seis anos. Para Doratioto, a historiografia anterior não se baseava em fontes primárias, mas na opinião política dos autores, que acabou se voltando contra eles próprios:

> Culpar a Grã-Bretanha pelo início do conflito satisfez, nas décadas de 1960 a 1980, a distintos interesses políticos. Para alguns,

tratava-se de mostrar a possibilidade de construir na América Latina um modelo de desenvolvimento econômico não dependente, apontando como um precedente o Estado paraguaio dos López. Acabaram, porém, por negar essa possibilidade, na medida em que apresentaram a potência central – a Grã-Bretanha – como onipotente, capaz de impor e dispor de países periféricos, de modo a destruir qualquer tentativa de não dependência. Como resultado, o leitor desavisado, ou os estudantes que aprenderam por essa cartilha, podem ter concluído que a história do nosso continente não se faz ou não se pode fazer aqui, pois os países centrais tudo decidem inapelavelmente. Os latino-americanos, nessa perspectiva, deixam de ser o sujeito de sua própria história, ou, de outro modo, veem negado seu potencial de serem tais sujeitos.[1]

Mesmo antes da publicação de *Maldita Guerra*, os novos estudos faziam os historiadores dos anos 1960 e 1970 admitirem que tinham pegado pesado demais. O historiador León Pomer escreveu na *Folha de S. Paulo*:

A guerra não foi promovida pelo governo inglês, e eu, pessoalmente, não tenho provas de que os estadistas britânicos a tenham desejado (fora do âmbito de seus sentimentos pessoais) como parte de uma política no Prata.[2]

A afirmação, vinda de um dos criadores da vitimologia da Guerra do Paraguai, é de 1997. Era de esperar que, a partir de então, as escolas ficassem livres para novos retratos do conflito. Mas são poucos os livros didáticos que mostram o lado cruel do ditador paraguaio. Grande parte deles continua implantando os velhos *chips* de repetição de chavões da década de 1980. O livro *História e Vida*, em circulação em 2008, ainda repetia que "o Paraguai dependia pouco de outros países para satisfazer suas necessidades básicas".[3] A apostila de 2007 do Objetivo, um dos maiores colégios de São Paulo, desfia uma teoria obsoleta há mais de uma década: "A Guerra do Paraguai deve ser entendida nos quadros do imperialismo britânico no século 19. O Paraguai surgia como o país mais desenvolvido da América do Sul".[4]

Eu fui um dos estudantes que aprenderam a tragédia paraguaia. Era aluno de um colégio de freiras e considerava os professores de história e geografia meus heróis. Um deles era candidato a deputado estadual, o outro organizava mutirões para construção de casas na periferia. As provas que eles passavam eram geralmente questionários – ganhava 10 quem respondesse os lugares-comuns na linha política do professor ou do livro didático que ele usava. Demorou para eu perceber que a história do genocídio no Paraguai fazia parte de um discurso político. Se aquelas listas de perguntas enfadonhas e de conteúdo velho ainda existem hoje em dia, então é hora de uma vingança. Como numa sessão de terapia, vamos voltar ao passado e exorcizar o velho questionário da escola.

QUESTIONÁRIO

Responda, conforme o que foi estudado em sala, às perguntas de 1 a 5.

1. Também conhecida como Guerra da Tríplice Aliança, a Guerra do Paraguai foi o maior conflito da história da América do Sul. Que fatores criaram esse conflito?

COMO EU DEVO TER RESPONDIDO

A Guerra do Paraguai teve início devido ao imperialismo brasileiro e à sua ânsia em dominar a América do Sul nos aspectos políticos e econômicos. Em 1863, as forças armadas brasileiras, fortemente influenciadas pela poderosa elite agrária e pecuarista, invadiram o Uruguai. Independente havia poucas décadas, o Uruguai vivia uma peleja entre duas correntes políticas opostas, os blancos e os colorados. O Brasil possuía fortíssimos interesses econômicos na região, por isso apoiou o golpe de Estado dos colorados. Esse apoio desequilibrou o quadro de forças, provocando a ira da nação paraguaia, que insistia para que o Brasil permanecesse fora do conflito uruguaio. No Natal de 1864, o Paraguai não teve alternativa senão invadir o território brasileiro pelo atual Mato Grosso do Sul.

COMO EU DEVERIA TER RESPONDIDO

Nada disso, professor. Essa história de fatores não cola. A Guerra do Paraguai aconteceu sobretudo porque havia naquele país um presidente vaidoso, cruel, louco e equivocado. No conflito entre blancos e colorados no Uruguai, o Paraguai era o menos envolvido. Poderia ter ficado em paz quando os brasileiros invadiram o Uruguai. Mas o presidente Solano López estava obcecado em entrar em guerra com o Brasil, um vizinho 22 vezes mais populoso. Imaginou que os paraguaios seriam os próximos a ser invadidos pelos brasileiros. Pura loucura, que só aconteceu porque o Paraguai não tinha bons diplomatas, jornais privados e partidos políticos para discutir ideias e moderar ações políticas.

É verdade que, no início, brigar contra o Brasil não parecia tão insano. Nos primeiros meses de conflito, os paraguaios contavam com o fator surpresa. A guerra começou em novembro de 1864, quando o Paraguai confiscou o *Marquês de Olinda*, um navio brasileiro que passava tranquilamente por Assunção para levar um novo governador ao **Mato Grosso**. Depois, perto do Natal daquele ano, 7.700 soldados paraguaios, mil deles a cavalo, invadiram o pantanal brasileiro. Ganharam fácil os primeiros ataques, já que surpreenderam um exército desprotegido. Quase toda a região Centro-Oeste do Brasil era vigiada por só 875 militares. Em apenas dois dias, os paraguaios ocuparam o Forte de Coimbra, ao sul de Corumbá, e seguiram avançando. A força deles era tanta que o coronel responsável pela segurança de Corumbá, chamado Carlos Augusto de Oliveira, mandou os moradores fugirem da cidade. O próprio coronel debandou, subindo o rio Paraguai no barco *Anhambaí* superlotado. Os paraguaios foram atrás e alcançaram o vapor brasileiro uma semana depois. O coronel Oliveira se salvou porque já tinha saltado e partido para Cuiabá, onde foi demitido pelo governador do Mato Grosso. Os marinheiros não tiveram tanta sorte. "Poucos marinheiros brasileiros escaparam com vida;

Naquela época, quem quisesse viajar do Rio de Janeiro ao Mato Grosso tinha que contornar um bom pedaço da América do Sul. Os viajantes pegavam um barco até Buenos Aires, de lá entravam no rio Paraná, depois no rio Paraguai, passavam por Assunção, Corumbá e só então chegavam perto de Cuiabá.

foram mortos com **espadas e machadinhas** aqueles que ficaram a bordo e a tiros os que tentaram escapar a nado",
conta o historiador Francisco Doratioto.[5]

Só com a ofensiva no Pantanal o Brasil se deu conta
de que o Paraguai queria mesmo entrar em guerra. O inimigo tinha um exército com 77 mil homens, contra 18 mil
militares brasileiros. O Brasil estava tão desprotegido que
demorou cinco meses para iniciar uma reação. A primeira dificuldade foi reunir homens para lutar. Trabalhar nas
forças armadas era considerado um castigo. Os quartéis
eram conhecidos por abrigar miseráveis que não tinham
opção senão se alistar no exército. Por isso, para rebater a
ofensiva dos paraguaios, o Brasil teve que reinventar seu
exército, aumentando os salários e criando uma campanha
nacional de soldados voluntários, os Voluntários da Pátria.
Os primeiros soldados, vindos de São Paulo, Paraná, Goiás
e Minas Gerais, reuniram-se em Uberaba em julho de 1865,
oito meses depois de o Paraguai declarar guerra. Essa marcha, retratada no livro *A Retirada de Laguna*, do visconde de Taunay, contou com menos de 2 mil homens. Eles
viajaram até o Pantanal a pé, com pouquíssima comida,
marchando sob tempestades e enfrentando epidemias de
cólera e varíola. Um terço dos soldados morreu no caminho, antes de chegar à guerra.

A situação brasileira melhorou por causa das trapalhadas e do complexo de superioridade do presidente Solano López. O paraguaio achou que poderia derrotar o Brasil
sem antes fechar um acordo com a Argentina. Para empre-
ender outra invasão, desta vez ao Rio Grande do Sul, as
tropas paraguaias tiveram que cruzar províncias do norte
argentino. Entre o Paraguai e o Rio Grande do Sul, havia

De acordo com
o relato de um
tripulante do vapor
inglês *Ranger*,
que passou por
Corumbá depois
daquela invasão,
o barco de ataque
paraguaio seguiu
viagem com um
troféu macabro:
"uma corda
contendo grande
quantidade de
orelhas humanas,
postas a secar, que
pertenciam aos
infelizes tripulantes
do *Anhambaí*".

as províncias de Missiones e Corrientes. Pouco antes de invadir a Argentina, Solano López pediu autorização para que suas tropas cortassem o território de Corrientes, apenas para chegar ao Rio Grande do Sul. Recebeu um não. Os argentinos, um pouco mais sensatos, tinham medo de que o Brasil os enxergasse como inimigos. Solano López decidiu, então, declarar guerra ao segundo maior país da América do Sul.

Talvez ele pensasse em brigar com a Argentina desde antes de começar a guerra. Um dos sonhos de Solano López era criar o Grande Paraguai, cujo território agregaria, ao norte, o Mato Grosso; ao sul, o extremo norte argentino, o Rio Grande do Sul e o Uruguai. As províncias de Corrientes e Missiones também poderiam apoiar os paraguaios sozinhas, já que pensavam em se separar de Buenos Aires. A estratégia de Solano López não deu certo. Contribuiu para isso o fato de que os soldados paraguaios, quando invadiram a cidade de Corrientes, não conseguiam deixar de saquear as casas dos argentinos. Depararam com tecnologias e produtos para eles raros, como pianos, pratos de porcelana, punhais, chapéus e artigos de couro.[6] Os saques deixaram os argentinos ainda mais contrariados e propensos a apoiar os brasileiros. Em maio de 1865, a Argentina e o Uruguai apoiaram o Brasil oficialmente, formando a Tríplice Aliança.

Foi um apoio e tanto. Os argentinos controlavam a navegação na bacia do Prata, por onde armas, ferramentas e até comida importada chegavam ao Paraguai. Com permissão para passar por ali com navios de guerra, os brasileiros puderam avançar até o Paraguai por via fluvial. Em junho de 1865, nove navios brasileiros subiam o rio Paraná quando depararam com uma emboscada. Os paraguaios esperavam a esquadra do Brasil com oito navios e, em cima de barrancos nas margens do rio Paraná, 6 mil soldados armados com fuzis. Apesar de tanta força e de contar com a surpresa, o Paraguai acabou se atrapalhando no esquema tático e perdendo a batalha. Depois desse episódio, que ficou conhecido como a Batalha Naval do Riachuelo, o país ficou isolado. Sem saída para o oceano, Solano López não podia mais receber armas europeias. Meses antes, quando decidiu começar a guerra, aguardava uma encomenda europeia de canhões de quatro encouraçados (navios com o casco de madeira protegido por chapas metálicas). Como o conflito interrompeu a navegação pelo mar, a compra não pôde ser entregue: os barcos acabaram sendo usados pelo Brasil.

Tanto se imaginava que a guerra acabaria rápido que o exército brasileiro, depois do cerco de Uruguaiana, suspendeu o envio de soldados voluntários para os campos de batalha. O imperador dom Pedro II, numa carta para sua amante, a condessa de Barral, contou esperar "que até março [de 1866] esteja acabada esta guerra como convém ao Brasil". O conflito acabou mesmo em março. De 1870.

Três meses depois da Batalha do Riachuelo, houve mais uma grande derrota paraguaia. Com a presença do presidente argentino, Bartolomé Mitre, e do imperador dom Pedro II, 17 mil soldados brasileiros, uruguaios e argentinos libertaram a cidade gaúcha de Uruguaiana. Menos de um ano depois do começo da guerra, o Paraguai mal tinha sido atacado em seu território, mas era difícil pensar que **poderia vencer**. No fim de 1865, mais de 50 mil paraguaios estavam mortos, contra 20 mil vítimas do lado dos aliados. Em vez de se render e preservar a população, o presidente Solano López passou cinco anos teimando que venceria os três países que o cercavam. Começar uma guerra dessas e continuar nela não foi resultado de fatores — foi autossabotagem de um presidente louco.

2. Fale sobre a revolução que acontecia no Paraguai antes de ele entrar em guerra.

COMO EU DEVO TER RESPONDIDO

O Paraguai passava por uma fase de forte desenvolvimento social e econômico. Liderado por Solano López, o país nacionalizou terras de latifundiários poderosos, que exploravam os menos favorecidos, e impulsionou a indústria manufatureira. O país também enviava jovens para estudar no exterior, o que era fundamental para se desenvolver sem precisar da ajuda das grandes potências econômicas. O sentimento de união e o visível progresso assustaram os vizinhos Brasil e Argentina, assim como a Grã-Bretanha, maior potência econômica da época, empenhada em estender seu domínio de âmbito capitalista.

COMO EU DEVERIA TER RESPONDIDO

Não é bem assim, professor. Antes de o Paraguai entrar em guerra, havia pouca coisa acontecendo por lá. O país era rural, atrasado, opressor e burocrático. Todo o dinheiro vinha da exportação de erva-mate, tabaco e madeira. Quase todas as terras − cerca de 90% − pertenciam à família de Solano López. Quem quisesse entrar no negócio de erva-mate tinha que ser amigo do presidente ou se submeter a um trabalho bem parecido com a escravidão. Os camponeses vendiam uma arroba (14,7 quilogramas) de erva-mate por um centavo de libra inglesa. E os figurões que tinham permissão para explorar as terras revendiam o produto por 25 libras.[7]

Não havia plantações extensas, fábricas de fundo de quintal ou consumidores. Os empresários tinham sido expulsos, em 1820, pelo ditador José Gaspar Francia, que temia ser deposto por uma conspiração. Tendo sua força criativa expulsa, o país era um dos mais dependentes dos estrangeiros. Cerca de 75% dos produtos industrializados, coisas simples como um rolo de tecido, talheres e potes de vidro, tinham que vir da Europa, por meio de casas comerciais inglesas estabelecidas em Assunção e Buenos Aires. Sem a ajuda dos ingleses, os paraguaios mal conseguiam fazer uma conserva. Uma guerra, muito menos. A indústria paraguaia era pequena e existia pouco dinheiro em circulação. A exportação era nanica – em 1864 foi de 560 mil libras, seis vezes menor que a do Uruguai, que tinha a metade da população.[8]

Também não acontecia nada na política. O presidente Solano López era um ditador que assustava seus cidadãos. O país só tinha um jornal, controlado pelo Estado. Até os padres eram espionados pelo governo. Durante a guerra, o regime totalitário proibia as mulheres de chorar em público. Eram obrigadas a participar de bailes para festejar batalhas mesmo quando parentes morriam no campo ou quando o país havia sido derrotado. Um país como esse assustava quem vivia nele. Para os vizinhos, dava pena.

3. Quem foi o herói paraguaio Solano López?

COMO EU DEVO TER RESPONDIDO

Francisco Solano López assumiu o país em 1862, depois da morte de seu pai, Carlos López. Defendeu bravamente seu país da ganância dos vizinhos que pretendiam destruir o Paraguai, uma potência emergente. Solano López morreu em 1870, cruelmente assassinado pelo exército brasileiro.

COMO EU DEVERIA TER RESPONDIDO

Solano López não foi herói. Ou melhor: foi um herói falsificado, dando início à tradição comercial do nosso vizinho. Para virar presidente, tomou o cargo do irmão, Angel Benigno López. Apesar de se tratar de uma república, o presidente do Paraguai tinha um cargo vitalício e hereditário. Carlos López, presidente até 1862, tinha o direito de indicar o próximo presidente. Pouco antes de morrer, ele escreveu um testamento indicando o sucessor. Escolheu, entre os cinco filhos, aquele que considerava mais preparado para o cargo: Angel Benigno, que tinha estudado na Escola da Marinha do Rio de Janeiro. Solano, quando soube da escolha, ficou doido de raiva. Correu para o leito de morte do pai e fez o velhinho mudar de ideia. Carlos López acabou alterando o testamento na última hora.[9] Seis anos depois, com a guerra perdida e obcecado por supostas conspirações contra seu governo, Solano mandou matar o **próprio irmão**.[10]

Tem mais pirataria nessa história. Quando a guerra acabou, em 1870, os paraguaios que sobraram odiavam o homem. Solano López era visto como um tirano que levara o país à desgraça. Foi declarado traidor da pátria, suas terras foram confiscadas, e sua mulher, a prostituta irlandesa Elisa Lynch, mandada de volta para a Europa. Diz o escritor Guido Alcalá:

Outro irmão, Venancio López, foi açoitado, despido e morto arrastado por cavalos. As irmãs de Solano também sofreram. Foram torturadas para revelar os autores da suposta conspiração contra o ditador. A mãe dele teve um destino melhor: foi apenas encarcerada.

> Os testemunhos da época, escritos por paraguaios que tinham pertencido aos círculos do governo [...], incriminam López. Seus autores tentam se justificar, negando responsabilidade pessoal nas atrocidades do ditador (execuções em massa, campos de concentração etc.).[11]

Só no começo do século 20, quando o sofrimento da guerra foi esquecido, o monstro ganhou contornos de herói. O primeiro a enaltecê-lo foi o escritor Juan O'Leary, com o livro *Historia de la Guerra de la Triple Alianza*, de 1911. Soube-se depois que esse O'Leary recebia um apoio financeiro de Enrique Venâncio Solano López, ninguém menos que o filho mais velho do tirano paraguaio. O descendente dos López queria melhorar a imagem do avô para reaver as terras que tinham sido confiscadas logo após o fim de guerra. Apesar da descoberta dessa provável fraude, a metamorfose de Solano López se completou nas décadas seguintes. Sua nova imagem foi oficializada em 1936, com a presidência do coronel Rafael Franco, uma espécie de ditador fascista. "Uma de suas primeiras medidas foi ditar um decreto para absolver retroativamente o marechal López das acusações que lhe tinham sido feitas por seus contemporâneos no século passado", escreveu Guido Alcalá. "Também terminou a construção do Panteão Nacional dos Heróis, para trasladar ao monumento as cinzas do marechal, milagrosamente resgatadas de um túmulo anônimo 66 anos depois."[12]

A reverência ao desastrado presidente continuou nas ditaduras seguintes. O general Alfredo Stroessner, líder do país entre 1954 e 1989, gostava que o comparassem a Solano López e prendeu os estudiosos que criticavam o antigo presidente. Stroessner chegou a exumar o corpo de Elisa Lynch, a mulher de Solano López, em Paris, para enterrá-la com honras em solo paraguaio. A partir dos anos 1960, o exemplo feudal e isolado do Paraguai foi considerado anticapitalista e caiu no gosto dos intelectuais influenciados pelo marxismo. Aconteceu assim uma bizarra união ideológica. Dentro do país, Solano López passou a ser cultuado por típicos militares sul-americanos; fora das fronteiras paraguaias, era louvado por historiadores de esquerda argentinos, brasileiros e até britânicos. Em 1975, no livro *A Era do Capital*, Eric Hobsbawm espalhou a ideia de que "Argentina, Uruguai e Brasil, com seus rostos e suas economias voltados para o Atlântico, forçaram o Paraguai a sair do estado de autossuficiência".[13]

Apesar de esses ditadores e acadêmicos considerarem Solano López um herói, ele agia como um general despreparado. Como era comum no século 19, pensava mais no heroísmo e na honra do combate que na eficiência dos ataques. Os generais tinham medo de contrariar suas decisões, mesmo quando não havia coerência estratégica, e também suavizavam a notícia de derrotas que haviam sofrido. O ditador sacrificou assim tropas inteiras, jogando soldados indefesos contra os brasileiros e argentinos. "São vários os relatos de combatentes aliados quanto à magreza e quase nudez dos soldados guaranis", escreveu Doratioto.[14] O pior traço do presidente paraguaio foi a vaidade. Dono de uma espada incrustada de diamantes, que mandou comprar na mesma empresa que fornecia joias aos reis da França, Solano recusava a rendição mesmo diante de milhares de paraguaios esfomeados. Depois de cinco anos fugindo das tropas aliadas, ele foi capturado na Batalha de Cerro Corá, em 1870. Foi fácil para as tropas brasileiras reconhecê-lo. Solano López era o único gordo que havia no país.[15]

4. Fale sobre o papel da Inglaterra na articulação da Guerra do Paraguai.

COMO EU DEVO TER RESPONDIDO

A Inglaterra, maior potência imperialista do século 19, jogou o Brasil e a Argentina contra o Paraguai, uma potência emergente que poderia abalar o poderio inglês na região. A guerra deixou a Inglaterra livre do inimigo em potencial e fez o Brasil se endividar, tendo em vista que o país emprestou largas somas dos ingleses.

COMO EU DEVERIA TER RESPONDIDO

Aconteceu o contrário, professor. Se houve alguém que tentou pacificar os paraguaios logo antes do conflito, foi o Império Britânico. A tese de que os ingleses eram vilões obcecados em fazer os sul-americanos se destruírem não tem provas nem coerência. Já a versão de que a Inglaterra tentou evitar a guerra está documentada e faz sentido. Em 7 de dezembro de 1864 (logo depois de o Paraguai apreender o vapor *Marquês de Olinda* e antes de invadir o Mato Grosso), o representante britânico na Argentina, Edward Thornton, escreveu ao governo paraguaio. Em tom de súplica, insistiu para que ele não começasse uma guerra:

> Vossa Excelência sabe que a Inglaterra também está em atritos com o Brasil, de modo que tanto por esse motivo, como pela falta de instruções de meu governo, não poderia fazer nada de oficial com seu governo; mas particularmente sim, se puder servir, no mínimo que seja, para contribuir para a reconciliação dos dois países, espero que Vossa Excelência não hesite em me utilizar.[16]

É possível explicar a preocupação inglesa em evitar a guerra até mesmo pelos interesses econômicos. As empresas inglesas eram as que mais investiam em projetos de infraestrutura no Paraguai, Brasil e Argentina. Engenheiros e operários ingleses vieram para a América do Sul trabalhar em companhias de gás e principalmente em **estradas de ferro**. Em 1870, 72% de todas as ferrovias brasileiras pertenciam a quatro empresas inglesas.[17] No Paraguai, cerca de duzentos ingleses, além de suas famílias, trabalhavam em projetos de instalação de telégrafo, casas de fundição e ferrovias. Em caso de guerra, o risco de perder o dinheiro investido nessas obras ia às alturas.

O Brasil, atolado em empréstimos, foi mesmo à ruína com a guerra. O dinheiro gasto no conflito foi onze vezes maior que o orçamento para um ano inteiro de **administração pública**. Essa gastança impediria, vinte anos depois, que dom Pedro II indenizasse os donos de escravos como eles gostariam, o que abalaria a monarquia. Mas o dinheiro emprestado não veio de Londres. Os principais credores do Império eram bancos brasileiros. Dos 614 mil contos de réis gastos na guerra, 349 mil contos vieram de empréstimos e da emissão de títulos públicos. Apenas 8% eram de empréstimos externos.[18] Quem lucrou com a Guerra do Paraguai foi a Argentina. No século 19, o país vendia a carne e o couro do melhor gado do mundo, e suas terras planas e férteis eram excelentes para a plantação de trigo. Grande parte da fortuna brasileira gasta na guerra foi parar nas mãos dos fazendeiros argentinos que forneceram cavalos, carvão para os navios e carne para as tropas. Impulsionada pela guerra, a riqueza desses fazendeiros tinha **notoriedade mundial**.

Com os operários ingleses que chegaram ao Brasil no século 19, veio um esporte que depois se tornaria símbolo nacional: o futebol.

O exército levou ao Paraguai tecnologias bélicas novas e caras, como balões de ar quente para soldados avistarem tropas inimigas, aparelhos que só tinham sido usados na Guerra Civil americana.

Os franceses do começo do século 20, quando queriam falar de alguém com muito dinheiro, usavam a expressão "rico como um argentino". Comparado à força de Buenos Aires, o Brasil perdia de longe. Só nos anos 1960, com a industrialização, a economia brasileira ultrapassou a dos vizinhos.

Assim que a guerra acabou, a população do Paraguai adquiriu uma repulsa moral a Solano López e sua mulher, a irlandesa Elisa Lynch. Boatos sobre a vida pregressa da primeira-dama logo se espalharam de cochichos de vizinhos a biografias. O maior deles é o de que Solano a teria conhecido em Paris – num bordel. Também se falou à beça dos desmandos e abusos de Elisa como "rainha" do Paraguai. O escritor inglês Nigel Cawthorne, por exemplo, contou que a mulher pedia ao marido para degolar seus desafetos, insistia na continuidade da guerra e sugeriu que o país passasse por um processo de eugenia, exterminando meninas recém-nascidas "para substituir a população feminina do Paraguai por meninas trazidas da Escócia". Segundo o escritor, Elisa ordenava que tudo de luxuoso saqueado nos países vizinhos ficasse sob seu poder. Contava-se ainda que a primeira-dama saía pelas ruas de Assunção atirando moedas aos pobres: aqueles que as deixavam cair eram açoitados.

ELISA LYNCH,
A CONTROVERSA PRIMEIRA-DAMA

Recentemente dois autores irlandeses defenderam que essas histórias são mentiras e exageros. A implicância seria fruto do ódio da população da época ao casal que provocou a destruição do Paraguai, além do desprezo do Brasil e da Argentina pelo trágico líder paraguaio. No livro *Calúnia*, o empresário Michael Lillis e o historiador Ronan Fanning defendem que, se Elisa assistiu inerte à execução de amigos e familiares, também tentou salvar um bom número de oficiais derrotados da fúria do marido. O livro, apesar de tropeçar em equívocos básicos (repete a ladainha de que o Paraguai era um dos países mais desenvolvidos da América do Sul), tem o mérito de mostrar a falta de fontes confiáveis nas histórias escabrosas sobre Elisa Lynch.

A reabilitação, porém, não é completa. Segundo os próprios
autores, a irlandesa mantinha preocupações fúteis enquanto milhares de paraguaios **morriam esfomeados**. Ela
gastava um bom tempo negociando casas e terrenos pelo
país. "A frustração pessoal de Elisa foi que ela não conseguia mais reabastecer seu maravilhoso **guarda-roupa**
parisiense, a esplêndida decoração de sua casa e os palácios
no campo ou sua coleção de livros".[19] Apesar da falta de
provas de que tenha sido uma **prostituta parisiense**,
Lillis e Fanning deixam escapar que é necessária muita be-
nevolência para acreditar que ela não era. Elisa chegou a
Paris **fugindo da Grande Fome** que assolou a Irlanda
entre 1845 e 1852. Em 1850, aos 16 anos, **começou uma**
relação secreta com Xavier Quatrefages, um médico do
exército francês 19 anos mais velho. Ele nunca assumiu a relação com ela em público e os dois sequer moravam juntos:
apenas se **encontravam** de vez em quando.

de firmar o casamento secreto, Elisa
 López, que passava pela Europa em
 Ninguém sabe onde eles se conhece-
que os **bordéis** parisienses do século
 muitas irlandesas miseráveis. E políti-
ssagem. "Parece provável ter sido em
mundo que ela conheceu Francisco So-
s autores. Uma pista vem de uma carta
54, poucos meses depois de ela conhe-
mericano. Na mensagem, uma tal de
lle pede a Elisa e Solano López dinhei-
Para os dois biógrafos de Elisa Lynch,
carta é evidente. "Com seu tom lison-
cias ligeiramente ameaçadoras
tocráticos, a carta tem o carimbo do
de reputação duvidosa", afirmam.[20]

Já os ingleses, se tinham algum interesse na América do Sul, era em relação a Buenos Aires. Naquela época, o domínio inglês se estendia pelo mundo. Em 1805, na Batalha de Trafalgar, a armada do comandante Nelson derrotou os navios de Napoleão, abrindo o século em que os oceanos seriam ingleses. Com a melhor frota de navios de guerra e mais da metade das embarcações comerciais do planeta, a Inglaterra dominaria terras de todos os extremos da Terra: Canadá, Índia, Irã, Austrália, além de um corredor africano que ligava o Egito à África do Sul, por meio do Sudão e do Quênia. Em junho de 1806 e fevereiro de 1807, navios bombardearam Buenos Aires, na tentativa de tornar a região parte do **Império Britânico**. No entanto, o domínio dos ingleses durou apenas sete semanas. Em agosto daquele ano, os argentinos conseguiram expulsá-los, e fizeram o mesmo no ano seguinte, quando houve uma nova invasão.

Depois dessas derrotas, os ingleses tomaram consciência de que as relações com os países sul-americanos seriam baseadas no comércio, e não no domínio político. Talvez como resultado disso, a América do Sul foi a única região do planeta onde não havia territórios britânicos consideráveis. Poucos anos antes da Guerra do Paraguai, os representantes ingleses por aqui eram instruídos a não se meter em **assuntos internos**.[21] Quando o conflito estourou, navios de guerra ingleses entraram três vezes no Paraguai para resgatar cidadãos britânicos. Fizeram isso sem disparar nenhum tiro de canhão. Diz o historiador Leslie Bethell:

> Se de fato a Grã-Bretanha tivesse sido a maior força por detrás da guerra da Tríplice Aliança contra o Paraguai, ela estaria adotando política e comportamento totalmente incompatíveis com as

Em 1806, o *Times* chegou a comemorar a conquista britânica da Argentina. "Buenos Aires passa a fazer parte do Império Britânico", estampou o jornal.

Há outra razão para desconfiar da influência inglesa sobre as ações brasileiras. Entre 1862 e 1865, as relações diplomáticas entre o Brasil e a Inglaterra estiveram rompidas, fato que ganhou o nome de "questão Christie". O desentendimento teve motivos pueris: o saque de um navio inglês na costa brasileira, a prisão de marinheiros ingleses bêbados no Rio e a arrogância do embaixador inglês, Douglas Christie.

políticas e os comportamentos que regiam as suas relações com a América Latina como um todo, naquela época.[22]

No caso do Paraguai, os objetivos ingleses eram muito menores. Quem conhecia o país o considerava um lugar pobre, distante e isolado. "Um maior desenvolvimento das relações econômicas com o Paraguai simplesmente não constituía prioridade para o governo britânico ou para os industriais e comerciantes ingleses", escreveu Bethell.[23] Na verdade, poucos cidadãos ou políticos da Inglaterra sabiam o que era o Paraguai. Foi isso que percebeu o viajante e diplomata Richard Burton, que presenciou a guerra e escreveu *Cartas dos Campos de Batalha do Paraguai*, um dos principais relatos sobre o conflito. De volta à Europa, Burton ficou espantado ao perceber que seus compatriotas exibiam "rostos absolutamente inexpressivos ao ouvirem mencionar a palavra Paraguai".[24] Um século depois, esses ingleses indiferentes seriam considerados culpados pela tragédia paraguaia.

5. Fale sobre o genocídio cometido pelo Brasil contra o povo paraguaio.

COMO EU DEVO TER RESPONDIDO

O Brasil praticou atrocidades contra os paraguaios. Ao fim da guerra, 70% da população havia morrido – 90% dos homens paraguaios foram vítimas do combate. Foi um verdadeiro genocídio. Da população de mais de 800 mil pessoas, sobraram menos de 200 mil, das quais apenas 14 mil homens. Os soldados brasileiros se acostumaram a matar crianças famintas e mulheres em farrapos.

COMO EU DEVERIA TER RESPONDIDO

Não houve genocídio algum. Não se pode calcular a porcentagem de paraguaios mortos, porque ninguém sabe quantos paraguaios existiam antes da guerra. O censo paraguaio não era confiável. Em 1846, contou 250 mil habitantes. Onze anos depois, teria passado para 1,337 milhão. Um crescimento assim não aconteceu nem na explosão populacional do século 20. A historiadora americana Vera Blinn Reber fez, em 1988, um estudo detalhado sobre a estimativa da população paraguaia usando taxas demográficas da época para calcular a população. Segundo ela, os paraguaios não passavam de 318 mil pouco antes da guerra. E as perdas humanas durante o conflito seriam de 8,7% da população. No máximo, 18%, chutando para cima.[25]

Mesmo se o fantástico número de 70% de mortes fosse real, não daria para culpar o Brasil por essa tragédia. Calcula-se que de um terço a dois terços das mortes, entre aliados e paraguaios, se deu por doenças, como cólera, varíola e diarreia, ou simplesmente por fome e frio. Se houve um responsável por essas mortes, foi o ditador paraguaio Solano López, que começou a guerra e contribuiu para o seu prolongamento. Durante aqueles cinco anos, batalhas eram um evento raro. O cenário mais comum da guerra eram os acampamentos sujos, pobres e apinhados de prostitutas, familiares dos soldados e até vendedores de cachaça. Não havia água potável e a comida consistia quase sempre em carne com farinha mofada e cheia de moscas. Em 1867, 4 mil soldados brasileiros morreram de cólera. No Paraguai, eram cerca de 50 mortes por dia – em 1867 a doença pegou até mesmo o presidente Solano López, que, paranoico, acusou seus médicos de o terem envenenado.[26]

No caso das famílias paraguaias, a falta de comida era o maior problema. A mobilização militar do presidente Solano López foi tão forte que o país ficou sem gente para plantar alimentos e abastecer a população. Nos últimos meses de guerra, mulheres e crianças famintas e em farrapos abordavam os soldados aliados. Conforme o relato do cadete Dionísio Cerqueira, que participou do conflito e depois escreveu o livro *Reminiscências da Campanha do Paraguai*, tratava-se de "criancinhas esqueléticas sugando os seios murchos das mães agonizantes", além de "meninos nus, amarelos, barrigudos, com as costelinhas à mostra, olhando-nos espantados".[27] Ao se render às tropas aliadas, as mulheres e as crianças ficavam entregues tanto à violência quanto à solidariedade dos soldados brasileiros. Ocorreram estupros e assassinatos de paraguaias indefesas, assim como casos de ajuda humanitária e até casamentos.

No fim do século 19, as tropas ainda não conheciam bem a disciplina hoje ligada aos militares. Não havia, por exemplo, a obrigação de ficar apenas entre homens. No meio das tropas havia mães, esposas e filhos de soldados que iam acompanhá-los na aventura. A essas brasileiras se juntaram as paraguaias.[29]

Muitas paraguaias acabavam virando parte do dia a dia dos acampamentos, com as brasileiras que acompanhavam os soldados e **voluntários**. De acordo com um documento de 1870, o último ano da guerra, havia no quartel de Humaitá, perto da fronteira argentina, "quatro oficiais e 159 praças, bem como 14 praças presos e 48 mulheres, sendo 28 paraguaias". O historiador gaúcho Fernando Ortolan descobriu certidões de mais de trezentos casamentos de soldados brasileiros com paraguaias logo que a guerra acabou.[28]

Até a Primeira Guerra Mundial, era comum o país derrotado pagar indenizações de guerra aos vencedores. Foi assim no fim da Guerra Franco-Prussiana, em 1871.

A França, derrotada, teve que pagar 5 bilhões de francos à Prússia, cujas tropas permaneceram em terras francesas até 1873, quando a conta foi paga. Cinco décadas depois, foi a vez de a Alemanha pagar 132 bilhões de marcos aos seus vizinhos. Nenhum país perdoou a dívida e mesmo assim ninguém culpa a França ou a Inglaterra por terem cometido um genocídio europeu. Já o Brasil, que gastou na guerra 614 mil contos de réis, o equivalente a onze anos de orçamento federal, usou como base de cálculo para indenização o valor de 460 mil contos. Nenhuma parte desse dinheiro foi paga. A dívida acabou oficialmente perdoada na década de 1930, pelo presidente Getúlio Vargas.[30] O Brasil, na verdade, foi bonzinho com o Paraguai.

NOTAS

1   Francisco Doratioto, *Maldita Guerra*, Companhia das Letras, 2002, página 87.

2   León Pomer, "A chave dos cofres britânicos", *Folha de S. Paulo*, 9 de novembro de 1997, caderno Mais!, página 7.

3   Nelson Piletti e Claudino Piletti, *História e Vida, Brasil: Do Primeiro Reinado aos Dias de Hoje*, volume 2, 23ª edição, Ática, 2006, página 32.

4   Francisco Alves da Silva, *História Integrada: Brasil e América*, Coleção Objetivo, Cered, 2007, página 132.

5   Doratioto, página 103.

6   Doratioto, página 134.

7   Doratioto, página 30.

8   Doratioto, página 91.

9   Doratioto, página 40.

10 James Schofield Saeger, *Francisco Solano López and the Ruination of Paraguay: Honor and Egocentrism*, Rowman & Littlefield, 2007, páginas 174 e 175.

11 Guido Rodríguez Alcalá, "Fascismo e revisionismo", *Folha de S. Paulo*, 9 de novembro de 1997, caderno Mais!, página 7.

12 Guido Rodríguez Alcalá, idem.

13 Eric J. Hobsbawm, *The Age of Capital: 1848-1875*, Encore Editions, 1975, página 77.

14 Doratioto, página 92.

15 Doratioto, página 451.

16 Doratioto, página 90.

17 Werner Baer, *A Economia Brasileira*, Nobel, 2007, página 41.

18 Doratioto, página 462.

19 Michael Lillis e Ronan Fanning, *Calúnia*, Terceiro Nome, 2009, página 141.

20 Michael Lillis e Ronan Fanning, página 53.

21 Leslie Bethell, "O imperialismo britânico e a Guerra do Paraguai", *Estudos Avançados*, volume 9, número 24, maio-agosto de 1995, página 274.

22 Leslie Bethell, página 271.

23 Leslie Bethell, páginas 277 e 280.

24 Leslie Bethell, página 283.

25 Doratioto, páginas 456 e 457.

26 Doratioto, página 284.

27 Dionísio Cerqueira, *Reminiscências da Campanha do Paraguai*, 4ª edição, Biblioteca do Exército, 1980, página 34.

28 Fernando Ortolan, *Sob o Olhar da Imprensa e dos Viajantes: Mulheres Paraguaias na Guerra do Paraguai – 1864-1880*, dissertação de mestrado, Unisinos, 2004.

29 Doratioto, página 123.

30 Doratioto, página 465.

ORDINAL

ALEF

ALEIJADINHO É LITERATURA

Um personagem comum entre os artistas do romantismo é o belo-horrível. Trata-se de uma figura horrenda, defeituosa e atormentada que é capaz de praticar as ações mais encantadoras. Uma história bastante conhecida com esse tipo de personagem é *A Bela e a Fera*, conto bem popular na França já no século 18. A jovem Bela, filha humilde e gentil de um comerciante, toca o coração da Fera, um ser assustador que aos poucos se revela um homem bom. A mesma figura está no romance *Frankenstein ou o Moderno Prometeu*, escrito em 1818 pela inglesa Mary Shelley, que conta o estranho caso do monstro criado pelo jovem cientista Victor Frankenstein. Apesar de a toda hora ser agredido pelas pessoas comuns por causa de sua aparência monstruosa, o homem artificial consegue se instruir e aprender o comportamento moral. Pensa até mesmo em se matar para se redimir de seus crimes e deixar os humanos em paz. Um terceiro exemplo, talvez o melhor de todos, foi criado em 1831 por Victor Hugo: Quasímodo, o corcunda de rosto deformado do romance *Notre-Dame de Paris*. Adotado quando criança por um cardeal, Quasímodo cuida dos sinos na torre da Catedral de Notre-Dame. Raramente sai de lá, pois sua feiura espanta e provoca o desprezo dos cidadãos. No desenrolar do livro, enquanto as pessoas comuns e decentes cometem atos monstruosos, o monstro da história cultiva um amor genuíno à jovem cigana Esmeralda. Quasímodo, a Fera e o monstro do doutor Frankenstein exemplificam a ideia romântica de que a beleza teria uma raiz pouco racional. Dependendo da intuição e da sensibilidade de seu criador, o sublime poderia nascer do repugnante.

Em 1858, Rodrigo Ferreira Bretas, um jurista, deputado estadual e diretor de ensino de Ouro Preto, resolveu escrever a biografia de Antônio Francisco Lisboa, um dos tantos artesãos que construíram os adornos e as igrejas durante a corrida do ouro de Minas Gerais. O escultor havia morrido quase cinco décadas antes e era um mistério. Corria a lenda popular de que ele tinha uma ou as duas mãos paralisadas por alguma doença, o que viajantes estrangeiros que estiveram em Minas incluíram em seus relatos. Mas nenhum documento da época ou texto mais confiável certificava a história ou dava detalhes. Apesar da escassez de fontes, o intelectual mineiro não se conteve. Publicou no *Correio Oficial de Minas* um relato minucioso, contando a trajetória de vida, detalhes de personalidade e episódios trágicos. A partir dos 47 anos, Antônio Francisco Lisboa teria sofrido de uma doença desconhecida, provavelmente sífilis ou lepra, que o fizera perder os dedos, os dentes, curvar o corpo, não conseguir andar a não ser de joelhos e mutilar-se, numa tentativa dramática de que a dor nos membros diminuísse. Em poucos meses, teria se transformado num monstro. Escreveu Bretas:

> As pálpebras inflamaram-se e, permanecendo neste estado, ofereciam à vista sua parte interior; perdeu quase todos os dentes e a boca entortou-se como sucede frequentemente ao estuporado, o queixo e o lábio inferior abateram-se um pouco; assim o olhar do infeliz adquiriu certa expressão sinistra e de ferocidade, que chegava mesmo a assustar a quem quer que o encarasse **inopinadamente**.[1]

Bem ao costume do romantismo, o estilo literário de seu tempo, o biógrafo criou a história de uma pessoa defeituosa e assustadora que teria executado, com as ferramentas amarradas ao braço, as obras mais belas do barroco mineiro. A esse personagem fascinante, ao mesmo tempo horrível e sublime, monstruoso e genial, Bretas deu o nome de Aleijadinho.

Muito já se discutiu sobre o que é ou não verdade na história da vida de Aleijadinho – na década de 1990, o pesquisador Dalton Sala chegou a questionar se o escultor tinha alguma enfermidade ou mesmo se existiu. Os arquivos de Minas Gerais já foram diversas vezes vasculhados na tentativa de achar uma menção a sua doença, mas o máximo que se conseguiu foram alguns recibos assinados por Antônio Francisco Lisboa. Esses documentos, similares aos de outros artesãos que trabalhavam para as irmandades mineiras, comprovam a existência de um artífice com aquele nome, mas nada mencionam sobre sua vida, personalidade, doença ou sobre o apelido "Aleijadinho".

A feira da criatura de Bretas lembra a do corcunda de Notre-Dame, descrito assim por Victor Hugo: "A careta era o próprio rosto, ou melhor, a pessoa toda era uma horrível careta: uma cabeça grande ouriçada de cabelos ruivos; entre os dois ombros, uma corcunda enorme da qual o contragolpe se fazia sentir na parte frontal de seu corpo; um sistema de coxas e de pernas tão estranhamente tortas que se tocavam apenas por meio dos joelhos".[2]

A filósofa e historiadora Guiomar de Grammont, autora de uma tese de doutorado pela Universidade de São Paulo que resultou no excelente livro *Aleijadinho e o Aeroplano*, publicado em 2008, preferiu entrar nessa polêmica de outro modo. Ela mostrou como as histórias contadas por Bretas e outros escritores são ecos de personagens e cenas da literatura. "Compreendemos 'Aleijadinho' como um personagem literário, sucessivamente reconstruído na história do pensamento em letras e artes no Brasil, de acordo com os interesses do momento em que se produzia cada discurso sobre o tema", escreveu ela.[3] Além do clichê belo-horrível, Antônio Lisboa ganhou outros traços de artista romântico: o indivíduo isolado de seus semelhantes e de genialidade espontânea. Autodidata, sem "mestres científicos", como contou Bretas, o homem entocava-se em igrejas, separado do mundo com cortinas improvisadas, para poupar os passantes de topar com suas chagas. A biografia lembra também histórias sobre os mestres do Renascimento. Assim como Michelangelo teria feito com o papa Júlio II, o Aleijadinho de Bretas deixou cair, de propósito, pedaços de granito na cabeça de um general que vistoriava seu trabalho. Como Rafael, vingou-se de um desafeto usando o rosto dele como modelo em uma de suas obras.[4]

O personagem do monstro genial era tão fantástico e verossímil para a época que seu criador logo se consagrou. Bretas ganhou de dom Pedro II o prêmio da Ordem da Rosa, destinado aos grandes artistas da nação, e virou sócio-correspondente do Instituto Histórico e Geográfico Brasileiro. A entidade incentivava autores regionais a escrever biografias sobre filhos ilustres e vultos notáveis das províncias, numa tentativa de fazer os brasileiros terem um pouquinho de orgulho do país. O maior êxito de Bretas foi ter seu texto erigido à condição de documento de um personagem histórico. O que era para ser uma dessas curiosas lendas locais, que dão cor às cidades históricas e alimentam a fala dos guias turísticos, virou ícone nacional. Com o passar dos anos, o universo de Aleijadinho foi crescendo e se cristalizando como realidade, a partir do esforço avassalador de estudiosos modernistas, que enxergavam no escultor uma das raízes da cultura autenticamente brasileira, de médicos a dar detalhes de sua **doença**, de historiadores a falar de sua infância como assistente do pai, o arquiteto português Manuel Francisco Lisboa, de críticos a apontar intenções psicológicas que explicariam o seu trabalho, e de moradores a atribuir ao escultor sem mãos a autoria de centenas de obras de Ouro Preto, Mariana, Congonhas, Caeté, Sabará, Tiradentes, São João del-Rei, Catas Altas, Campanha, Nova Lima e Barão dos Cocais, a ponto de que, se todas fossem de fato feitas por ele, o artífice teria de ter vivido em três cidades ao mesmo tempo. O empenho dessas pessoas foi similar ao do "hipnotizador que, para causar maior impressão ao público, começasse por hipnotizar-se a si próprio", como escreveu Carlos Drummond de Andrade numa crônica sobre Minas.[5] O Quasímodo brasileiro virou de repente o maior representante da arte sacra de Minas, do Brasil e da América do Sul, autor de obras em quase todas as vilas da corrida do ouro.

O culto a Aleijadinho logo ganhou um problema. A importância que ele passou a ter tropeçava numa verdade incômoda: nem todo mundo considerava o monstro genial. A forma e o acabamento de muitas obras atribuídas a ele pareciam grosseiros – as figuras tinham o nariz despropor-

A Associação Médica de Minas Gerais organizou, na década de 1960, uma mesa-redonda apontando dezessete males que poderiam ter acometido Aleijadinho, como lepra nervosa, bouba, bócio ou acidente vascular cerebral.

cional, maçãs do rosto salientes demais, polegar na mesma direção dos outros dedos e olhos exageradamente amendoados. As igrejas que contaram com seu esforço pareciam uma versão pobre de monumentos europeus.

O pior é que isso ficava mais claro nas obras em que ele certamente havia trabalhado. Os recibos e atas confiáveis que citam Antônio Francisco Lisboa sugerem que ele construiu esculturas e detalhes das igrejas de Sabará, Ouro Preto e do Santuário de Bom Jesus de Matosinhos, em Congonhas. No começo do século 19, os viajantes que falaram sobre o conjunto arquitetônico de Congonhas eram no máximo benevolentes, como se estivessem diante de um artista infantil. "Embora suas vestimentas e figuras sejam por vezes sem gosto e desproporcionadas, não se deve desconsiderar os belos dotes de um homem que se formou por si próprio, e nunca viu nada", escreveu o barão de Eschwege, um geógrafo alemão que visitou Minas em 1811, sobre os profetas diante da igreja.[6] Falando do mesmo conjunto, o inglês **Richard Burton** afirmou que "pouca coisa se tem a dizer sobre o interior da igreja; as paredes são almofadadas e pintadas com afrescos pretensiosos e repletas de gravuras sem valor, ao passo que as imagens são abaixo da crítica". Burton escreveu também que o conjunto de Congonhas "compara-se de maneira desfavorável com a Igreja de Bom Jesus de Braga, perto do Porto, e com o mais humilde dos santuários italianos".[7]

O mesmo viajante que contaria aos ingleses como era o dia a dia na Guerra do Paraguai (veja na página 172).

É verdade que a visão dos viajantes estava contaminada por um ar de superioridade europeia. Ao escrever sobre os países que visitavam, eles se esforçavam para caprichar nos relatos sobre paisagens e ligavam pouco para o que os países exóticos tinham de civilizado. Mas... será que eles não estavam certos em sua avaliação? A semelhança entre igrejas e santuários era muito comum, já que muitos artesãos vinham da Europa ou tentavam copiar monumentos europeus que eram retratados em livros. Comparando o santuário de Congonhas com o de Portugal, é difícil não concordar com o inglês Richard Burton. Os monumentos são muito parecidos: para chegar às duas igrejas, é preciso passar por uma escadaria entremeada com estátuas sacras. Mas enquanto o santuário mineiro tem doze profetas e três pequenos lances de escadas o de Portugal tem dezenas de estátuas e fontes, além de três escadarias dispostas em formato de labirinto que somam um desnível de 116 metros. É difícil não achar que a obra-prima de Antônio Francisco Lisboa é uma cópia sem gracinha do santuário português.

Não foram só os viajantes estrangeiros que acharam Aleijadinho "abaixo da crítica". No fim do século 19, um padre chamado Júlio Engrácia escreveu que as esculturas dele eram "mais próprias para fazer rir às crianças do que para atrair a veneração e a simpatia dos corações devotos", cujos "membros que mais deviam chamar-lhe a atenção artística como rosto, mãos, pés são muito imperfeitos". O padre se incomodava especialmente com o nariz das imagens de soldados: "Jamais houve guerreiros romanos tão narigudos, a não ser que eles usassem suas probóscides como os elefantes usam as trombas".[8] Tão forte quanto as palavras do padre Engrácia é o silêncio dos poetas árcades mineiros. Tomás Antônio Gonzaga, Cláudio Manoel da Costa e Basílio da Gama, poetas contemporâneos a Antônio Francisco Lisboa, não gastaram sequer uma linha para falar do escultor.

A avaliação do trabalho de Aleijadinho mudou só no começo do século 20. Foi quando os intelectuais modernistas escolheram o personagem do monstro genial como símbolo da "brasilidade", do talento mestiço e popular do Brasil. Em 1923, Oswald de Andrade, Mário de Andrade e Tarsila do Amaral fizeram uma excursão a Minas na companhia do poeta francês Blaise Cendrars. Voltaram das vilas mineiras considerando a aventura uma viagem de "descoberta do Brasil", como disse Oswald.[9] A arte mineira parecia encaixar-se bem na "raiz popular da cultura brasileira", ideia que nunca fascinou tanto os intelectuais brasileiros quanto naquela época. Em Minas, eles se encantaram não propriamente pela arte, mas pelo artista. A primeira coisa que lhes chamou atenção foi o fato de Aleijadinho ter sido mulato, filho de escrava com pai branco, coisa que Bretas, sete décadas antes, havia lembrado bem superficialmente. A partir dessa informação, os jovens críticos construíram outra literatura sobre Aleijadinho, em que "o valor das obras encontra-se não nelas mesmas, mas no artífice que as teria realizado, pressupondo-se anacronicamente nele a imagem de uma luta por igualdade racial", como diz Guiomar de Grammont.[10]

Na hora de defender a importância de Aleijadinho, os modernistas tiveram que dar um troco às críticas do padre Engrácia e dos viajantes. Montaram um dispositivo retórico para justificar o fato de as obras de Aleijadinho não serem aquela cocada toda. Não foi propriamente a avaliação que mudou – eles continuaram achando as esculturas resultado de "irregularidade vagamunda", "diletante mesmo", como afirmou Mário de Andrade.[11] O que mudou foram os motivos: Aleijadinho não teria criado obras estranhas porque não sabia fazer melhor, e sim porque queria. Deixou de ser um trabalhador interessado apenas em conseguir esculpir direito para se tornar um artista consciente e completo.

Mário de Andrade, principalmente ele, viu nas estátuas narigudas a expressão da suposta personalidade atormentada do suposto artista aleijado. Se as obras pareciam grosseiras diante da tradição, é porque o escultor sem mãos queria romper com os padrões antigos de beleza e ser original, aproximando-se da arte gótica. A deformidade imaginária virou um ponto essencial da crítica dos modernistas. Doente e deformado, o escultor teria expressado sua verdade interior como obra de arte. "Raro realista, ele foi um deformador sistemático. Mas a sua deformação é de uma riqueza, duma liberdade de invenção absolutamente extraordinárias", afirmou o escritor paulista.[12]

Mário dividiu a obra de Aleijadinho em duas fases, antes e depois da tal doença. Na fase sã, o artista seria mais equilibrado e claro, o que se expressaria em suas obras de São João del-Rei (apesar de ninguém ter certeza de que Antônio Francisco Lisboa tenha ido a essa cidade);[13] e, na fase doente, "surge um sentimento mais gótico e expressionista"[14] que não seria uma cópia simples da arte europeia. "Antônio Francisco Lisboa tratou o barroco, renovando-o com um espírito verdadeiramente genial", afirmou o escritor, revelando a origem de um pensamento muito comum sobre Aleijadinho quase um século depois.[15] Até Gilberto Freyre arranjou motivos para explicar por que a expressão artística do escultor não era lá essas coisas. Sugeriu que as obras eram resultado de uma revolta contra a condição de mulato, "de modo que, na escultura de Aleijadinho, as figuras de 'brancos', de senhores, de capitães-romanos aparecem deformadas".[16]

O grande ponto fraco do dispositivo retórico dos modernistas foi o anacronismo. Eles escreveram sobre um escultor barroco como se ele fosse um artista romântico ou integrante das vanguardas modernas do século 20. A ideia de Aleijadinho como um gênio solitário a expressar sua personalidade enraivecida em forma de arte original diz mais sobre como enxergamos os artistas hoje do que sobre aquela época. O marketing que os artistas carregam atualmente – de seres diferentes, donos de uma criatividade espontânea e uma sensibilidade especial – é muito recente: vem do romantismo europeu. Durante os séculos 18 e 19, enquanto as pessoas comuns passavam os dias apertadas entre as máquinas da Revolução Industrial, o artista romântico se considerava o homem solitário que se perdia em viagens ou divagações na natureza. Essa ideia é muito forte no romance *Os Sofrimentos do Jovem Werther*, escrito por Goethe em 1774, e no **quadro** *O Viajante sobre o Mar de Névoa*, criado pelo alemão Caspar David Friedrich em 1818. Antes de essas obras máximas do romantismo mudarem a cara dos artistas, eles eram muito mais próximos das pessoas em geral. A arte, especialmente durante o período barroco, era um esforço coletivo feito sobretudo em louvor a Deus, e não ao próprio artista. Escultores dividiam trabalhos com colegas de corporação, instrutores assinavam as melhores obras dos seus alunos (que encaravam o fato como uma homenagem), e quase ninguém pensava em expressar seus sentimentos nas obras.

No Brasil do fim do século 18, muito antes de o romantismo chegar por aqui, a glamorização dos autores começava a acontecer com os poetas. Já escritores contratados pelas irmandades, como Antônio Francisco Lisboa, traba-

A tela representa um ser especial: o viajante aparece no centro, contemplando a paisagem do alto de um penhasco. Um nevoeiro o separa do solo, onde vivem as pessoas comuns.

lhavam como quem hoje pinta paredes de casas ou faz bolos para festas por encomenda. Pouco ligavam para o fato de a obra expressar sua individualidade. Uma mostra disso é que raríssimas igrejas, altares ou estátuas de Minas Gerais levavam assinatura dos autores. Quando isso acontecia, era em forma de agradecimento ao patrão ou à comunidade. Numa capela de Santa Rita Durão, por exemplo, está escrito: "Pintei este painel, em louvor de N. Sra., e em obséquio ao seu tesoureiro José dos Santos Lisboa pelo grande zelo com que este mandou pintar esta capela, ainda com dispêndio seu no ano de 1792".[17] As obras não eram feitas individualmente: os artífices costumavam trabalhar juntos, em oficinas patrocinadas pelas irmandades religiosas, e também passavam tarefas para amigos quando estavam atarefados demais, como fazem hoje em dia os *freelancers*. Acontecia também de um empreiteiro ganhar a encomenda de um trabalho sem saber realizá-lo, contratando pessoas capacitadas para botar a mão na massa.

Baseados nessa produção coletiva, alguns críticos aproveitaram para montar uma nova explicação às "falhas" das imagens atribuídas a Antônio Francisco Lisboa. Para o historiador de arte francês Germain Bazin, as obras malfeitas não eram exatamente do escultor, mas de seus sócios ou assistentes. Foi o que teria acontecido com as estátuas de madeira das seis capelas do santuário de Congonhas. "As diferenças de qualidade dessas diversas estátuas levaram a exagerar-se a parte de colaboração nesse conjunto, retirando-se do artista a autoria de um número muito grande delas", afirma ele no livro *Aleijadinho e a Escultura Barroca no Brasil*.[18] A hipótese dos assistentes é central no livro *Aleijadinho e sua Oficina*, publicado pelos pesquisadores Myriam

Andrade Ribeiro de Oliveira, Antônio Fernando Batista dos Santos e o estudioso Olinto Rodrigues dos Santos Filho, do Instituto do Patrimônio Histórico e Artístico Nacional (Iphan). De acordo com o livro, publicado em 2003, só um terço das estátuas de madeira das capelas de Congonhas teria sido criado por Aleijadinho. Mais uma vez, o argumento científico se baseia na literatura: Aleijadinho era um gênio, então aquilo que não é genial deve ter sido feito por outras pessoas. "Essa forma coletiva de produção hoje provoca esforços patéticos dos críticos de arte no sentido de identificar traços ou características do autor-mito, 'ocultas' em obras realizadas, em geral, por mais de um oficial", afirma a filósofa Guiomar de Grammont. "Nessa sociedade, contudo, as obras são produzidas coletivamente e não obedecem a um código de pertença ou de 'criação' do autor."[19]

Como nenhum trabalho de Antônio Francisco Lisboa foi assinado, as obras consideradas de sua autoria são aquelas que ganharam o aval de críticos e historiadores. Esse processo de promover/atribuir a grife Aleijadinho foi e continua sendo estranhíssimo. Envolveu grandes arquitetos falando enormes besteiras, disputas judiciais para calar pesquisadores e até suspeitas de fraude cometida com o objetivo de valorizar esculturas genéricas. Em alguns casos, documentos ambíguos e até com suspeita de terem sido adulterados viraram provas de sua autoria. Para sustentar que Aleijadinho participou da construção da Igreja de São Francisco de São João del-Rei, pesquisadores se basearam numa ata que fala de "um arquiteto", vago assim mesmo, sem ter certeza de que o tal arquiteto era Antônio Francisco Lisboa. Um outro documento sobre a mesma igreja conta que a obra foi feita por Antônio Martins — esse sobrenome, porém, está riscado e corrigido para "Francisco Lisboa". Ninguém sabe quando essa correção aconteceu.

Para convencer que uma obra era de Aleijadinho, os críticos usaram poucos argumentos estéticos. Na maioria das vezes, o que valeu foram a autoridade e as palavras difíceis dos estudiosos. Se se tratava de alguém famoso, como o homem que projetou a capital do país, ficava difícil discordar. Em 1961, logo depois da construção de Brasília, o arquiteto Lucio Costa escreveu sobre Aleijadinho. Atribuiu a ele a escultura de uma mulher que fazia parte do Chafariz do Alto da Cruz, construído em Ouro Preto em 1761. Recibos mostram que esse chafariz estava a cargo do arquiteto Manuel, o pai de Aleijadinho. Mesmo assim, Lucio Costa concluiu que havia "indícios inequívocos de [o chafariz] haver sido concebido por seu filho, Antônio Francisco Lisboa, então com 19 anos de idade".[20] Os indícios não eram nada inequívocos. Lucio Costa adotou como provas o uso de pedra-sabão, material comum em Minas, e a "ousadia da temática e da colocação do busto no lugar tradicionalmente reservado à cruz".[21] Repare no criativo processo de etiquetagem: os trabalhos que pareciam inovadores ou ousados eram cravados como tendo sido feitos pelo personagem que obcecava a cidade – Aleijadinho. Lucio Costa fez o mesmo com outro chafariz, desta vez no Palácio dos Governadores, obra de 1752 que também era encomenda do pai do escultor. Apesar de não existir nenhuma prova de Aleijadinho ter trabalhado desde tão cedo, o crítico, em vez de questionar a possibilidade de haver um escultor-menino, comoveu-se com o próprio equívoco: achou "significativo e comovente" o fato de "a personalidade já estar presente neste risco, feito aos 14 anos".[22]

Como é de esperar, avaliações como a do criativo Lucio Costa são subjetivas. Por isso, mudam de acordo com o crítico que analisa as obras. De um dia para outro, aleijadinhos se transformam em obras genéricas e vice-versa. Nasce daí muita polêmica entre colecionadores e estudiosos. Em 2003, o engenheiro Renato Whitaker, dono da maior coleção atribuída ao escultor mineiro, de 36 obras, tentou barrar a circulação do livro *Aleijadinho e sua Oficina*, aquele dos três pesquisadores do Iphan. Os autores tinham concluído que diversas peças da coleção de Whitaker e das colecionadoras Leda Nascimento Brito e de Beatriz Pimenta Camargo não tinham sido feitas por Antônio Francisco Lisboa, mas por seus ajudantes. A Justiça chegou a mandar recolher os exemplares à venda, ordem que durou quase dois meses.[23]

Os colecionadores ficaram mais satisfeitos com o livro *Aleijadinho − Catálogo Geral da Obra*, publicado em 2006 por Márcio Jardim. Esse advogado e historiador mineiro é o campeão de atribuições a Aleijadinho. No livro, ele considera 425 obras como fruto do escultor-personagem, incluindo todas as esculturas dos colecionadores e outras que pouca gente conhecia. Tendo esse número como base, dá para dizer que nunca a obra de um artista cresceu tão rápido em todo o mundo. Se há cinco décadas cerca de 160 peças eram consideradas de Aleijadinho, hoje o número é quase três vezes maior. E não para de crescer: em abril de 2009, mais sete esculturas ganharam a valiosa grife. O colecionador José Marcelo Galvão de Souza Lima disse ter encontrado obras em antiquários e coleções particulares que pareciam ser de Aleijadinho. Meses depois, as peças já tinham laudo de autenticidade, concedido pelo historiador Márcio Jardim, e foram exibidas em exposições no Rio de Janeiro e em Itu, no interior de São Paulo, como relíquias "autênticas" nunca antes vistas pelo público.[24] Um sistema tão proficiente de atribuições parece estranho. Para um colecionador, nada melhor que ver uma obra sua ser de repente considerada fruto de um dos artistas mais famosos da história do país. "Tenho razão para desconfiar que existe um conluio entre colecionadores e críticos para valorizar obras anônimas", disse-me, por telefone, a filósofa Guiomar de Grammont. De qualquer modo, a história de Aleijadinho fica cada dia mais interessante. O escultor monstruoso e genial foi capaz não só de trabalhar com dedos mutilados e mãos paralisadas. Também criou grandes obras depois de morto.

NOTAS

1 Rodrigo Ferreira Bretas, *O Aleijadinho*, Itatiaia, 2002.

2 Victor Hugo, *O Corcunda de Notre-Dame*, Larousse, 2005, página 7.

3 Guiomar de Grammont, *Aleijadinho e o Aeroplano*, Civilização Brasileira, 2008, página 86.

4 Guiomar de Grammont, página 71.

5 Guiomar de Grammont, página 178.

6 Guiomar de Grammont, página 140.

7 Guiomar de Grammont, página 147.

8 Guiomar de Grammont, páginas 216 e 218.

9 Hermano Vianna, *O Mistério do Samba*, 6ª edição, Jorge Zahar Editor, 2008, página 97.

10 Guiomar de Grammont, página 90.

11 Guiomar de Grammont, página 178.

12 Guiomar de Grammont, idem.

13 Guiomar de Grammont, página 212.

14 Guiomar de Grammont, página 178.

15 Guilherme Simões Gomes Júnior, *Palavra Peregrina: O Barroco e o Pensamento sobre Artes e Letras no Brasil*, Edusp, 1998, página 60.

16 Guiomar de Grammont, página 90.

17 Guiomar de Grammont, página 226.

18 Germain Bazin, *Aleijadinho e a Escultura Barroca no Brasil*, Record, 1971, página 239.

19 Guiomar de Grammont, páginas 226 e 227.

20 Wladimir Alves de Souza, *Guia dos Bens Tombados: Minas Gerais*, Expressão e Cultura, 1985, página 246.

21 Guiomar de Grammont, página 114.

22 Guiomar de Grammont, idem.

23 "Justiça recolhe livro que faz análise das obras de Aleijadinho", jornal *O Estado de S. Paulo*, Caderno 2, 1º de maio de 2003, e "Justiça libera

livro 'proibido' sobre Aleijadinho", *O Estado de S. Paulo*, Caderno 2, 28 de junho de 2003.

24 José Maria Tomazela, "Reconhecida autenticidade de 7 obras de Aleijadinho de vários períodos", jornal *O Estado de S. Paulo*, Caderno 2, 5 de maio de 2009.

CꞭARE

QUANTO CUSTA O ACRE?

Apesar de sobrarem suspeitas sobre sua existência, o Acre é frequentemente objeto de polêmicas. Em 2006, Evo Morales, presidente da Bolívia, reclamou que o país deu o território do Acre ao Brasil em troca de um cavalo.[1] Logo vieram protestos: na verdade, não foi pelo preço de um cavalo, mas por 2 milhões de libras inglesas de 1903, que em 2006 valeriam por volta de 230 milhões de dólares.[2] Acreanos mais indignados apareceram depois que o jornalista Diogo Mainardi, no programa *Manhattan Connection*, disse que até um pangaré seria um preço alto pelo Acre.[3]

A fala do presidente Evo Morales fez parecer que o Brasil aproveitou um momento de ingenuidade dos vizinhos para fazer um negócio da China. Foi o contrário. A Bolívia aproveitou um momento de ingenuidade do Brasil para se livrar do Acre. Conseguiu ganhar um dinheiro com a venda e largar mão de um território que lhe traria gastos monumentais. Talvez o governo brasileiro da virada do século previsse que o Acre seria um mau negócio. Até adquirir a área definitivamente, em 1903, o Brasil tinha tentado, por três vezes, empurrá-la para os bolivianos. Só aceitou ficar com a região depois da insistência de seringueiros teimosos, militares clandestinos patriotas e até de um visionário espanhol que sonhava em fazer do Acre uma sociedade perfeita.

A primeira vez que o Brasil tentou se livrar do Acre foi em 1867, com o Tratado de Ayacucho. Era época da Guerra do Paraguai. O imperador dom Pedro II queria agradar os vizinhos para evitar que eles armassem confusão, como fizeram os paraguaios. Ser generoso nos acordos territoriais era um jeito de reforçar a amizade com a Bolívia e assegurar a paz. Para delimitar a região, os diplomatas brasileiros usaram como referência as latitudes e a posição dos rios do Alto Amazonas. O extremo oeste do país seria marcado pela união dos rios Beni e Mamoré, de onde sairia uma linha para o oeste, até encontrar o rio Javari, que até hoje faz a fronteira do sudoeste da Amazônia. Como ninguém sabia muito bem onde esses rios começavam ou convergiam, o artigo 3º do Tratado de Ayacucho determinava:

> No prazo de seis meses, contados da troca das ratificações do presente Tratado, nomeará cada uma das altas partes contratantes um Comissário; e, no mais breve tempo que for possível, procederão os dois comissários, de comum acordo, à demarcação da linha divisória, nos pontos em que isso for necessário, e de conformidade com as estipulações que procedem.[4]

Era para ser seis meses. Quase trinta anos depois do Tratado de Ayacucho, os bolivianos não tinham sequer aparecido pelo Acre. Ainda não se sabia exatamente o que era o estado e onde ficava a fronteira. Em 1895, o Brasil resolveu dar uma ajuda. Mandou para lá uma missão demarcatória chefiada por Gregório Thaumaturgo de Azevedo, um oficial obstinado que já havia sido governador do Piauí. No Rio de Janeiro, os ministros dos primeiros anos da República esperavam que o enviado fizesse as medições e determinasse de uma vez por todas qual era a parte boliviana. Thaumaturgo, no entanto, percebeu que povoados brasileiros cheios de seringais ficariam do lado boliviano caso o Tratado de Ayacucho fosse obedecido. Escreveu ao Rio de Janeiro dando o alarme:

> Toda essa zona perderemos, aliás explorada e povoada por nacionais e onde já existem centenas de barracas, propriedades legítimas e demarcadas e seringais cujos donos se acham de posse há alguns anos sem reclamação da Bolívia.[5]

Depois de uma comunicação como essa, a atitude mais esperada do governo era aceitar os avisos do oficial, tentar reverter a fronteira do Acre e garantir as **riquezas** que poderiam vir de lá. No século 19, a exportação da borracha fez de Manaus e Belém cidades com avenidas e teatros riquíssimos, cujos moradores importavam vinhos e queijos franceses e mandavam engomar camisas em Portugal. Além dos impostos provenientes da borracha, o governo central tinha outro bom argumento para negociar com a Bolívia. Naquela época, impasses sobre fronteiras distantes eram geralmente decididos pelo princípio do *uti possidetis*, segundo o qual a soberania da área pertence a quem de fato a ocupa. O Acre vinha sendo habitado por brasileiros desde 1879, depois

Em 1839, o inventor americano Charles Goodyear criou a vulcanização da borracha, tornando possível que esse material fosse usado para a fabricação de pneus de bicicletas, carroças e, décadas depois, carros. Os seringais da Amazônia se tornaram assim fonte de fortunas que transformaram as cidades.

que uma grande seca atingiu o Ceará e desencadeou uma migração nordestina para a Amazônia. Se o governo brasileiro quisesse ficar com a região, tinha motivos. Mas o Rio de Janeiro não deu a mínima para os avisos do oficial Thaumaturgo, que acabou afastado da missão. Um novo chefe foi nomeado, o capitão-tenente Cunha Gomes. Ele tratou de fazer vista grossa para os povoados brasileiros e estabelecer a divisa com base no tratado anterior, lembrando os bolivianos mais uma vez: o Acre é de vocês. O governo do Rio de Janeiro adorou – até hoje, Cunha Gomes nomeia a linha reta que delimita a fronteira norte do estado.

Essa foi a segunda vez que o governo tentou se livrar do Acre. Em 1898, o ministro das Relações Exteriores, Dionísio de Castro Cerqueira, pôde enfim escrever um telegrama ao governador do Amazonas. Pediu-lhe para "concordar no estabelecimento de posto aduaneiro à margem do Acre ou Aquiri, em território incontestavelmente boliviano, isto é, acima da linha tirada do Madeira à margem do Javari, na verdadeira latitude determinada pelo capitão-tenente Cunha Gomes".[6] O governo federal resolveu, assim, ignorar os brasileiros que moravam no Acre. Até hoje os acreanos guardam uma raivinha por causa disso. No livro *Plácido de Castro*, editado em 2003 com dinheiro do governo do Acre, o professor universitário Valdir de Oliveira Calixto diz:

> Estultice, falta de patriotismo, cega obstinação de Ministro desqualificado para o exercício do cargo, conforme sugeriria Thaumaturgo Azevedo? Ou uma atitude calculada de poder, em extrema dificuldade para administrar uma crise que vinha penosamente se arrastando desde 1895?[7]

Com o ok por parte do Brasil, a Bolívia tratou de se apossar do Acre. A nova região dava uma esperança aos bolivianos. Vinte anos antes, durante a Guerra do Pacífico, eles tinham perdido para o Chile o território de Antofagasta, ficando sem saída para o mar. A conquista de terras disputadas com o Brasil foi uma pequena compensação. Para tomar o poder do Acre, a Bolívia designou José Paravicini, embaixador do país no Rio de Janeiro. No fim de outubro de 1898, o diplomata se apressou para emprestar 40 contos de réis dos Bancos de Londres e do Rio da Prata, prometendo pagar a dívida com os impostos que o Acre renderia. Enviou ainda um telegrama para o embaixador boliviano em Londres, pedindo que mandasse um bom engenheiro e verbas para a construção da sede acreana do governo da Bolívia, e partiu de barco para a Amazônia. Numa escala em Fortaleza, Paravicini recebeu a notícia de que não iriam ao Acre nem o engenheiro inglês, nem o dinheiro solicitado, e pensou em desistir da aventura e regressar ao Rio. A viagem só continuou porque o diplomata emprestou mais dinheiro do Banco de Londres. Conseguiu assim chegar à Amazônia. Por onde passava, a comitiva boliviana recebia saudações das autoridades brasileiras. Em Belém, Paravicini conseguiu crédito da Casa Suarez & Cia, com o qual comprou materiais de construção e contratou pedreiros, ferreiros e carpinteiros. Em Manaus, o representante boliviano foi recebido com um brinde de champanhe pelo governador do Amazonas, **Ramalho Júnior**.

No começo da noite de 30 de dezembro, depois de dois meses de viagem, a comitiva boliviana enfim chegou às terras do Acre. Até então, os seringueiros daquela região não tinham sido informados de que não moravam mais no

A banda da polícia chegou a tocar em frente do hotel onde o diplomata boliviano José Paravicini se hospedava, e sua comitiva teve uma noite de gala no Teatro Amazonas, a obra arquitetônica que simbolizava o auge do ciclo da borracha. O Acre era da Bolívia e estavam todos (pelo menos quase todos) felizes com isso.

Brasil. A chegada dos estrangeiros causou uma surpresa que o escritor Leandro Tocantins, autor da principal obra sobre a história do Acre, reconstituiu com tons dramáticos:

> De repente, destacou-se no silêncio da noite o apito prolongado de um navio. Todos dirigiram-se, pressurosos, para o barranco, atraídos pela boa nova do gaiola que traria um pouco de vida ao solitário povoado. Jornais de Belém e Manaus, cartas de parentes e amigos, notícias do mundo, uma pequena amostra de civilização que vinha naquele vapor, certamente abarrotado de mercadorias, para receber, em troca, as "pelas" negras, acontecimento comum naquela época de rios cheios.
>
> Distinguiram aproximar-se nas sombras da noite o navio iluminado, vibrando as máquinas para vencer a forte correnteza do Purus, na manobra de atracação. A bordo, uma algazarra invulgar, palavras soltas de um idioma que não era o português.[8]

Havia entre os seringueiros um oficial do governo brasileiro chamado José Carvalho. O homem não pôde deixar de ficar atordoado com os forasteiros bolivianos. Escreveu ele anos depois:

> A noite toda passamos numa inquietação indizível de espírito, perdidos num laboratório de cogitações. Para mim – confesso francamente – aquela tomada imprevista do Acre era um assalto arrojado de aventureiros que poderiam, em poucos dias, fazer uma fortuna numa grossa espoliação da borracha.[9]

A despeito da surpresa dos seringueiros brasileiros, Paravicini se nomeou delegado boliviano no Acre. Seus homens abriram uma clareira num terreno alto, onde o diplomata hasteou a bandeira da Bolívia. Foram criadas duas repartições – a de registro de direitos reais e a de direitos fiscais. Tratava-se da estrutura necessária para cobrar impostos dos seringueiros. Pela primeira vez, a região tinha um escritório oficial de algum país. A questão ficaria resolvida, e o Acre estaria confortavelmente nas mãos da Bolívia, não fosse um excêntrico diplomata e jornalista espanhol e seu sonho de montar seu próprio país por ali.

O nome dele era Luis Gálvez Rodríguez de Arias. Na Andaluzia, o rapaz tinha boa vida: sobrinho de um ministro da marinha espanhola, era simpático, elegante e tinha um bom trabalho no Banco da Espanha. Até que, em 1891, aos 27 anos, Gálvez se meteu em dívidas de jogo e perdeu o emprego. Derrotado e envergonhado, resolveu fugir para a América do Sul. Tentou a vida em Buenos Aires e no Rio de Janeiro, mas acabou se estabelecendo na Amazônia. Em Manaus, virou dono de um cabaré e repórter do jornal *Commercio do Amazonas*. Em maio de 1899, Gálvez viajou a Belém exatamente quando o representante Paravicini e alguns de seus funcionários passavam pela cidade. O espanhol acabou participando de um almoço com a comitiva boliviana. Foi quando uma notícia bombástica circulou à mesa.

Gálvez ouviu os bolivianos discutindo a hipótese de arrendar o Acre para o Anglo-Bolivian Syndicate e a Companhia de Borracha dos Estados Unidos. As empresas extrairiam borracha para a fabricação dos carros dos americanos e dariam ao governo boliviano 60% dos lucros da exportação. O caso virou manchete do jornal *Província do Pará* de 3 de junho de 1899 e incendiou a Amazônia. Na sacada de redações de jornais de Belém e Manaus, deputados e jornalistas declaravam seu ódio à Bolívia e aos americanos. No Rio de Janeiro, Rui Barbosa chegou a comentar a questão, dizendo que se a região fosse concedida àquelas companhias, poderia ceder à política imperialista dos Estados Unidos, assim como acontecera no Havaí. Agora os acreanos tinham um trunfo: o patriotismo e o sentimento popular de ter seu patrimônio ameaçado.

É o caso de perguntar: isso não seria ótimo para o Acre?

No meio daquela controvérsia, o jornalista espanhol percebeu que a razão de sua existência tinha enfim chegado. A questão acreana pedia atos heroicos e ele estava disposto a isso. Bom de papo, Gálvez alarmou o governador do Amazonas sobre a quantidade de impostos que o estado perdia com a intervenção da Bolívia ou dos Estados Unidos. O Acre vinha exportando 2 mil toneladas de borracha por ano e os tributos dessa venda não ficavam para o Brasil. O governador aderiu aos alertas do espanhol e deu a ele armas e um canhão para a batalha de reconquista do Acre. Gálvez reuniu vinte soldados e partiu para seu destino heroico no Eldorado amazônico. É provável que sua motivação fosse parecida com a dos europeus fascinados pelas utopias do século 19, que vieram à América Latina construir sociedades perfeitas. Entre 1842 e 1843, por exemplo, cerca de 150 franceses seduzidos pelo socialismo utópico criaram em Santa Catarina o Falanstério do Saí, o protótipo de uma sociedade que durou apenas um ano. No Paraná, imigrantes italianos montaram uma sociedade anarquista, a Colônia Cecília, que teve um princípio de liberação sexual, admitindo casamentos de uma mulher com dois homens – isso em 1890. O espanhol deveria nutrir um sonho parecido para o Acre. "Gálvez foi uma mistura de Dom Quixote e Lord Jim que reivindicava seu valor depois de um erro cometido no passado", afirma o jornalista Alfonso Domingo na biografia *La Estrella Solitaria*.[10] Apesar de não ter revelado essa intenção ao governador do Amazonas, o visionário espanhol não queria apenas levantar os seringueiros contra a Bolívia, mas criar uma nova nação: a República Independente do Acre.[11]

Entre os soldados de Gálvez havia atores e atrizes de um grupo espanhol de *zarzuela*. De passagem por Manaus, os artistas foram seduzidos por ele para fundar um país. É interessante imaginar o choque de culturas que deve ter ocorrido quando essa trupe chegou às margens do rio Acre, no fim de junho de 1899. Os europeus, cheios de sonhos tirados de livros e com o coração exasperado por teorias, passaram a viver com os seringueiros, personagens que se destacavam pela desesperança. Como escreveria Euclides da Cunha em 1905, ao visitar o Acre, o seringueiro "não se rebela", "não murmura", "não reza", "não tem diluições metafísicas" e é resignado o suficiente para acreditar que "os grandes olhos de Deus não podem descer até aqueles brejais, manchando-se".[12] Na fundação da República do Acre, dois grupos tão distintos devem ter protagonizado cenas dignas da *zarzuela*, tipo de teatro que intercala diálogos ridículos com músicas, lembrando uma ópera cômica.

Para conquistar aqueles rudes homens, o visionário Gálvez tocou no assunto que mais os indignava: o fato de o Brasil não estar nem aí para aquele lugar. No discurso que consta na primeira ata da Junta Revolucionária do Acre, ele disse:

> Aceitamos leis, pagamos tributos e impostos e obedecíamos passivamente todos os julgamentos praticados pela alta e baixa justiça do Delegado Nacional da Bolívia, na esperança de que

Ainda hoje há brasileiros que lamentam o roubo das sementes de seringueiras cometido em 1876 pelo botânico inglês Henry Wickham. Os seringais que ele montou na Ásia se tornaram mais competitivos que os do Brasil, o que fez a Amazônia parar, de repente, de exportar borracha. Não se pode, na verdade, atribuir a decadência simplesmente a esse famoso caso de biopirataria. Muitos empreendedores, como o americano Henry Ford, tentaram criar uma extração intensiva de borracha na Amazônia plantando seringueiras lado a lado. Sempre acabaram em fracasso. O que não se sabia na época é que as seringueiras só conseguem vencer pragas naturais se forem plantadas a uma boa distância uma da outra. Juntas, acabam devastadas por ácaros e percevejos. A solução seria levar a planta para uma região exótica, onde as pragas não existissem. Foi exatamente o que fez o brilhante Henry Wickham.

ELES ROUBARAM A BORRACHA. NÓS PIRATEAMOS O CAFÉ

Não se deve, portanto, incriminar o espertinho botânico inglês. Até porque o Brasil, naquela mesma época, ganhava muito dinheiro com o café, cujas primeiras mudas nós também pirateamos. No século 18, o grão era a grande novidade entre os franceses (são dessa época os tradicionais cafés parisienses). Produto caro e lucrativo, a França e a Holanda o plantavam em suas colônias na América, proibindo que sementes e mudas de café atravessassem fronteiras coloniais. Em 1713, Francisco de Melo Palheta, o sargento-mor do vice-reino do Grão-Pará, conseguiu vencer esse bloqueio. Ao viajar para a Guiana Francesa para discutir questões de fronteiras, recebeu uma missão secreta: trazer o grão para o Brasil. Conquistando a confiança da mulher do governador da Guiana, madame d'Orvilliers, conseguiu que ela lhe desse mudas de café como um presente. A planta foi logo cultivada no Pará e, trinta anos depois, no Rio de Janeiro. Por boa parte do século 19, mais de 60% das exportações brasileiras vinham dos cafezais. Ainda hoje, o Brasil é o maior exportador de café do mundo.

nossa idolatrada Pátria, a gloriosa e humanitária Nação Brasileira, acudisse em nosso socorro e atendesse nossos justíssimos pedidos. [...] O Governo do Brasil não respondeu aos nossos patrióticos alarmes. É justo, pois, que cidadãos livres não se conformem com o estigma de párias criado pelo governo de sua Pátria – nem podem de forma alguma continuar sendo escravos de uma outra nação: a Bolívia![13]

A festa da proclamação da República Independente do Acre, de acordo com o historiador Leandro Tocantins, teve três caixas de cerveja Guinness, uma de champanhe Veuve Clicquot, uma caixa de cerveja americana, 700 charutos, além de feijão, arroz, carne seca, bananas e goiabas para 107 pessoas.

O novo país foi fundando em 14 de julho de 1899 – a data foi escolhida por Gálvez para coincidir com o 14 de julho francês. A capital ganhou o nome de Cidade do Acre – hoje Porto Acre, na divisa com o Amazonas. O grupo formou um conselho ministerial, uma bandeira e um **selo comemorativo**. Um barracão de madeira virou o palácio do governo, em cuja fachada havia a inscrição "Pátria e Liberdade". Criaram-se também a Força Pública Nacional, composta de batalhões de infantaria, cavalaria e corpo de bombeiros, e a Força de Instrução, para educar os acreanos. Vinte e sete decretos de Gálvez regulavam os futuros serviços de água, transporte, abastecimento, iluminação pública, os incentivos às indústrias e famílias de colonos que quisessem se instalar por ali.[14] Em francês, língua oficial da diplomacia da época, o "Imperador do Acre" mandou um comunicado aos países da América do Sul anunciando a proclamação da nova nação de 6.742 cidadãos. A Argentina, então o país mais rico da América do Sul, chegou a reconhecer a legitimidade do Acre como nação. Gálvez mandou também um aviso especial para o presidente brasileiro, Campos Salles. Dizia que, se o Brasil quisesse se apoderar do novo país, tudo bem. "Se o ato que praticaram [os brasileiros no Acre] pode trazer consequências desastrosas à Nação Brasileira, o Governo Provisório deste Estado, embora tenha que tragar uma dolorosa humilhação, cederá perante o que for a conveniência da Pátria."[15] O espanhol provavelmente queria que o Acre tomasse o rumo do Texas, que décadas antes tinha se declarado independente do México para logo depois ser incorporado aos Estados Unidos. O governo brasileiro, porém, não queria incorporar o novo país. Pela terceira vez, tentaria se livrar daquele pedaço.

Em 1900, navios de guerra brasileiros chegaram à região e desfizeram a República Independente do Acre. Apesar da superioridade militar, os brasileiros não ficaram com o território: reintegraram sua posse para a Bolívia. Luiz Gálvez foi preso, mandado para Pernambuco e, de lá, de volta para a Espanha, onde morreu em 1935.

O governo do Rio de Janeiro só desistiu de recusar o Acre quando uma expedição militar clandestina quase provocou uma guerra de verdade com a Bolívia. Em 1902, os bolivianos já tinham, além de alfândega, pequenas instalações militares na região. Também haviam declarado publicamente que iriam arrendar o Acre ao Bolivian Syndicate. A questão ficaria resolvida, e o Acre estaria confortavelmente nas mãos da Bolívia ou dos americanos, não fosse a intervenção do gaúcho José Plácido de Castro, um ex-militar que tinha lutado no Rio Grande do Sul durante a **Revolução Federalista**. Patriota radical, Plácido achou um absurdo a possibilidade de americanos mandarem num pedaço do Brasil. Em agosto de 1902, ele montou uma tropa de setenta seringueiros--soldados e saiu derrubando as instalações bolivianas que encontrava. A Bolívia revidou um mês depois, matando 22 homens da tropa de Plácido. Líder militar experiente,

Sempre aparece um gaúcho para resolver a história.

o brasileiro não desistiu: com pouquíssimos homens, montou um cerco aos bolivianos, fazendo mais de 150 deles se render. Em janeiro de 1903, sua tropa conseguiu desbancar todos os bolivianos de Porto Acre. O lugar era novamente uma república, desta vez o Estado Meridional do Acre.[16]

Os generais da Bolívia preparavam uma revanche avassaladora, que poderia criar um novo conflito equivalente ao da Guerra do Paraguai, quando o governo brasileiro percebeu que não tinha mais como ignorar o Acre. O barão do Rio Branco, então ministro das Relações Exteriores, foi à Bolívia para acalmar os vizinhos. No fim de 1903, em Petrópolis, os dois países fecharam um acordo. O Brasil se comprometeu a pagar 2 milhões de libras esterlinas pelo Acre, ceder à vizinha um pedaço do Mato Grosso e ainda construir uma ferrovia para que os bolivianos tivessem acesso ao rio Amazonas e, assim, ao oceano Atlântico. Tratava-se da ferrovia Madeira-Mamoré, que envolveu 22 mil operários – **2 mil deles morreram na construção**. O dinheiro da obra, vindo de bancos europeus, foi gasto em vão. Enquanto os acreanos travavam batalhas patrióticas, seringais mais densos cresciam na Ásia. Eram fruto de 70 mil sementes que o inglês Henry Wickham tinha levado do Brasil em 1876. No Sri Lanka, as árvores foram plantadas uma do lado da outra, criando um sistema muito mais inteligente que o do extrativismo de árvores distantes da Amazônia. O novo fornecedor logo conquistou o mundo. A venda da borracha asiática passou de 45 toneladas em 1900 para 107 mil em 1915. Já o Acre, produtor de uma borracha mais cara, nunca mais daria dinheiro. Como o último rei e os primeiros presidentes do Brasil devem ter previsto, adquirir aquele território foi um tremendo mau negócio.

Surgiu assim a expressão "ir para o Acre" como sinônimo de "morrer", presente em alguns dicionários, como o *Houaiss*.

Se o Acre e muitos outros estados da Amazônia são um martírio, há aqueles que nasceram de um castigo. Alagoas é o exemplo mais acabado. Sua emancipação, de comarca a província independente de Recife, foi uma retaliação pela Revolução Pernambucana de 1817. Em março daquele ano, militares pernambucanos ocuparam Recife e mandaram embora para o Rio de Janeiro o governador português no estado.

ALAGOAS É
FRUTO DE UM CASTIGO...

O povo aderiu à revolução provocando tumultos antilusitanos, apedrejamentos de casas de portugueses e destruindo bandeiras.[17] A revolta foi contida em menos de dois meses. Como punição, além de executar quatro líderes, o governo do Rio de Janeiro cortou um pedaço de Pernambuco. Declarou, em setembro de 1817, a emancipação de Alagoas, comarca que tinha permanecido fiel à corte durante a revolta daquele ano.[18]

Quatro décadas depois, um castigo parecido fez surgir o Paraná. Desta vez, foi para punir São Paulo. Em 1842, os políticos do Partido Liberal, concentrados em São Paulo e Minas Gerais, ganharam as eleições parlamentares. Os conservadores, porém, acusaram os liberais de terem fraudado o processo eleitoral. Essa suspeita fez dom Pedro II, na época com 16 anos, fechar a Câmara de Deputados. Os liberais não engoliram a dissolução da Câmara. Entre discursos inflamados, formaram pequenos exércitos para tomar o poder das províncias. Em São Paulo, uma marcha com 1.500 homens, chamada Coluna Libertadora, saiu de Sorocaba para derrubar o presidente (conservador) da província de São Paulo, José da Costa Carvalho, o barão de Monte Alegre.

... E O
PARANÁ, TAMBÉM

A tropa foi liderada pelo brigadeiro Rafael Tobias de Aguiar, então namorado da marquesa de Santos – a ex-amante de dom Pedro I – e hoje nome de uma tropa da Polícia Militar de São Paulo com fama de truculenta, a Rota (Rondas Ostensivas Tobias de Aguiar). Apesar do tom arrogante dos discursos liberais, a marcha foi contida com facilidade pelas tropas da corte, tendo que dar meia-volta antes de chegar a São Paulo. Além de Sorocaba, a revolta teve apoio de outras cidades paulistas que eram núcleo de políticos liberais, como Taubaté, Pindamonhangaba e Lorena. Curitiba e Paranaguá, outras duas importantes cidades então paulistas, ficaram quietinhas, mesmo sendo também um núcleo de políticos liberais. A timidez dos paranaenses e uma vontade de retaliação a São Paulo facilitaram a separação do Paraná de São Paulo em 1853. A emancipação teve um forte apoio dos conservadores, sobretudo do barão de Monte Alegre. Os paulistas não reclamaram: o Paraná, naquela época, era um equivalente ao Acre nos dias de hoje. Não dava dinheiro – as cidades e fazendas de café do norte paranaense só apareceriam no século 20. Como a imigração europeia ainda estava começando, a população do estado, hoje sexta maior do país, era de 60 mil habitantes, menos de 1% da população brasileira da época.[19]

Existem muitos lugares irrelevantes pelo mundo – como Porto Rico, a Bélgica, o Paraná –, o que não chega a ser um problema. No caso do Acre, ele até possui sua função no Brasil. Tendo em vista que muitas regiões do país foram devastadas para dar lugar a indústrias e plantações, é bom que parte do território seja reservada a grandes florestas. A questão muda quando esse lugar cria gigantescas despesas para os outros. O dinheiro gasto em nome do Acre não foi tanto o pagamento para adquiri-lo em 1903, mas o que veio depois. Até hoje, mais de um século após a região passar a fazer parte do Brasil, o estado continua custando milhões por ano. Em 2007, o Acre, que tem um Produto Interno Bruto tão grande quanto o da cidade de Limeira, no interior de São Paulo,[20] arrecadou 177 milhões de reais em impostos federais. No mesmo ano, o orçamento federal executado (a quantia que o Acre tirou do Tesouro Nacional) foi três vezes maior: 605 milhões de reais. Os números foram parecidos em 2008: 627 milhões de orçamento executado, arrecadação de impostos de 204 milhões, novamente três vezes menor.[21] Ou seja: a cada ano, o estado custa mais 400 milhões de reais à nação. O custo Acre pode ser ainda maior, já que o orçamento federal não inclui investimentos diretos dos ministérios nem gastos com deputados federais e senadores. Em 2007, segundo a ONG Transparência Brasil, cada deputado brasileiro custou 6,6 milhões de reais por ano; cada senador, 33 milhões. Por ano, os oito deputados e três senadores acreanos custam 150 milhões de reais. A montanha de dinheiro que deve ter ido para aquele canto da Amazônia é incalculável. Para chegar a uma soma, é melhor ignorarmos alguns gastos, mesmo que no fim das contas o custo Acre fique menor que o real. Imagine que, em média, desde 1908, tenhamos gastado com o Acre metade do rombo de 2008, o que daria mais ou menos 280 milhões de reais. Em cem anos, seriam 28 bilhões.

É interessante imaginar o que poderia ser feito com esse dinheiro. Uma nova linha de metrô com 13 quilômetros de extensão, como a Linha Amarela construída em São Paulo enquanto este livro é escrito, exige do governo, em valores de 2007, um investimento inicial de 700 milhões de reais – o resto vem de empréstimos de instituições como o Banco Mundial que acabam sendo pagos com os bilhetes dos passageiros. Com metade daqueles 28 bilhões de reais queimados com o Acre nos últimos cem anos, poderiam ser criadas pelo menos vinte linhas de metrô. Se fossem construídas em São Paulo, a cidade teria um sistema de metrô com mais 260 quilômetros. Somados às linhas já existentes, seriam 320 quilômetros, o que faria o metrô de São Paulo ser maior que o de Paris, um dos maiores do mundo. Um cenário parecido seria possível em outras capitais, já que existem vários outros Acres pelo Brasil: Rondônia, Roraima, Amapá, Tocantins, Alagoas... Esse raciocínio leva a uma conclusão assustadora. Se tivéssemos vendido parte da Amazônia ou se algum país tivesse se apossado de pelo menos um pedacinho dela, seríamos hoje muito mais felizes.

Quando eu era criança e fazia bagunça demais em casa, minha mãe costumava brincar dizendo que, se alguém me sequestrasse, ela daria 1 milhão a mais de resgate para o bandido ficar comigo. É mais ou menos o que deveríamos ter feito com o Acre.

NOTAS

1 A declaração ocorreu no dia 11 de maio de 2006, durante a 4ª Cúpula União Europeia/América Latina e Caribe, em Viena.

2 Cálculo de Antonio Luiz Monteiro Coelho da Costa em "O Acre por um cavalo?", artigo publicado em 23 de maio de 2006 no site Terra Magazine, disponível em http://terramagazine.terra.com.br/interna/0,,OI1016526-EI6607,00.html.

3 *Manhattan Connection*, canal GNT, edição exibida no dia 14 de maio de 2006.

4 Leandro Tocantins, *Formação Histórica do Acre*, volume 1, Civilização Brasileira, 1961, página 120.

5 Valdir de Oliveira Calixto, *Plácido de Castro e a Construção da Ordem no Aquiri*, Governo do Estado do Acre, 2003, página 99.

6 Leandro Tocantins, volume 1, página 194.

7 Valdir de Oliveira Calixto, página 101.

8 Leandro Tocantins, volume 1, página 168.

9 Leandro Tocantins, volume 1, página 203.

10 Santiago Belausteguigoitia, "El espíritu de Don Quijote y Lord Jim", *El País*, 4 de maio de 2003.

11 Leandro Tocantins, volume 1, página 240.

12 Euclides da Cunha, *À Margem da História*, obra publicada originalmente em 1909, disponível em www.dominiopublico.gov.br.

13 Leandro Tocantins, volume 3, página 274.

14 Leandro Tocantins, volume 1, página 243.

15 Leandro Tocantins, volume 1, página 279.

16 Leandro Tocantins, volume 2, página 308.

17 Glacyra Lazzari Leite, *Pernambuco 1817*, Massangana, 1988, página 199.

18 Laurentino Gomes, *1808*, Planeta, 2007, página 265.

19 Marco Antunes de Lima, "A cidade e a província de São Paulo às vésperas da Revolução Liberal de 1842", revista *Klepsidra*, número 15, fevereiro-março de 2003, disponível em www.klepsidra.net/klepsidra15/rev1842.htm.

20 Centro de Estudos, Pesquisas e Projetos Econômico-Sociais do Instituto de Economia da Universidade Federal de Uberlândia, "Tabela 1 – Produto Interno Bruto a preços correntes e Produto Interno Bruto *per capita*, segundo as Grandes Regiões, Unidades da Federação e Municípios – 2003-2006", disponível em www.ie.ufu.br/cepes/tabelas/outros/pib001_06.pdf.

21 Receita Federal, Arrecadação por Estado, 2007 e 2008, disponível em www.receita.fazenda.gov.br. Os números do orçamento vêm do Portal do Orçamento do Senado Federal, disponível em www9.senado.gov.br/portal/page/portal/orcamento_senado.

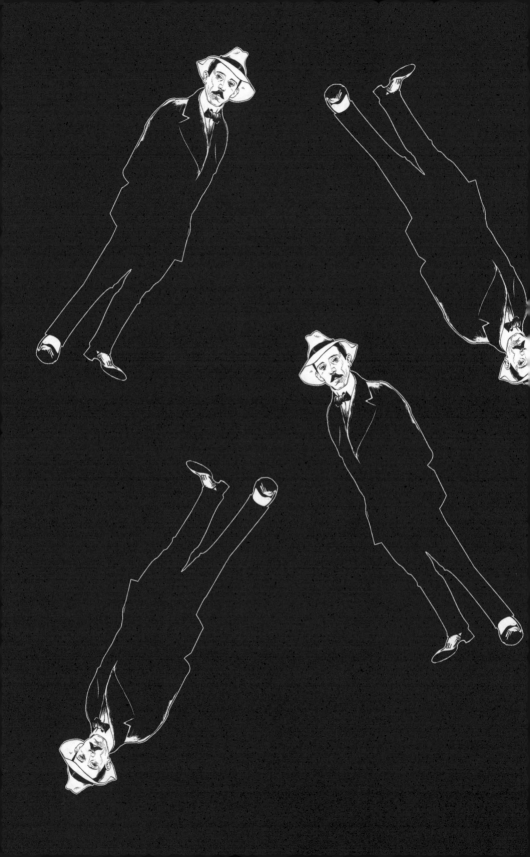

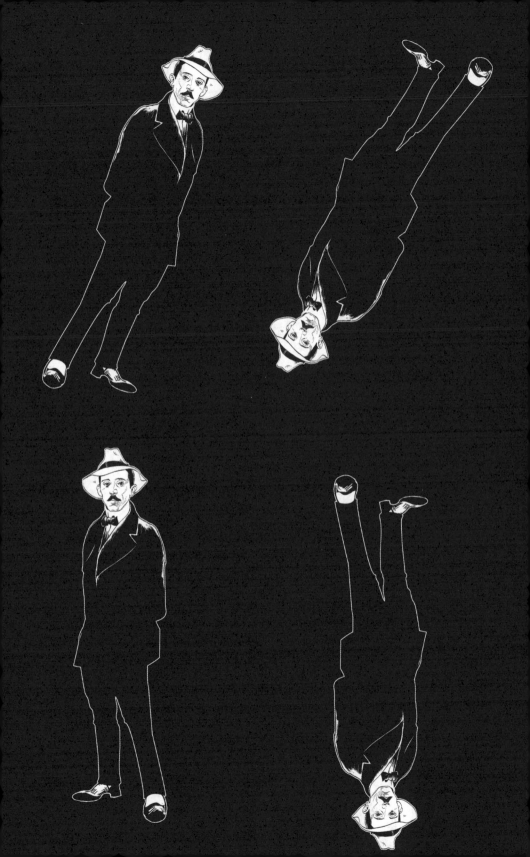

SANTOS

DUMONT

ELE NÃO INVENTOU O AVIÃO — NEM O RELÓGIO DE PULSO

O aviador mineiro Alberto Santos Dumont foi uma grande figura. Filho de um dos maiores cafeicultores do mundo, amigo de magnatas e princesas e provavelmente gay, era uma estrela dos cafés e dos bulevares de Paris durante a Belle Époque. Nos anos de paz, otimismo e inovação que alegraram a França no começo do século 20, enquanto os irmãos Lumière inventavam o cinema e os expressionistas inovavam a pintura, Santos Dumont encantava a capital do mundo com os balões. Provou que as estruturas movidas a hidrogênio ou ar quente poderiam ser dirigíveis e tornou propriedade pública o direito de alguns de seus inventos, permitindo que qualquer pessoa copiasse os projetos de graça. Infelizmente, entre as conquistas do brasileiro não se inclui a descoberta do avião. Na verdade é um pouco infantil insistirmos que Santos Dumont inventou o avião. O crédito dessa descoberta é obviamente dos irmãos Orville e Wilbur Wright. Os dois fabricantes de bicicletas dos Estados Unidos voaram antes, voaram mais e contribuíram muito mais para a indústria aeronáutica que o inventor brasileiro.

Os patriotas que defendem Santos Dumont como o grande pioneiro da aviação costumam se basear em dois argumentos principais:

1. O argumento do registro oficial

Santos Dumont foi o primeiro homem a registrar um voo controlável com um objeto mais pesado que o ar (e não um balão de ar quente). Essa façanha ocorreu no dia 12 de novembro de 1906, no Campo de Bagatelle, arredores de Paris. A bordo do *14-Bis*, ele voou uma distância de 220 metros. Apesar de ter atingido uma altura máxima de 6 metros, conquistou um prêmio de 1.500 francos do Aeroclube Francês, destinado a quem conseguisse voar por mais de 100 metros de distância. Já os irmãos americanos Orville e Wilbur Wright e outros pioneiros, que afirmam ter voado antes de 1906, não registraram o feito nem o comprovaram em público como fez o brasileiro.

2. O argumento do estilingue

Os aviões dos irmãos Wright não saíam do chão usando força própria. Uma catapulta os impulsionava no momento da decolagem, que também era facilitada por uma linha de trilhos em declive. Como o comitê francês que premiou Santos Dumont proibia forças externas empurrando os aparelhos, a façanha dos Wright é inválida. Já o *14-Bis* de Santos Dumont realizou um voo autônomo, impulsionado por um motor próprio.[1]

Veja a seguir cinco razões para não acreditar nesses dois argumentos. E uma boa história sobre prováveis picaretagens do grande herói brasileiro.

Enquanto os irmãos Wright inventavam o avião, Santos Dumont construía balões

É 17 de dezembro de 1903. Das 10h35 até o meio-dia, os irmãos Orville e Wilbur Wright fazem pequenos voos (de 36, 53, 61 e 260 metros) numa praia perto de Kitty Hawk, Carolina do Norte, Estados Unidos.[2] O Museu do Ar e do Espaço, da França, e a Associação Aeronáutica Internacional reconhecem o episódio como a primeira vez em que o homem saiu do chão com uma máquina dirigível mais pesada que o ar. O *Flyer I* usa correntes de bicicleta, madeiras de construir casas e, exatamente como os aviões do futuro, hélices, um motor a gasolina e asas levemente curvas. O garoto Johnny Moore, o salva-vidas John Daniels e mais outras duas pessoas testemunham o fato; uma foto o registra. Um operador de telégrafo transmite a notícia para o pai, fazendo a novidade, contra a vontade dos dois irmãos, vazar para a imprensa. O jornal *Dayton Daily News* começa citando um homem que na época fazia sucesso mundial com balões dirigíveis:

GAROTOS DE DAYTON IMITAM O GRANDE SANTOS DUMONT

Orville e Wilbur Wright construíram um avião que fez três testes com sucesso

O jornal logo acrescenta uma novidade frente ao balonismo:

> O Wright Flyer é uma máquina de voar de verdade. Não tem bolsas de ar ou balão de nenhum tipo, mas é suportada por um par de *aerocurves* ou velas. E a energia vem de um motor a gasolina.[3]

Na mesma época, Santos Dumont mal imagina que pode sair do chão com um aparelho desprovido de bolsas de ar quente. Os balões lhe rendiam fama mundial desde 1901, quando, a bordo de um modelo alongado, com hélice e um leme, conseguiu dar uma **volta na Torre Eiffel**. Em 1903, o brasileiro não quer abandonar os balões, pelo contrário. Acha que eles são o futuro do transporte urbano. Enquanto, nos Estados Unidos, os irmãos Wright voam em aparelhos motorizados com asas levemente curvadas, o brasileiro constrói o dirigível-ônibus. Trata-se de um balão com dez cadeiras enfileiradas.[4] O aparelho nunca decolou com mais de uma pessoa e não deixou legado nem para o balonismo, nem para a aviação moderna.

A façanha de Santos Dumont abriu caminho para a criação de enormes balões transatlânticos, como o Zepelim.

Há, sim, provas e testemunhas dos voos dos irmãos Wright

É verdade que não houve registro oficial do voo dos americanos, sobretudo porque não existia, nos Estados Unidos, prêmios e concursos para pioneiros iguais aos que havia na França. Também porque os dois irmãos estavam muito mais preocupados em ganhar dinheiro com a fabricação de seu projeto que conquistar prêmios e notícias adulatórias nos jornais. Quando alguém perguntava por que eles não faziam voos públicos, os dois diziam: "Não somos artistas de circo".

Além da discrição, os Wright pensavam que, se alguém patenteasse o avião antes deles, todo o esforço em construir as estruturas e testá-las iria pelos ares. Temiam que o projeto fosse copiado por outros inventores, sobretudo o físico Samuel Langley. Ao contrário dos dois bicicleteiros, Langley era um inventor influente. Estudos que ele fez fundamentaram a primeira medição do efeito estufa, realizada pelo químico sueco Svante Arrhenius. Em 1898, o físico americano construiu um pequeno planador não tripulado, que voou 1.200 metros. Secretário do Instituto Smithsonian, o grande centro de museus e pesquisas dos Estados Unidos, tinha recebido 70 mil dólares do governo americano para construir um avião tripulado.[5] Se esse inventor renomado copiasse o projeto dos Wright, os dois irmãos morreriam tentando provar o plágio. Preferiam, portanto, ter certeza de que haviam inventado o avião antes de divulgar a descoberta.

A certeza chegou em 1904, quando os Wright somaram 45 minutos de voo. Estavam tão seguros do pioneirismo que resolveram chamar a imprensa. Voos desse ano e do seguinte foram testemunhados por viajantes, empresários e repórteres. Em outubro de 1905, os dois mandaram trinta convites para que testemunhas de credibilidade os assistissem. E elas se deslumbraram. No dia 5 de outubro, Wilbur Wright voou com o *Flyer III* durante 39 minutos, percorrendo 38,9 quilômetros. Bateu o recorde de distância e fez os primeiros voos circulares, dando trinta voltas no campo de testes. Cerca de sessenta pessoas assistiram àquela e a outras demonstrações. A lista de testemunhas incluía o dono do terreno onde os voos aconteceram, o presidente de um banco da cidade de Dayton, além de um auditor público, o tesoureiro de uma casa de empréstimos, dois farmacêuticos, um administrador dos Correios e um bombeiro. Outra testemunha, Amos Root, um criador de abelhas metido a jornalista, escreveu uma carta para a revista *Scientific American* oferecendo um artigo sobre a descoberta dos irmãos.[6] Os editores recusaram – provavelmente porque naquela época anúncios assim eram comuns e quase sempre infundados. A revista desconfiava dos dois bicicleteiros. Em fevereiro de 1906, um de seus artigos perguntava se os dois eram "aeronautas ou mentirosos", visto que tentavam vender seu projeto antes de fazer demonstrações aos compradores. Um ano depois, porém, a *Scientific American* admitiu o erro. Depois de entrevistar 17 **testemunhas** dos voos, a revista voltou atrás e concordou com a versão dos Wright.

Um ano antes de Santos Dumont exibir-se com o *14-Bis*, voar já era uma rotina para os irmãos Wright. Depois dos voos espetaculares de 1905, eles resolveram encerrar a fase de testes. Dedicaram-se a vender a ideia e ganhar dinheiro com ela. No dia 19 de outubro de 1905, escreveram para o Departamento de Guerra dos Estados Unidos já com um toque de arrogância:

> Não pensamos em pedir ajuda financeira do governo. Nós propomos vender os resultados dos experimentos feitos com nosso próprio dinheiro.

Outra testemunha dos voos dos Wright foi o tenente Etholen Selfridge, o primeiro homem a morrer num acidente aéreo. Ele voava com Orville Wright quando o avião se desequilibrou e caiu, matando o tenente. O inventor Orville passou sete semanas no hospital. O episódio aconteceu em 1908 – quando os aparelhos de Santos Dumont ainda voavam muito baixo para matar alguém.

Também pediram detalhes do negócio:

Não podemos fixar um preço nem um prazo de entrega, até ter uma ideia das qualificações necessárias para a máquina. Também precisamos saber se vocês desejam reservar o monopólio do uso dessa invenção, ou se permitirão que aceitemos pedidos de máquinas similares para outros governos, e para dar demonstrações públicas etc.[7]

Se não houve demonstrações na França como aconteceu com o *14-Bis*, existem ao menos documentos provando que os Wright construíam aviões muito antes de Santos Dumont. Em maio de 1906, os dois obtiveram o registro de patente número 821.393, referente a controles de uma máquina de voar. A patente contém esboços do *Flyer I*, detalhando dimensões e o funcionamento dos mecanismos de aerodinâmica e controle, possibilitando máquinas voarem para os lados, para cima e para baixo. Na descrição do projeto, os irmãos definem sua criação: "Nossa invenção é relacionada à classe de máquinas de voar em que o peso é sustentado por reações resultantes em aeroplanos sob um pequeno ângulo de incidência, através da aplicação de força mecânica ou pela utilização da força da gravidade".[8] Lembra um avião, não? A patente (registrada, comprovada e existente até hoje) foi requerida três anos antes, ou seja, em 1903. Demorou para ser aprovada, mas nem tanto. Saiu em maio de 1906, seis meses antes de Santos Dumont ganhar prêmios com o *14-Bis*.[9]

Se o herói brasileiro não foi tão importante para aviação, pelo menos se atribui a ele, como um prêmio de consolação, a invenção do relógio de pulso. A ideia teria surgido num dos tantos jantares no badalado restaurante Maxim's com o joalheiro Louis Cartier.

SANTOS DUMONT NÃO INVENTOU O RELÓGIO DE PULSO

Queixando-se da dificuldade de consultar a hora durante os voos nos balões, Santos Dumont teria inspirado o amigo a criar o modelo portátil. O brasileiro certamente contribui para o relógio de pulso voltar à moda, mas a invenção do aparelho é de muito antes. Relógios assim eram comuns desde os tempos de Shakespeare – a rainha Elizabeth I (1533-1603) tinha um. Em 1868, a empresa Patek Philippe reinventou a peça, que também foi usada por militares nos campos de batalha do século 19, como na Guerra Franco-Prussiana.

O *14-Bis* não voava: dava pulinhos

Em 1905, enquanto os irmãos Wright preparavam o *Flyer* para a venda, Santos Dumont passava tardes soltando pipa e atirando com arco e flecha. Não era só um passatempo francês. O aviador tentava aprender um pouco mais sobre aerodinâmica e asas planas, uma ciência nova para ele.

Santos Dumont custou a se convencer de que os balões de ar quente não eram o futuro do transporte aéreo. Na virada do século 20, ninguém dominava mais essa tecnologia que ele, o que lhe rendia prêmios e homenagens ao redor do mundo. Em 1904, foi convidado a participar da competição aérea da feira de Saint Louis, nos Estados Unidos. A cidade sediava as Olimpíadas de 1904 e organizava também uma das maiores mostras de ciência do mundo (*veja nas páginas 262 e 263 o escândalo que envolveu Santos Dumont nessa cidade*). De volta a Paris, onde notícias dos voos dos irmãos Wright já circulavam, o brasileiro percebeu que os pioneiros franceses já não se importavam tanto com balões. Em outubro de 1904, três desafios foram lançados aos aviadores. O maior deles, o Grande Prêmio da Aviação, patrocinado pelos milionários Ernest Archdeacon e Henry Deutsch, daria 50 mil francos para quem voasse pelo menos um quilômetro com um aparelho mais pesado que o ar, e não um balão. Santos Dumont, que já havia ganhado um prêmio desses em 1901, quando contornou a Torre Eiffel a bordo de um balão, ficou interessadíssimo. Ele adorava ganhar prêmios e **sair nos jornais**. Com o novo desafio, não perdeu tempo. Correu para estudar as asas planas e apresentar projetos com essa tecnologia.[10]

De acordo com o biógrafo Paul Hoffman, Santos Dumont pagava três empresas de *clipping*, o serviço de recortes de jornais, para seguir as notícias sobre si próprio.

A primeira tentativa é o *Número 11*, um monoplano (avião com apenas uma linha de asas) sem espaço para o piloto. Rebocado por uma lancha para ganhar impulso, o *N-11* não descolou do rio Sena. Santos Dumont partiu então para o projeto *N-12*, um helicóptero com dois motores. Tampouco saiu do chão. Sem paciência e sucesso com as máquinas mais pesadas que o ar, o aviador voltou aos saudosos balões. O *Número 13* é o projeto de um balão enorme, uma casa flutuante. Seria um aparelho híbrido, movido a ar quente e gás hidrogênio, que ficaria no ar por dias seguidos. O projeto era um perigo: o gás hidrogênio é um combustível muito potente, usado hoje em dia em foguetes e ônibus espaciais. Advertido pelos amigos sobre a possibilidade de o hidrogênio explodir com a chama que aquecia o ar, Santos Dumont cancelou o projeto antes mesmo de apresentá-lo.

Veio então o *Número 14*. O projeto original desse aparelho também era um híbrido – meio balão, meio avião. Uma **bolsa de hidrogênio** anexa ao avião aliviava o peso de toda a estrutura. Como o balão tirava o equilíbrio das asas, Santos Dumont resolveu eliminá-lo (também por causa da insistência dos amigos de que balão era coisa do passado). O *N-14* era uma máquina enorme, com dez metros de comprimento e doze de largura. Ao contrário de quase todos os aviões posteriores, tinha a hélice atrás e as asas na frente. O piloto, como em balões, ia em pé, numa cesta, e as asas tinham formato de caixas. Apesar da estranheza do aparelho, o aviador resolveu chamar as autoridades para assisti-lo. Depois de uma estreia em outubro, surgiu o dia de sua consagração.

A bolsa de hidrogênio acabou não sendo usada, mas deu ao aparelho o seu nome: *14-Bis*, ou "14-anexo".

Foi em 12 de novembro de 1906. No Campo de Bagatelle, diante de uma multidão, ele ligou o motor impro-

A distância do principal voo do *14-Bis* foi 180 vezes menor que a do voo mais longo dos Wright em 1905. Um ano antes de Santos Dumont criar o *14-Bis*, os irmãos americanos voaram cerca de cinquenta vezes, percorrendo uma distância de 39,5 quilômetros de uma vez só.

Nesse momento vem a pergunta: quem é esse tal de Henri Farman? Que importância ele tem para a aviação? A mesma indagação fazem os estrangeiros sobre Santos Dumont.

O apelido *canard* ("pato" em francês) acabou nomeando um estilo de avião em que o leme fica na parte da frente, antes das asas.

visado de um automóvel e percorreu, dentro do cesto do *14-Bis*, **220 metros**, chegando a uma altura máxima de 6 metros. Sem saber que os americanos já tinham voado muito mais nos anos anteriores, os jornais franceses estamparam Santos Dumont como o grande pioneiro aéreo. O brasileiro, porém, não ganhou os 50 mil francos do Grande Prêmio da Aviação, já que percorreu menos de um quilômetro. Levou dois prêmios muito menores: 1.500 francos do prêmio do Aeroclube, destinado a quem conseguisse voar mais de 100 metros com um avião mais pesado que o ar, e 3 mil francos oferecidos por Ernest Archdeacon para quem voasse mais de 25 metros (o milionário era mais generoso que o Aeroclube). É preciso repetir essa informação: havia um grande prêmio para aviadores na França, que Santos Dumont não ganhou. Seu feito de novembro de 1906, que os patriotas defendem como o grande dia da invenção do avião, rendeu apenas prêmios de consolação. O Grande Prêmio foi conquistado em 1908 pelo aviador **Henri Farman**.

O herói brasileiro só voaria mais uma vez com o *14-Bis*, em abril de 1907. Depois de um voo de 30 metros de distância, a máquina se desequilibrou bruscamente e bateu no chão. A asa esquerda despedaçou-se. É instigante imaginar Santos Dumont exatamente nesse momento. Após meses tentando tirar o aparelho do chão e mantê-lo equilibrado no ar, ele se vê dentro de uma geringonça defeituosa e quebrada. Em silêncio e secretamente, deve ter percebido a verdade dolorosa: o *14-Bis* não voava. No máximo, dava uns pulinhos.

O projeto foi abandonado. Seu **"pato"**, como era chamado pelos franceses, deixaria um legado pequeno. Nem Santos Dumont, nem nenhum outro aviador levariam para frente a ideia de um avião formado com asas em forma de caixa e uma cesta de balão para levar o piloto. A comparação do *14-Bis* com um pato não é de todo injusta: soa até como um elogio. Entre as espécies de patos, há diversas aves migratórias, capazes de voar centenas de quilômetros a 1.500 metros de altura – superando de longe os limites do *14-Bis*.

Os franceses esqueceram Santos Dumont quando conheceram os Wright

Quando a notícia do voo de Santos Dumont chegou aos Estados Unidos, os irmãos Wright deram de ombros. Disseram aos jornalistas que a façanha não tinha para eles "o mesmo grau de relevância que as pessoas do outro lado do Atlântico atribuem".[11] Nessa época, não estavam interessados em fazer aviões voar, mas em vendê-los. Em outubro (um mês antes do grande voo de Santos Dumont), já fechavam acordos comerciais. Charles Taylor, um homem de negócios de Nova York, conseguiu permissão para ser o representante de vendas dos Wright na França, Inglaterra e Alemanha. Em maio de 1907, Howard Taft, secretário de Defesa do presidente americano Theodore Roosevelt, escreveu aos Wright pedindo que apresentassem uma proposta de venda em série de aviões e instruções de voo. Os dois irmãos voltaram para a oficina, com o objetivo de construir várias unidades do *Flyer III*. No ano seguinte, finalmente convenceriam os europeus.

A Compagnie Générale de Navigation Aérienne, da França, tinha se interessado em comprar a patente e fabri-

car aviões – não, não os de Santos Dumont, mas os dos irmãos Wright. Para fechar o contrato, era preciso uma de-
monstração. Ela aconteceu em 8 de agosto de 1908, em Le
Mans, a 30 quilômetros de Paris. Wilbur Wright deixou os
franceses estupefatos com seus longos, altos e ininterruptos
voos em forma de oito. "O senhor Wright tem todos nós em
suas mãos", disse, depois dos testes, Louis Blériot, amigo
de Santos Dumont e aviador que no ano seguinte seria o
primeiro homem a sobrevoar o canal da Mancha. Uma declaração ainda mais efusiva veio de Ernest Archdeacon, o
milionário que dois anos antes tinha dado 3 mil francos a
Santos Dumont. Disse ele:

> Por muito tempo, os irmãos Wright foram acusados de serem im-
> postores. Hoje eles são venerados na França e eu me incluo com
> prazer entre os primeiros a se corrigir.[12]

Os irmãos usavam mesmo uma catapulta e trilhos para
impulsionar o *Flyer*. O mecanismo simplificava a decolagem.
Ganhando impulso sobre um par de rodas de bicicleta que
corria em trilhos, o avião não sofria solavancos causados por
buracos ou elevações do chão. Além disso, as rodas deixam
o avião mais pesado, o que aumentava a distância que tinha
de ser percorrida durante a decolagem. Com um contrapeso
de 700 quilos catapultando o avião, os trilhos poderiam ser
mais curtos – com apenas 20 em vez de 70 metros –, e não
precisavam ficar na direção do vento. Esse artifício ajudava,
mas não era imprescindível. Os primeiros voos da história,
em dezembro de 1903, e outros quarenta (bem mais altos e
longos que os de Santos Dumont) aconteceram antes de eles
criarem o sistema de impulso.[13] Em 1908, nas demonstra-

ções da França, os técnicos que observaram o voo de Wilbur Wright questionaram o invento porque ele usava uma força exterior para a decolagem. O americano sequer discutiu. Resolveu decolar sem os trilhos e a catapulta. Voou e quebrou recordes do mesmo modo.[14]

Entre agosto e novembro de 1908, Wilbur Wright ganharia 4.500 francos do Aeroclube Francês, por bater o recorde de distância e duração de voo único, o recorde de distância e duração em voo com uma passageira e dois recordes de altura. No dia 31 de dezembro, para fechar as apresentações na França, ele ficou no ar durante 2 horas, 18 minutos e 33 segundos.[15] Ex-mecânico de bicicletas que resolveu fazer aviões, homem que recusava hotéis para dormir no campo de testes, embaixo da asa do seu invento, Wilbur voava tão sem cerimônia e quebrava recordes com tanta facilidade que, aos olhos franceses, deve ter ficado a ideia de que ele voava já há alguns anos, talvez desde 1903, como afirmava. "Quando os irmãos Wright realizaram suas demonstrações perto de Mans em 1908, todos os construtores franceses disseram: 'Temos que rever nossos estudos'", afirma Stéphane Nicolaou, historiador do Museu do Ar e do Espaço da França, no documentário *Santos Dumont – O Homem Pode Voar*, produzido em homenagem aos cem anos do *14-Bis*. "Eles ficaram entusiasmados e ao mesmo tempo um pouco abatidos por não terem chegado àquele ponto."

Em todo o mundo (com exceção do Brasil), a polêmica sobre o pioneirismo do avião acabou ali. Em 1908, os Wright mostraram que a criação do avião tinha ultrapassado a fase de testes e façanhas extraordinárias. O avião já era uma realidade, bastava apenas alcançar a produção industrial. O mundo todo havia se dado conta de que os

Há traços interessantes na vida de Santos Dumont, como o fato de encarar a aviação uma arte. Também se afirma que era um pacifista radical. Segundo a lenda em torno de sua morte, em 1932, ele ficou muito triste depois de ouvir um bombardeio aéreo ocorrido perto do seu hotel no Guarujá. Era o auge da Guerra Civil, a Revolução Constitucionalista, e São Paulo lutava para se separar do Brasil. "Eu nunca pensei que minha invenção fosse causar derramamento de sangue entre irmãos. O que eu fiz?", teria dito ele logo antes do suicídio.[16]

ELE **NÃO** ERA
PACIFISTA

É difícil acreditar que o aviador nunca tivesse pensado na utilidade militar dos aviões. Assim como as agências espaciais hoje em dia, os pioneiros da aviação se interessavam muito pela utilidade estratégica dos inventos. Quanto mais importância a tecnologia tivesse, mais atenção e dinheiro arrecadariam. Além disso, elementos voadores como os balões participavam de guerras havia muito tempo. No século 19, estavam na Guerra da Secessão nos EUA e foram usados até pelo Brasil durante a Guerra do Paraguai, para avistar a posição das tropas inimigas nas trincheiras.

Na verdade, apesar da pecha de pacifista nos últimos anos de vida, Santos Dumont sabia da utilidade militar dos elementos aéreos e a promovia. Numa carta enviada aos jornais americanos em 1904, ele próprio afirma que "a França adotou meus planos de balões militares e pretende aproveitá-los na próxima guerra", e que o Japão solicitava seus balões para uso militar, o que incluía "jogar explosivos de alta potência em Port Arthur [no Pacífico]". Guerra no Pacífico, bombas de alta potência... isso lembra os ataques atômicos a Hiroshima e Nagasaki.

irmãos americanos eram incomparavelmente mais importantes para o pioneirismo da aviação. "Até mesmo os franceses mais nacionalistas convenceram-se de que os Wright realmente dominavam as máquinas mais pesadas que o ar, pois Santos Dumont permanecera no ar por pouco tempo", afirma o jornalista Paul Hoffman, ex-diretor-presidente da Encyclopedia Britannica e autor de *Asas da Loucura*, a melhor biografia sobre Santos Dumont.[17]

o **melhor** avião de **Santos Dumont** é muito **parecido** com o dos **Wright**

O brasileiro não compareceu a nenhum voo de Wilbur Wright — eles jamais se conheceram. Enquanto o americano conquistava personalidades e fábricas da França, o brasileiro estava enfurnado na oficina, resolvendo problemas do *N-19*. A estrutura, construída a partir de 1907, ganhou o nome de *Demoiselle*. A máquina era quase o contrário do *14-Bis* e muito parecida com o *Flyer* que os americanos tinham patenteado. O piloto ficava embaixo das asas, sentado (não mais em pé numa cesta de balões), o leme, na parte de trás; as asas não eram em forma de caixa, mas simples asas levemente curvadas. Nos primeiros testes, o *N-19* pousou mal e quebrou. Depois, colocando o motor embaixo da cadeira do piloto, Santos Dumont conseguiu fazer do *Demoiselle* um avião confiável, dirigível, que não dava apenas pulinhos. Após apresentá-lo em março de 1909 num campo entre Paris e Versalhes, percebeu que tinha enfim chegado a um avião de verdade.

"Senhorita" em francês.

Com o *Demoiselle*, o aviador brasileiro quebraria recordes relevantes: bateria 90 quilômetros por hora no fim de setembro de 1909. Também conseguiu, finalmente, criar alguma coisa cujo legado se estenderia até hoje. O *Demoiselle N-20* inspirou não exatamente o avião, mas o popular ultraleve. O pioneiro tornou públicos os direitos do projeto – em 1910, a revista *Popular Mechanics* publicou a planta do *Demoiselle*, fazendo aviões similares brotarem em todo o mundo.

Apesar do sucesso como um dos grandes pioneiros da aviação, o brasileiro já não se animava como antes. Foi pouco a pouco se isolando dos amigos, acusando-os de terem-no abandonado. Descobriu que sofria de esclerose múltipla e foi embora de Paris. Passou a morar numa casa à beira-mar em Benerville, na Normandia. Ficou lá até 1914, quando os alemães declararam guerra à França. A vizinhança achou que o brasileiro era um espião, uma vez que ele andava pela vila fazendo observações com um telescópio alemão. Ofendido com a suspeita, ele decidiu se mudar para o único lugar onde ainda era conhecido como o inventor do avião: o Brasil.

Por aqui, Santos Dumont voltou a ser uma celebridade. O Brasil era um país carente de heróis nacionais e o aviador adorava **cumprir essa demanda**. Apesar de ter recuperado um restinho do estrelato, ele ficaria para sempre ofendido por ter sido esquecido pelos franceses. "Foi uma experiência penosa para mim ver – depois de todo meu trabalho com dirigíveis e máquinas mais pesadas do que o ar – a ingratidão daqueles que há pouco tempo me cobriam de glória", escreveu ele em 1929. Foi o próprio Santos Dumont que criou os argumentos contra os irmãos

Em 1918, por exemplo, o aviador foi a Curitiba inaugurar a Arena da Baixada, estádio do Atlético Paranaense. Passou um mês na cidade e se tornou sócio-torcedor do clube.

Um mistério ronda a vida de Santos Dumont. Quem era o vândalo que sabotava seus balões?
A questão é levantada pelo jornalista americano Paul
Hoffman, biógrafo do brasileiro. Segundo Hoffman,
pelo menos três vezes, em Londres, Paris e Nova
York, o balão que levantaria voo foi rasgado e perfurado
a faca logo antes da apresentação. O caso mais trágico
foi nos Estados Unidos, em 1904, onde o brasileiro par-
ticiparia de um concurso aéreo da feira de Saint Louis.

SANTOS DUMONT
ERA UM PICARETA?

O evento daria 100 mil dólares a quem percorresse, no
menor tempo, um trajeto triangular de 16 quilômetros,
desde que numa velocidade mínima de 32 quilômetros
por hora. Santos Dumont era o favorito, mas
acabou melando a festa. Primeiro, duvidou que
o prêmio seria pago e pediu aos organizadores que lhe
adiantassem 20 mil dólares (não sem solicitar que man-
tivessem a ajuda de custo em segredo). Pedido negado:
se adiantassem algum dinheiro ao brasileiro, os organizadores teriam que ajudar os outros participantes. Depois,
Santos Dumont insistiu para que diminuíssem
a velocidade mínima da prova. Como era o principal, senão o único competidor, acabou conseguindo – a
velocidade ficou em 24 quilômetros por hora. Ainda ob-
teve mais uma concessão: o trajeto, em vez de triangular,
virou uma reta. Em ida e volta, demandaria apenas uma
curva. Só então Santos Dumont foi à França pegar o balão,
voltando a Nova York em 26 de junho de 1904.

Um dia depois de chegar, o aviador foi acordado com a notícia de que o seu balão *N-7* tinha sofrido quatro cortes a faca. Os rasgos atravessaram as camadas do tecido dobrado, resultando em mais de quarenta furos. Nervoso e contrariado, ele recusou a ajuda de voluntários que garantiam conseguir consertar o tecido. Disse a todos que o conserto levaria tempo demais e não poderia ser feito nos Estados Unidos – "só confio nos operários franceses".

Foi então que a polícia e os organizadores da feira começaram a desconfiar do próprio Santos Dumont como autor da sabotagem. O aviador tinha sido advertido várias vezes para manter fechada a caixa que envolvia o balão e para deixar, no hangar, um dos seus funcionários como segurança adicional. Preferiu não fazer nada disso. Veio também a notícia de que dois de seus balões já haviam sido sabotados a facadas, em Paris e em Londres, apenas um mês antes do episódio na América. Pareceu, aos investigadores americanos, meio improvável que o mesmo vândalo acompanhasse Santos Dumont somente para sabotá-lo, ou que pessoas diferentes cometessem um crime tão parecido. Pior: depois se soube que, ao ter o balão sabotado em Londres, o brasileiro fechou um acordo com expositores ingleses para cobrar ingressos de quem quisesse ver o tecido despedaçado. De acordo com Hoffman, ele tentou o mesmo acordo com os organizadores da exposição americana, que recusaram a oferta.[18]

Nunca se saberá a identidade do misterioso homem que sabotava os balões de Santos Dumont em cada país que ele visitava. O fato é que, no ano em que os irmãos americanos fizeram mais de cem voos (sem balões), Santos Dumont foi embora dos Estados Unidos sem tirar os pés do chão, e deixando lá a fama de ser um tremendo picareta. Não há provas de que o brasileiro tenha ordenado a própria sabotagem. Mas parece estranho, não?

Wright que os brasileiros usam até hoje. Três anos antes de morrer, o grande aviador brasileiro ainda se incomodava com os dois americanos. Em 1919, sem saber que houve testemunhas e notícias dos voos dos Wright, ele escreveu um manuscrito chamado *L'Homme Mécanique*. Disse:

> Os partidários dos irmãos Wright dizem que eles voaram na América do Norte de 1903 a 1908. Tais voos teriam ocorrido perto de Dayton, num campo ao longo de uma linha de bonde. Não posso deixar de ficar profundamente espantado com essa reivindicação ridícula. É inexplicável que os irmãos Wright pudessem ter realizado inúmeros voos durante três anos e meio sem terem sido observados por um único jornalista da perspicaz imprensa americana, que tivesse se dado ao trabalho de assisti-los e de produzir a melhor reportagem da época.[19]

Doente, deprimido e enraivecido, Santos Dumont se suicidou em 1932, num hotel do Guarujá, São Paulo, enforcado por duas gravatas vermelhas dos tempos de pioneiro dos céus de Paris.

NOTAS

1 Henrique Lins de Barros, *Santos Dumont e a Invenção do Voo*, Jorge Zahar Editor, 2003.

2 Dados extraídos do site do Smithsonian National Air and Space Museum, disponível em www.nasm.si.edu.

3 Arquivo online da Biblioteca de Dayton, disponível em http://home.dayton.lib.oh.us/archives/wbcollection/WBScrapbooks1/WBScr1Pag005.jpg.

4 Documentário *Santos Dumont – O Homem Pode Voar*, produzido em homenagem aos cem anos do *14-Bis*, direção de Nelson Hoineff, 2006, 72 minutos.

5 Smithsonian Institution Archives, Record Unit 7003, disponível em http://siarchives.si.edu/findingaids/FARU7003.htm.

6 Fred C. Kelly, *The Wright Brothers: A Biography*, Harcourt, Brace, 1989, página 145.

7 Todas as cartas dos irmãos Wright estão disponíveis no site da Biblioteca do Congresso dos Estados Unidos: http://lcweb2.loc.gov/ammem/wrighthtml/wrighthigh.html.

8 O texto e as fotos da patente podem ser conferidos em www.pat2pdf.org/patents/pat821393.pdf.

9 Fred Howard, *Wilbur and Orville: A Biography of the Wright Brothers*, Alfred A. Knopf, 1987, página 327.

10 Paul Hoffman, *Asas da Loucura*, Objetiva, 2003, página 109.

11 Paul Hoffman, página 239.

12 US Centennial Flight Comission, disponível em www.centennialofflight.gov/essay/Wright_Bros/1907-08/WR10.htm.

13 Paul Hoffman, página 244.

14 Wright Brothers Aeroplane Company, disponível em www.wright-brothers.org/TBR/History/History%20of%20Airplane/santos_dumont.htm.

15 Musée de l'Air et de l'Espace, Paris, Coleção Les Frères Wright en France.

16 Luiz Guedes Jr., "Santos Dumont: vida e morte de um bon vivant", site da revista *Aventuras na História*, disponível em http://historia.abril. com.br/ciencia/santos-dumont-vida-morte-bon-vivant-434932.shtml.

17 Paul Hoffman, página 246.

18 Paul Hoffman, páginas 216 a 219.

19 Paul Hoffman, páginas 279 e 280.

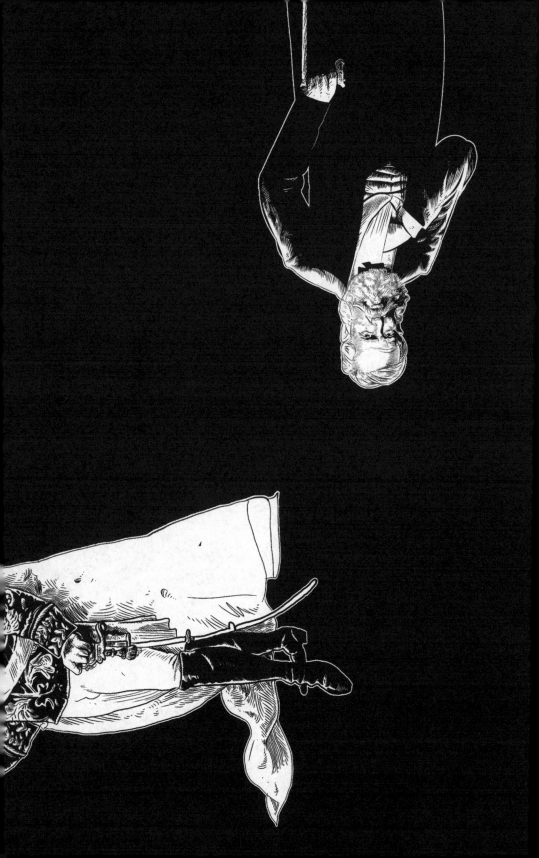

IMPÉRIO

ELOGIO À MONARQUIA

Se você teve um professor ranzinza nas aulas de história da escola, deve ter aprendido a se envergonhar do Brasil do século 19. Enquanto revolucionários e libertadores de boa parte do mundo travavam batalhas heroicas e conseguiam se livrar das garras das elites e dos países colonialistas, por aqui não aconteceu nada, nada: ficamos sempre no quase. As revoltas populares quase deram certo, mas foram sufocadas; os heróis quase venceram, mas foram perseguidos e mortos. As mudanças que aconteceram foram todas de cima para baixo, com pouca participação do povo. Fomos o último país a abolir a escravidão, o último a proclamar a República. Até a Independência decepciona, já que foi proclamada pelo próprio príncipe do reino português no Brasil. Quando o professor revelava esse passado monótono, baixávamos a cabeça desanimados com a história nacional. Mal imaginávamos que aquele aparente fracasso era motivo, se não de orgulho, pelo menos de alívio.

Basta ver o século 19 pelo lado dos nossos vizinhos. As revoluções populares da América espanhola foram vitoriosas – e deram, quase todas, em tragédia. Guerras civis, ditaduras e assassinatos em massa brotaram do México à Argentina, com o Chile como única exceção. A região se despedaçou, dando origem a diversas e pequenas repúblicas inimigas entre si. A Venezuela, depois de se ver livre da Espanha e se separar do vice-reinado da Grande Colômbia, caiu em guerras civis e raciais com resultados genocidas. A estimativa de mortos nos conflitos venezuelanos varia muito, mas é sempre assustadora: vai de 3% a 30% da população.[1] Na Argentina, as decisões ficaram nas mãos de caudilhos, líderes militarizados cheios de virilidade, bravura e proezas equestres, como Juan Manuel de Rosas e Facundo Quiroga. Quando esses homens chegavam ao poder, fechavam jornais, interrompiam eleições e praticavam atrocidades contra os inimigos e o povo em geral. A **autonomia** teve contornos bizarros no Paraguai. O primeiro presidente, José Gaspar Rodríguez de Francia, expulsou todos os empresários e comerciantes do país e decidiu se meter até mesmo na vida sexual dos cidadãos. Só casamentos inter-raciais eram permitidos para os descendentes de europeus: os homens eram obrigados a casar com as índias. Em toda a América espanhola, a economia foi à ruína, e demorou décadas para voltar aos níveis anteriores às revoluções.

O Brasil tomou um rumo diferente não só por ignorar a voz do povo, por "pressão dos grandes proprietários de terras", como geralmente se diz, ou por uma suposta mania

Já a Bolívia começava naquela época sua carreira de campeã de golpes de Estado no mundo. Da independência até hoje, foram mais de 150 tomadas de poder não constitucionais.

do brasileiro de deixar as coisas como estão. Os mais influentes deputados, senadores, ministros e conselheiros do Estado eram tão idealistas quanto os libertadores da América, mas de uma ideologia que desprezava revoluções, mudanças bruscas e atos heroicos contrários à realidade. Num livro já clássico, A *Construção da Ordem*, o historiador José Murilo de Carvalho revelou o perfil comum dos políticos e magistrados daquela época. A maioria deles tinha uma formação profissional e ideológica muito parecida: eram bacharéis formados na Universidade de Coimbra, um dos polos do pensamento conservador da Europa.

No fim do século 18 e começo do século 19, quem quisesse ser político, advogado, juiz ou funcionário público de um bom escalão tinha que estudar fora do Brasil. Como ainda não havia faculdades de direito por aqui (as primeiras, de São Paulo e Olinda, são de 1828), quase todos os jovens mais ricos se mudavam para Portugal. Entre 1822 e 1831, todos os ministros brasileiros que tinham educação superior haviam estudado em Portugal – 72% deles em Coimbra. Enquanto as teorias flamejantes que motivaram a Revolução Francesa tomavam o mundo, a Universidade de Coimbra tentava manter seus alunos à distância das ideias libertárias da moda. "Coimbra foi particularmente eficaz em evitar contato mais intenso de seus alunos com o Iluminismo francês, politicamente perigoso", afirma José Murilo de Carvalho em A *Construção da Ordem*.[2] Era preciso contrabandear livros de Voltaire e Rousseau, pois a universidade os proibia. O iluminismo propagado em Coimbra era mais comedido e cauteloso. Os estudantes liam Adam Smith, o pai do liberalismo econômico, e Edmund Burke, o pai do conservadorismo britânico – dois autores que foram traduzidos para o português por José da Silva Lisboa, o visconde de Cairu.

No Segundo Reinado, ex-alunos de Coimbra se tornaram os cabeças do Partido Conservador, o principal partido do Império. Os políticos do grupo saquarema se inspiravam nos grandes teóricos do conservadorismo para fundamentar a missão de evitar revoluções e o caos no Brasil. O visconde de Uruguai, que foi deputado, senador, ministro e conselheiro de dom Pedro II, acreditava que era preciso "empregar todos os meios para salvar o país do espírito revolucionário, porque este produz a anarquia, e a anarquia destrói, mata a liberdade, a qual somente pode prosperar com a ordem".[3] Bernardo Pereira de Vasconcelos, o mais sarcástico e influente orador do Parlamento brasileiro e autor do Código Criminal de 1830, não tinha vergonha de dizer que vinha da classe dos "capitalistas, dos negociantes, dos homens industriosos, dos que se dão com afinco às artes e ciências: daqueles que nas mudanças repentinas têm tudo a perder, nada a ganhar".[4]

Criou-se assim um ambiente em que era deselegante e infantil pregar revoluções e reformas radicais. Havia um consenso, mesmo entre os políticos brasileiros de grupos inimigos, que mudanças, se necessárias, deveriam passar por um processo lento e gradual, sem sobressaltos e traumas, garantindo liberdades individuais. A maioria dos políticos tanto era contra o Antigo Regime (em que o rei tinha poder absoluto nas decisões), mas ninguém defendia revoluções que cortassem a cabeça dos padres e dos reis e resultassem em caos da economia e terror entre os cidadãos, como aconteceu na França a partir de 1789."Buscavam mudanças inovadoras, mas ao mesmo tempo queriam conservar o espírito

Cairu foi o homem que aconselhou dom João VI, quando este chegou à Bahia, a abrir os portos brasileiros às nações amigas.

Desse ponto de vista, a monarquia teve para o século 19 o mesmo papel da ditadura militar no século 20: evitar que baixarias ideológicas instaurassem o caos entre os cidadãos.

das antigas estruturas econômico-sociais", explica a historiadora Lúcia Bastos Pereira das Neves no livro *Corcundas e Constitucionais*, outro clássico sobre a mentalidade política daquela época.[5] No meio do caminho entre as reformas e a necessidade de manter a tradição, esses políticos são chamados hoje de liberais-conservadores.[6]

Aqueles homens participaram de uma escolha consciente, um projeto bem pensado e posto em prática para manter a unidade do Brasil e modernizá-lo sem correr o risco de entregá-lo a aventureiros a cavalo. Não que tenham solucionado os problemas do país ou ficado livres de picaretagens e privilégios, como a nomeação de amigos e parentes a deliciosos cargos públicos. Mas o Império teve virtudes que são frequentemente esquecidas, ao mesmo tempo em que é alvo de acusações injustas e da visão simplista de que teria atendido somente a "interesses da elite". Por mais fora de moda que isso pareça, é preciso defender a política da época. A seguir, três defesas a ataques comuns que se fazem à monarquia no Brasil.

Diferentemente dos heróis bravos e fortes do resto da América Latina, muitos dos políticos imperiais eram velhos curvados e doentes. Dois deles, Bernardo Pereira de Vasconcelos e o padre Feijó, tinham problemas de locomoção. Discutiam no Parlamento esticando-se numa cadeira de rodas.

A ACUSAÇÃO:

O BRASIL FOI UM DOS ÚLTIMOS PAÍSES DA AMÉRICA A VIRAR REPÚBLICA

A DEFESA:

A MONARQUIA BRASILEIRA ERA MAIS REPUBLICANA QUE AS REPÚBLICAS VIZINHAS

No fim de 1889, quando um grupo de militares liderado pelo marechal Deodoro da Fonseca proclamou a República e mandou a família real embora do Brasil, os observadores mais atentos dos países vizinhos entenderam muito bem o que a mudança significava. Rojas Paúl, presidente da Venezuela, resumiu a queda da monarquia brasileira em uma única frase: "Foi-se a única república da América".

A famosa liberdade política do Império atingiu o ponto alto durante o reinado de **dom Pedro II**. Dava o que falar não só entre as repúblicas vizinhas como entre os países europeus, criadores da noção de direitos individuais e de liberdade de imprensa. Nos jornais, até mesmo injúrias e difamações podiam ser publicadas sem resultar em processo para seus autores. "Diplomatas europeus e outros observadores estranhavam a liberdade dos jornais brasileiros", conta o historiador José Murilo de Carvalho. "Schreiner, ministro da Áustria, afirmou que o imperador era atacado pessoalmente na imprensa de modo que 'causaria ao autor de tais artigos, em toda a Europa, até mesmo na Inglaterra, onde se tolera uma dose bastante forte de liberdade, um processo de alta traição'."[7] Os jornais publicavam dia a dia ilustrações satíricas – como a de dom Pedro II, sonolento, sendo atirado para fora do trono. Mesmo diante desses ataques o imperador se colocava contra a censura. "Imprensa se combate com imprensa", dizia.

Nos 120 anos da República brasileira, são frequentes os presidentes que trataram os cidadãos, pressionaram a imprensa e gastaram o dinheiro público como se fossem reis absolutistas. Mesmo aqueles que tiveram contribuições relevantes ao país caíram no costume de agir como se estivessem acima da lei. Pode-se dizer o contrário de dom Pedro II. Nosso último monarca, chefe do Poder Executivo e do Poder Moderador, descendente dos Bragança e dos **Habsburgo**, duas das mais tradicionais famílias reais europeias, atuou quase sempre com a humildade que os presidentes deveriam ter. Como imperador, ocupava,

O último rei brasileiro liderou o país por 49 anos, três meses e 22 dias – o segundo mais duradouro reinado daquela época, atrás apenas da rainha Vitória, da Inglaterra.

Dessas duas famílias veio o verde--amarelo que até hoje distingue o Brasil. O verde simbolizava a família Bragança, de dom Pedro I, e o amarelo, os Habsburgo, família da princesa Leopoldina. É um mito a ideia de que essas cores foram inspiradas na natureza brasileira.

além da cadeira de chefe do Poder Executivo, a de chefe do Poder Moderador, criado para ser um árbitro em situações de impasse, crise e intenso conflito político. Essa força dava a ele permissão para dissolver a Câmara dos Deputados e convocar novas eleições. Acumulando os dois poderes, dom Pedro II era quase um rei absoluto, mas raramente tomava decisões autoritárias. Trocava ministros com cautela e procurava acatar a decisão dos deputados. Achava desconfortável a posição de monarca – diversas vezes disse que preferia ser um presidente eleito ou simplesmente um professor. "Difícil é a posição de um monarca nesta época de transição", escreveu para a sua amante, a condessa de Barral. "Eu decerto poderia ser melhor e mais feliz presidente da República do que **imperador constitucional.**"

A humildade de dom Pedro II se revelava também no cuidado que ele tinha com os gastos pessoais – outra atitude tão comum entre nossos presidentes quanto passar as férias em Osasco. Não que o imperador custasse pouco ao Brasil – a família real ganhava uma mesada anual de 800 contos de réis, uma pequena **fortuna**. Em todo o seu reinado, porém, dom Pedro II nunca permitiu que a dotação fosse reajustada, mesmo diante da insistência de ministros e parlamentares. A quantia nem sempre era suficiente, pois financiava bolsas de estudos de jovens brasileiros no exterior, colégios, instituições de caridade e custos extraordinários do país – em 1867, o imperador doou um quarto da dotação ao caixa da Guerra do Paraguai. Para viajar pelo **Brasil** e pelo mundo (dom Pedro II fez três longas viagens à Europa e ao Egito e Jerusalém e outra aos Estados Unidos), emprestava dinheiro de casas

Dom Pedro II tentou ser presidente. Nos últimos meses do Império, diante da opinião pública cada vez mais republicana, o imperador decidiu levar à votação da Câmara dos Deputados o fim da monarquia. Prometeu ao chefe do Conselho de Ministros, José Antônio Saraiva, que abdicaria do trono se a Câmara optasse pela República. Temendo represálias da princesa Isabel, o ministro não levou a ideia adiante.

O salário anual de um ministro de Estado era de 144 contos de réis.

Ao visitar a Bahia, em 1859, dom Pedro II fez um comentário curioso sobre a beleza das baianas. "Não vi nenhuma cara de senhora que chamasse a atenção", escreveu em seu diário.

de negócio brasileiras e **fechava a mão nos gastos**. Os estrangeiros que visitaram os palácios reais se espantavam com a "simplicidade e franqueza quase republicanas", como descreveu a americana Elizabeth Agassiz em 1865. O Palácio de São Cristóvão, residência da família imperial, era mal iluminado, sujo e tinha móveis velhos – isso quando tinha: na sala em que os ministros esperavam para se reunir com o imperador mal havia cadeiras. O palácio no centro Rio de Janeiro também assustava. "Comentava-se que o Paço da Cidade se transformara, com o tempo e a falta de uso, em um velho palácio decadente e abandonado, com seus móveis velhos e sem valor", conta a antropóloga Lilia Moritz Schwarcz.[8] Diferente de outros reinos, o brasileiro não tinha uma corte movimentada, repleta de nobres se distraindo em jardins e solenidades. As cerimônias e os bailes eram raros e simplórios, como notou, escandalizada, a educadora alemã Ina von Binzer. "Você não faz ideia do que eu sentia! Era tudo horrivelmente simples!", escreveu ela sobre a corte brasileira.

Se dom Pedro II tolerava opiniões divergentes e ligava pouco para o poder, não se pode falar o mesmo de seu pai. As grosserias e intempestividades de dom Pedro I são famosas – o homem foi o líder mais tosco da história do Brasil. Fanfarrão, temperamental, mal-educado, devasso, corrupto, todos esses adjetivos cabem sem exageros ao jovem imperador. Quando se sentia ofendido por algum jornal, dom Pedro I publicava panfletos anônimos cheios de xingamentos. Isso quando não partia direto para a violência. Em 1823, mandou um bando invadir a casa de Luís Augusto May, autor de um panfleto de oposição, o *Malagueta*, e dar uma surra no homem.

Nas viagens, o "imperador filósofo" aproveitava para se encontrar com seus ídolos do mundo literário e científico. Conheceu os escritores Lewis Carroll, Júlio Verne e Victor Hugo, o cientista Louis Pasteur, Graham Bell, o inventor do telefone, e Thomas Edison, o gênio da lâmpada. Também teve um encontro casual, na Áustria, com o maior filósofo dos últimos séculos, Friedrich Nietzsche.

Os ministros de dom Pedro I também precisavam ter paciência com o chefe. Ele costumava demiti-los por qualquer motivo, geralmente quando se irritava com eles. O gabinete ministerial mudou dez vezes em seus nove anos de governo. "Tinha o hábito de intrometer-se em tudo, de distribuir os menores cargos, de dispor dos dinheiros do tesouro, degradando com isso as funções de ministro e humilhando os que as exerciam", conta a historiadora Isabel Lustosa.[9] Dom Pedro tomava ainda decisões arbitrárias e irresponsáveis. Em 1823, seis meses depois de convocar uma Assembleia Constituinte, se irritou com os deputados, fechou a câmara e mandou todos para casa. Os desmandos de dom Pedro I, a suspeita de que ele provocou a morte da **imperatriz Leopoldina** e sua vontade de virar rei de Portugal levaram o povo e os políticos imperiais a se revoltarem contra ele, que acabou dando o fora do Brasil em abril de 1831.

Aquele herói, definitivamente, não tinha nenhum caráter. No entanto, está ficando claro aos historiadores que tantas canalhices e traquinagens ofuscaram um lado menos perverso de dom Pedro I. Ao fechar a Assembleia Constituinte, ele prometeu uma constituição "duas vezes mais liberal" que a planejada pelos deputados. Cumpriu a promessa no ano seguinte, apresentando uma das cartas mais modernas da época. A Constituição de 1824, apesar de centralizar poder demais nos braços do rei, permitia o voto até mesmo de **analfabetos**. Havia uma exigência de renda mínima para poder votar, mas o valor era baixo — 100 mil-réis, menos que o salário de um contínuo.[10] A carta era ainda mais liberal na religião. Por todo o século 19 haveria gente defendendo o ultramontanismo, corrente que pregava a superioridade da Igreja ao Estado — os

A princesa se recusara a participar da cerimônia do beija-mão na companhia da marquesa de Santos. Durante um bate-boca, dom Pedro acabou dando pontapés na mulher, então grávida de 3 meses. "Há quase quatro anos", escreveu Leopoldina para a irmã, pouco antes de morrer, "que por amor a um monstro me vejo reduzida ao estado da maior escravidão."

A cerimônia em que dom Pedro I jurou a Constituição aconteceu em 25 de março de 1824. A data logo virou nome de rua, como a do famoso ponto de comércio ambulante do centro da cidade de São Paulo.

A devassidão de dom Pedro I já e bem conhecida e registrada. Sabe-se que ele teve pelo menos 17 amantes, entre elas "a favorita", Domitila de Castro, a marquesa de Santos, e até mesmo a irmã dela, Maria Benedita, a baronesa de Sorocaba. Tanto vigor sexual rendeu ao nosso primeiro imperador alguns incômodos problemas de saúde. Ele próprio fala sobre as doenças de sua "coisa" numa carta à marquesa em novembro de 1827:

> Para veres a esquisitice de tua coisa, remeto a camisa, e onde vai pregado um alfinete verás o que deitei espremendo as seis horas, e mais acima o que espremi depois, que já não e nada. Creio pelo dia adiante ela se portará como ontem; não tem nada que nos impossibilite de fazermos amor, não importa que o tempo e cautela a há de pôr boa e serei.[11]

A IMPOTÊNCIA DE
DOM PEDRO I

Menos conhecido é o fato de que esse apetite sexual frequentemente dava lugar a falhas da tal "coisa". Na mesma carta acima, dom Pedro se queixa à marquesa de que "sua máquina triforme, para tornar a atinar, custa diabos". No segundo casamento do imperador, com Amélia de Beauharnais, princesa da Baviera, as falhas se tornaram mais frequentes. Em 1830, numa carta a um amigo, o imperador confessa que "até para o pôr assim ... já não é pouco dificultoso". No lugar das reticências, a carta registra o desenho de um pênis ereto.[12]

chefes de governo dos reinos católicos deveriam ser indicados pelo **Vaticano**. Em 1824, dom Pedro I não só deixou claro que quem mandava era o Estado como oficializou a tolerância religiosa. A constituição previa que os bispos seriam nomeados pelo próprio imperador e que judeus e outros grupos não cristãos (como a Maçonaria, com a qual o imperador simpatizava) poderiam abrir templos no Brasil. Como resume o historiador Neill Macaulay:

> Dom Pedro, de fato, deu ao Brasil uma carta que assegurou por 65 anos os direitos básicos dos cidadãos – não perfeitamente, mas melhor que qualquer oura nação do Hemisfério Ocidental naquela época, com a possível exceção dos Estados Unidos – enquanto os vizinhos da América Latina, sob inúmeras constituições que diferiam só em detalhes daquela desenhada na Assembleia, caíram vítimas de longos períodos de ditaduras e regras arbitrárias.[13]

A ACUSAÇÃO:

A INDEPENDÊNCIA FOI UM JOGO DE CARTAS MARCADAS

A DEFESA:

NINGUÉM QUERIA SE SEPARAR DE PORTUGAL

A Independência do Brasil, em **7 de setembro** de 1822, lembra geralmente um jogo de cartas marcadas. Como aconteceu sem a participação do povo ou de um herói libertador, ficou a impressão de que o Brasil manteve laços da dominação colonial mesmo depois de se separar. Como escreveu o historiador Evaldo Cabral de Mello: "O brasileiro nunca se sentiu à vontade com a maneira pela qual se emancipou, intuindo que a Independência fora pouco mais excitante que a tramitação de um processo burocrático".[14]

A princesa Isabel, neta de dom Pedro I, era vista como uma ultramontana.

O Sete de Setembro foi um símbolo nacional que se construiu aos poucos. Décadas depois de dom Pedro dar o grito do Ipiranga, pouca gente comemorava a data ou a considerava importante para a história do Brasil. Só a partir de 1862, com a inauguração da estátua equestre de dom Pedro I no Rio, e principalmente nos primeiros anos da República, o Sete de Setembro ganhou a importância que tem hoje.

Na verdade, até meados de 1822, meses antes de dom Pedro tornar o país independente, ninguém ligava para a separação do Brasil do reino português. Ela não passava pela cabeça dos políticos, juízes, jornalistas, funcionários públicos, nem dos cidadãos comuns. Nos panfletos e jornais, não há defesas à cisão do reino português. O principal jornalista da época, Hipólito da Costa, criador do *Correio Braziliense*, desprezava a independência até meados de 1822. A historiadora Lúcia Bastos Pereira das Neves analisou mais de 300 folhetos políticos e jornais publicados nos três anos anteriores à Independência, além de cartas, documentos oficiais e mais de 30 jornais da época. Descobriu que a ideia do Brasil livre de Portugal virou um plano de verdade só em abril, cinco meses antes dos cupinzeiros das margens do Ipiranga entrarem para a história. "Em fins de 1821 e princípios de 1822, ao contrário do que poderia sugerir uma interpretação tradicional da Independência, as ideias favoráveis à emancipação do Brasil encontravam-se completamente ausentes do debate político", concluiu a historiadora no livro *Corcundas e Constitucionais*, publicado em 2003.

As polêmicas da época eram outras. A principal delas tratava da forma de governo que o grande reino português deveria adotar. No começo do século 19, as monarquias de todo o mundo estavam divididas. A lembrança da Revolução Francesa atrapalhava o sono dos nobres — Luis XVI e Maria Antonieta haviam sido guilhotinados no meio de multidão em festa; anos depois Napoleão varreu quase todos os tronos ainda em pé na Europa continental. Neste novo cenário, os nobres se dividiam em absolutistas e constitucionais. Os primeiros, apelidados de corcundas, defendiam a volta aos tempos antigos, quando o rei tinha poder total sobre o governo do país, a criação de leis e o sistema judiciário. Já os constitucionais achavam necessário se adaptar ao espírito do século e aceitar um poder limitado, em que o monarca tinha que baixar a cabeça à Constituição. O segundo grupo ganhou o páreo, a custo de muita luta política e pressão popular. Dos panfletos e jornais que circulavam no Brasil, quase todos defendiam a Constituição – alguns deixavam isso claro já no título: *Diário Constitucional, Revérbero Constitucional, Compilador Constitucional, Hinos Constitucionais* e até mesmo *O Alfaiate Constitucional*.

Outro motivo de discussão era o lugar em que o reino português deveria instalar sua sede. Isso porque a ideia mais corrente da época era criar o Império Luso-Brasileiro, um reino unido em que Brasil e Portugal teriam governos independentes e o mesmo poder político. Era o que planejava José Bonifácio de Andrada e Silva, o "patriarca da Independência". No livro *Lembranças e Apontamentos do Governo Provisório da Província de S. Paulo para os seus Deputados*, publicado em junho de 1821 para orientar os deputados que representariam o Brasil em Lisboa, ele firma a posição na ideia do governo brasileiro autônomo. E considera essencial "determinar onde deve ser a sede da Monarquia; se no Reino do Brasil, ou alternativamente pelas séries dos Reinados em Portugal e no Brasil; ou finalmente no mesmo Reinado por certo tempo, para que assim possa o Rei mais depressa satisfazer reciprocamente as saudades de seus povos".[15] Essa posição se manteve até o ano seguinte.

A cisão do reino só aconteceu por causa da insistência dos parlamentares portugueses em manter o Brasil num nível político mais baixo. Em 9 de dezembro de 1821, emissários chegaram de Portugal com ordens duras impostas pelo governo português. Os decretos insistiam na volta de dom Pedro à Corte e determinavam o fechamento de tribunais e departamentos administrativos, o que resultaria na demissão de 2 mil pessoas que viviam da administração do reino no Brasil. Jornais logo se pronunciaram; cartas e abaixo-assinados chegavam de São Paulo e Minas Gerais. Em 9 de janeiro de 1822, depois de receber um manifesto com 8 mil assinaturas para que desobedecesse as ordens de Portugal e permanecesse no Brasil, dom Pedro comunicou a todos a célebre frase: "Se é para o bem de todos e felicidade geral da nação, estou pronto! Digam ao povo que fico". O Dia do Fico é considerado o instante inicial da rachadura que resultaria na independência; no entanto, mesmo depois desse episódio, os brasileiros ainda tinham esperança em continuar como parte do reino e manter uma ligação com a Europa. Como mostra um panfleto dirigido aos portugueses e publicado depois do 9 de janeiro:

> Atrevidos, o Brasil não é escravo; o Brasil quer, e há de querer sempre ser unido a Portugal; mas ele não sofrerá insultos de seu irmão, sendo que mais velho seja, nem teme fantasmas.[16]

Com o passar das semanas, porém, ideia de manter a união com Portugal foi subindo no telhado. As cortes portuguesas teimavam em reduzir o Brasil a colônia. No dia 28 de agosto, chegaram de Lisboa mais ordens a dom Pedro I. Desta vez, pediam que ele anulasse medidas tomadas por José Bonifácio, demitisse todos os ministros e colocasse no lugar homens escolhidos pelos portugueses. O príncipe não teve alternativa senão fazer o que não queria: anunciar

Quando o reino português mandou cortar as vagas, a Independência ganhou milhares de apoiadores. "Todos os indivíduos espoliados dos seus empregos pela extinção dos tribunais converteram-se em patriotas exaltados", escreveu, na época, o negociante inglês John Armitage. Isso que dá mexer com funcionário público.

A famosa frase foi divulgada à imprensa no dia seguinte ao Fico. A original era mais imprecisa e indecisa: "Convencido de que a presença de minha pessoa no Brasil interessa ao bem de toda a nação portuguesa, e convencido de que a vontade de algumas províncias assim o requer, demorarei a minha saída até que as Cortes e meu augusto pai deliberem a este respeito, com perfeito conhecimento das circunstâncias que têm ocorrido".

a Independência do Brasil. A partida que ele jogou não foi a de cartas marcadas – e sim um blefe que assustou até súditos brasileiros.

A ACUSAÇÃO:

O BRASIL FOI O PENÚLTIMO PAÍS DA AMÉRICA A ABOLIR A ESCRAVIDÃO

A DEFESA:

ATÉ MESMO O POVO BRASILEIRO CUSTOU A APOIAR A ABOLIÇÃO

Uma acusação frequente que se faz à monarquia é ter demorado tanto para dar um fim à escravidão. O fato não é mesmo motivo de orgulho: o Brasil, pouco depois de Cuba, foi o último país da América a libertar os escravos. É injusto, no entanto, responsabilizar somente os líderes do país por essa lentidão. Para aprovar leis, eles precisavam do apoio dos deputados e senadores, que refletiam, pelo menos em parte, a opinião pública. E não só os proprietários rurais, mas o povo em geral e até mesmo a maior parte dos escravos demoraram a aderir com entusiasmo à luta abolicionista.

Nos livros didáticos de história do Brasil, as revoltas do Período Regencial (os nove anos em que o país esperou a maioridade de dom Pedro II) aparecem sempre como expressão da vontade popular a ser "sufocada" e "abafada" pelas forças imperiais. Pois nenhuma das grandes revoltas regenciais propunha o fim total da escravidão. A maioria delas deu mostras de que, se fossem vitoriosas, seguiriam o caminho dos governos de caudilhos latino-americanos. Eram indiferentes com relação à abolição até mesmo os movimentos que contavam com milhares de negros e escravos entre seus aliados, como a Cabanagem, do Pará, conhecida pela participação do povo nos protestos.

Os rebeldes "cabanos" tinham como objetivo principal a independência do estado: não havia consenso sobre o fim da escravidão. Eduardo Angelim, um dos líderes da Cabanagem, chegou a sufocar revoltas de escravos e executar os próprios aliados que pregavam a abolição.[17] O gaúcho Bento Gonçalves, o grande líder da Revolução Farroupilha, morreu em 1847 deixando no seu testamento 53 **escravos** para seus filhos e netos.[18]

E a Sabinada, que estourou na Bahia entre 1837 e 1838, prometia liberdade aos escravos – mas só aos que participassem da revolta contra o poder imperial.

Costume aceito por milênios de tradição, a escravidão foi uma atividade que as pessoas só lentamente começaram a encarar como injusta. Em junho de 1850, navios ingleses passaram a invadir portos do Paraná ao Rio de Janeiro para apreender, afundar ou queimar navios negreiros. Os ataques provocaram exaltados protestos populares no Rio de Janeiro – não para defender os abolicionistas ingleses, e sim para reclamar da intromissão inglesa na soberania nacional e defender os traficantes de escravos que tinham seus navios destruídos.[19] Sob a pressão inglesa, quem era contra a abolição passou a usar o patriotismo e a soberania como argumento, como fez o escritor José de Alencar (*veja na página 116*). "O movimento popular só adquiriu força na década de 1880, tão enraizado estava o escravismo em nossa sociedade", afirma o historiador José Murilo de Carvalho.[20] Mesmo as revoltas escravas não largavam o sistema escravista. É o caso da Revolta dos Malês, organizada por negros muçulmanos na Bahia, em 1835. Os escravos queriam conquistar a liberdade – e escravizar os brancos e os negros que não fossem muçulmanos.

Em se tratando de liberdade dos escravos, alguns líderes do Império foram mais revolucionários que os revoltosos do século 19. José Bonifácio, cujas cartas dom Pedro

Quando se fala em escândalos sexuais da monarquia brasileira, logo vêm à lembrança as cenas do tipo tarja preta de dom Pedro I. Pouca gente lembra que o filho dele, apesar de tímido e desajeitado, também deu suas puladas de cerca – o que era comum na época e até esperado por sua esposa. A maior paixão de dom Pedro II foi Luísa Margarida de Barros Portugal, a condessa de Barral. Os dois se conheceram em 1856 e mantiveram contato até 1891, quando ela morreu. Foi uma relação bem mais discreta que a do pai com a marquesa de Santos. Há menções de cenas de alcova, mas o que o imperador gostava mesmo era de discutir política com a condessa, uma mulher inteligente, bem educada e religiosa. O casal trocou mensagens com uma frequência que impressiona. Chegaram aos dias de hoje 820 cartas escritas pelo imperador a Barral, e acredita-se que ela tenha escrito a ele pelo menos mil mensagens (como ele costumava queimar as cartas depois de ler, apenas 90 restam intactas).

AS AMANTES DE
DOM PEDRO II

Cartas recém-descobertas sugerem que dom Pedro II teve casos com diversas mulheres, como Maria Eugênia Guedes Pinho (uma das mulheres mais bonitas do Rio de Janeiro em 1850) e a condessa de Villeneuve (mulher de Júlio de Villeneuve, dono do *Jornal do Commercio*).[21] Foram histórias mais picantes que o longo namoro com a condessa de Barral. Algumas mensagens para a condessa de Villeneuve lembram o pai. "Não consigo mais segurar a pena, ardo de desejo de te cobrir de carícias", escreveu dom Pedro II em 7 de maio de 1884. "Que loucuras cometemos na cama de dois travesseiros!"[22]

leu momentos antes de dar o grito no Ipiranga, defendia a emancipação dos negros antes mesmo da Independência, mas ninguém lhe dava ouvidos. Em 1819, para mostrar a seus vizinhos que a escravidão não era um mal necessário, Bonifácio montou um sítio em Santos onde trabalhavam apenas homens livres. Os vizinhos não seguiram o seu modelo.

Décadas depois, foi a vez de dom Pedro II polemizar ao insistir na liberdade gradual dos escravos. Para aprovar as leis que progessivamente extinguiram a escravidão, o imperador teve que se bater com os políticos conservadores e liberais que formavam sua grande base de apoio. Deputados e jornalistas o acusaram até de impor o fim dos cativeiros de forma autoritária, pois dom Pedro II usava o poder do trono para mudar ministros e favorecer aqueles que topassem apresentar leis abolicionistas à Câmara dos Deputados. Integrantes do Partido Liberal e do Partido Conservador acusavam de "suicídio político" os colegas que apoiavam os projetos de emancipação. A abolição, como se sabe, foi um dos fatores a provocar o fim da monarquia no Brasil. O descontentamento com dom Pedro II ficou evidente ao deputado Leão Veloso ao analisar a situação política da Bahia: "Aqui não havia republicanos, e agora não somente os há, como não há liberal que não se mostre disposto a sê-lo: na grande propriedade então parece firmado o divórcio com a monarquia", escreveu ele.[23]

O Partido Republicano Paulista (PRP), um dos mais fortes grupos que apoiaram o 15 de novembro, foi formado em 1873, dois anos depois da aprovação da Lei do Ventre Livre, por barões de café escravistas de São Paulo.

Em 16 de novembro de 1889, horas depois de ser destituído do trono pelos republicanos, dom Pedro II foi embora do Brasil levando consigo um travesseiro cheio de terra brasileira. A liberdade política que o Império possibilitou foi embora com ele. Em 23 de dezembro, pouco mais de um mês depois do início do novo regime, o marechal Deodoro da Fonseca instituiu a censura prévia. Uma junta de militares passou a avaliar os jornalistas que ameaçavam o novo regime. Os presos políticos e exilados, figuras que não existiam no Segundo Reinado, de repente se multiplicaram. Boa parte dos políticos, editores de jornais e cidadãos comuns logo tiveram saudade dos tempos reais. O jornalista João do Rio, ao descrever o Rio de Janeiro de 1908 no livro *A Alma Encantadora das Ruas*, se mostrou surpreso com a quantidade de trabalhadores, negros e brancos, que levavam nas costas tatuagens de símbolos imperiais. Afirmou ele: "Pelo número de coroas da monarquia que eu vi, quase todo esse pessoal é monarquista".

NOTAS

1 Micheal Clodfelter, *Warfare and Armed Conflicts: A Statistical Reference to Casualty and Other Figures, 1500-2000*, McFarland & Company, 2002, página 184.

2 José Murilo de Carvalho, *A Construção da Ordem*, 3ª edição, Civilização Brasileira, 2003, página 84.

3 Retirado de Christian Edward Cyril Lynch, "O conceito de liberalismo no Brasil (1750-1850)", *Revista Iberoamericana de Filosofía, Política y Humanidades*, ano 9, nº 17, primeiro semestre de 2007.

4 José Murilo de Carvalho, *Bernardo Pereira de Vasconcelos*, Coleção Formadores do Brasil, Editora 34, 1999, página 27.

5 Lúcia Bastos Pereira das Neves, *Corcundas e Constitucionais*, Revan, 2003, página 51.

6 Umberto Guarnier Mignozzetti, *A Apropriação de Modelos Estrangeiros pelo Pensamento Político Brasileiro: O Uso do Pensamento Francês na Experiência Política de Bernardo Pereira de Vasconcelos, Marquês de São Vicente e Visconde do Uruguai*, Universidade de São Paulo, 2009, página 13.

7 José Murilo de Carvalho, *Dom Pedro II*, Companhia das Letras, 2007, página 88.

8 Lilia Moritz Schwarcz, *As Barbas do Imperador*, 2ª edição, Companhia das Letras, 1999, página 564.

9 Isabel Lustosa, *D. Pedro I*, Companhia das Letras, 2006, página 227.

10 José Murilo de Carvalho, *A Construção da Ordem*, página 147.

11 Alberto Rangel, *Cartas de Pedro I à Marquesa de Santos*, Nova Fronteira, 1984, página 326.

12 Isabel Lustosa, página 290.

13 Neill Macaulay, *Dom Pedro: The Struggle for Liberty in Brazil and Portugal, 1798-1834*, Duke University Press, 1986, página 164.

14 Evaldo Cabral de Mello, "Iluminismo envergonhado", *Folha de S. Paulo*, sábado, 14 de junho de 2003.

15 Jorge Caldeira (org.), *José Bonifácio de Andrada e Silva*, Coleção Formadores do Brasil, Editora 34, página 126.

16 Lúcia Bastos Pereira das Neves, página 303.

17 José Maia Bezerra Neto, "Ousados e insubordinados: protesto e fugas de escravos na província do Grão-Pará – 1840/1860", revista *Topoi*, Rio de Janeiro, março de 2001, páginas 73 a 112.

18 Jorge Caldeira (org.), página 22.

19 Leslie Bethell, *The Abolition of the Brazilian Slave Trade*, Cambridge University Press, 1970, páginas 329 e 330.

20 José Murilo de Carvalho, *Dom Pedro II*, página 193.

21 Lilia Moritz Schwarcz, página 564.

22 José Murilo de Carvalho, *Dom Pedro II*, páginas 76 e 77.

23 José Murilo de Carvalho, *Teatro de Sombras*, Civilização Brasileira, 2007, página 312.

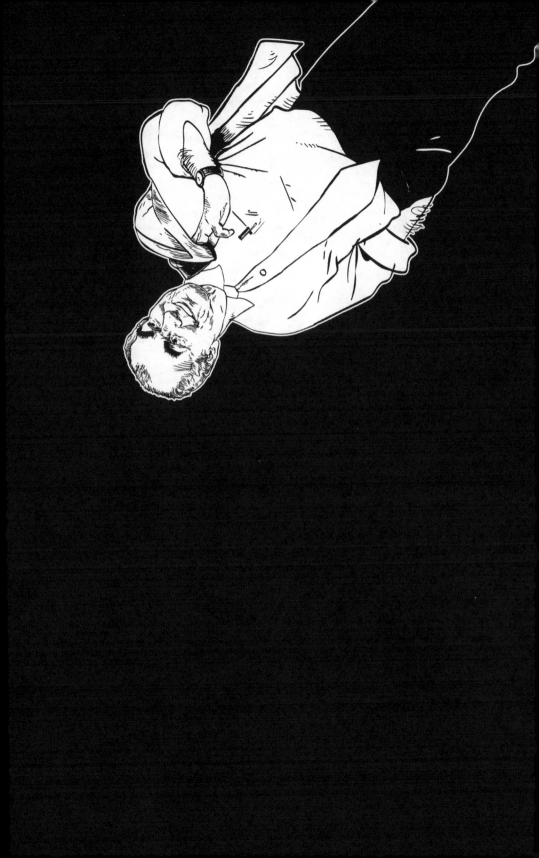

O REVOLUCIONÁRIO
TRAPALHÃO

Quando se fala em comunista brasileiro, o nome
que primeiro vem à mente é o do gaúcho Luís Carlos Prestes. Ninguém passou tanto tempo pregando a revolução no
Brasil. Começou em 1924, liderando uma rebelião de militares gaúchos, e acabou só ao morrer, em 1990, depois de
apoiar Leonel Brizola nas eleições presidenciais. Apesar
de tantos anos de tentativa, ele não chegou à vitória – o
máximo que conseguiu foi um cargo de senador em 1945,
destituído três anos depois. Sorte nossa. Se tomasse o poder do Brasil, Luís Carlos Prestes provavelmente seria mais
um dos tantos tiranos socialistas que ainda hoje estarrecem
o mundo. Sua atuação revolucionária deixou à mostra traços típicos de ditadores socialistas, como a obsessão pela
traição e a intolerância com opiniões diferentes. Equívocos,
trapalhadas e atos irresponsáveis cometidos por ele resultaram na sabotagem de seus próprios planos e na prisão

de seus companheiros, em estupros e saques realizados por seus liderados e até mesmo na execução, ordenada por ele, de uma garota de 16 anos.

Para que, afinal, servia a Coluna Prestes?

A Revolução de 24 usou granadas, tanques improvisados e contou com a maior parte da força policial de São Paulo. Provocou quinhentas mortes – mais que em todo o regime militar de 1964.

Em 1924, jovens militares saíram armados dos quartéis e invadiram **São Paulo**. Forçaram a fuga do presidente da província (equivalente da época ao governador) e exigiram a queda do presidente da República, Artur Bernardes. Quando tropas federais revidaram, atacando a cidade com aviões, os cerca de 3 mil rebeldes resolveram fugir para sudoeste, rumo ao Paraná. Era época do tenentismo, a revolta de jovens militares contra a República Velha, e centenas de outros capitães e tenentes do país tomavam a mesma atitude. Em Foz do Iguaçu, os paulistas se uniram a militares rebeldes que vinham do Rio Grande do Sul. Um de seus líderes era Luís Carlos Prestes, um capitão de 26 anos que havia abandonado o 1º Batalhão Ferroviário de Santo Ângelo. A união de forças gaúchas e paulistas poderia resultar numa nova investida contra São Paulo ou contra o Rio de Janeiro.

Alguns livros defendem que aqueles soldados rebeldes percorreram uma distância muito maior: 25 mil, até 36 mil quilômetros. Os números parecem ser fruto de propaganda comunista: se a Coluna tivesse percorrido 36 mil quilômetros, poderia ir dez vezes de Foz do Iguaçu a Fortaleza.

Em vez disso, o bando decidiu acatar uma ideia de Prestes: seguir viagem por regiões remotas, pobres e desprotegidas do Brasil. Do Paraná, atravessaram Mato Grosso, Goiás, Minas Gerais e cortaram todos os estados do Nordeste. Passaram dois anos cavalgando cerca de **15 mil quilômetros** pelo país, sem nunca se aproximar do centro do governo federal. Acabaram voltando ao Centro-Oeste e se refugiando na Bolívia e no Paraguai, em 1927.[1]

Depois de tantas décadas, ainda é difícil entender por que, afinal de contas, aquele grupo viajou tanto. De acordo com diversos livros, o objetivo da aventura quilométrica era constatar "de perto a exploração das camadas populares pelos líderes econômicos locais", "denunciar a miséria"[2] e "conscientizar a população".[3] É preciso ter muito boa vontade para acreditar nisso. O deslocamento de dezenas ou centenas de soldados exige uma grande logística: gado para alimentá-los, carregamentos de farinha, locais de pouso, água que não provoque doenças. Os soldados dificilmente empreenderiam uma expedição tão custosa só para constatar a miséria da população. O mais sensato é imaginar que eles planejavam reunir mais soldados para formar uma tropa capaz de enfrentar o exército brasileiro. Mas, conforme mostram relatos e documentos recentemente descobertos, os integrantes da Coluna Prestes estiveram bem longe de ter apoio popular ou mesmo de tentar conquistá-lo. E não só conheceram a miséria do interior do Brasil como a tornaram ainda pior.

Em 1999, o Centro de Pesquisa e Documentação (CPDoc) da Fundação Getúlio Vargas, abriu um conjunto de 28 mil cartas, manuscritos e fotos de Juarez Távora. Um dos sobreviventes da Revolta do Forte de Copacabana, de 1922, a primeira revolta tenentista, Távora formava com Prestes e Miguel Costa a cúpula da Coluna. Entre a papelada de seu arquivo, havia cartas escritas e recebidas por esses líderes. As mensagens são a melhor fonte até hoje descoberta para analisar o cotidiano dos cavaleiros e a convivência deles com os povoados por onde passaram. Revelam que o grupo não era recebido com festas por onde passava – pelo contrário. Saques, estupros, assassinatos e outras atrocidades dei-

298 GUIA POLITICAMENTE INCORRETO DA HISTÓRIA DO BRASIL

xavam a população aterrorizada. Ao saber da chegada dos arruaceiros, o povo costumava fugir da cidade para evitar que seu rebanho acabasse no prato dos invasores. "Não se pôde impedir o esvaziamento quase completo da cidade", escreveu um coronel goiano que apoiava a Coluna. "A passagem da Coluna revolucionária através de nossos sertões e por nossa cidade tem sido um lamentável desastre que ficará por alguns anos irreparável. Em poucos dias, nosso povo, na maioria pobre, viu-se reduzido à quase completa miséria", escreveu, em outubro de 1925, o padre José Maria Amorim, de Goiás.[4]

Mesmo entre os integrantes do movimento, a violência sem sentido espantava. Um capitão escreveu aos líderes reclamando dos saques, estupros e incêndios causados pelos "revolucionários" no Paraná, no Paraguai e no Mato Grosso. "Tropa que diz bater-se pela liberdade dum povo não pratica incêndios, saques e não viola senhoras indefesas, como até aqui se tem praticado", escreveu o capitão Antonio Teodoro.[5] Cinco anos antes da liberação desses documentos, a jornalista Eliane Brum tinha descoberto o mesmo rastro de crimes ao refazer o trajeto da Coluna Prestes. Entrevistando antigos moradores que presenciaram a passagem da Coluna, ela se deu conta de que a maioria deles guardava ódio de Prestes e seus seguidores. Histórias de violência eram comuns do Paraná à Paraíba. Como a de que os cavaleiros, ao passar pela cidade de Posse, hoje Tocantins, torturaram moradores para saber onde eles tinham escondido o gado. Perto dali, moradores disseram à jornalista que, em abril de 1926, integrantes da Coluna invadiram uma casa para estuprar uma mulher na frente de seu marido. No Piauí, havia a história de um rapaz que não queria liberar o gado aos invasores e por isso acabou amarrado, nu e obrigado a correr atrás dos rebeldes.[6] Com base nessas histórias, surge outra finalidade possível para a Coluna Prestes. Talvez ela fosse o objetivo em si, e não um meio para lutar por ideias democráticos ou para instalar um novo governo no Brasil. A maioria de seus integrantes, pelo que sugerem os documentos e depoimentos, queria se aventurar pelo Brasil tirando proveito de cidades sem proteção do Estado. Só isso.

Três anos depois do fim da Coluna Prestes, uma revolta mais focada e organizada sairia de Minas Gerais e do Rio Grande do Sul. Em uma semana, seu líder, Getúlio Vargas, tomaria o poder do Brasil.

Como sabotar a própria rebelião

Depois de azucrinar o país com sua Coluna, Prestes se refugiaria na Argentina. Em 1930, pouco antes de Getúlio Vargas virar presidente, ele declarou que tinha aderido ao comunismo. Revolucionário conhecido, foi à União Soviética buscar apoio de Josef Stálin, um dos maiores tiranos da história, para a revolução socialista no Brasil. Voltou em 1934, acompanhado por uma equipe internacional de conspiradores. Diferentemente dos guerrilheiros dos anos 1960, quase sempre jovens ingênuos atraídos pelo socialismo (*veja na segunda parte deste capítulo*), o grupo de comunistas da década de 1930 era formado por grandes terroristas e revolucionários experientes. Luís Carlos Prestes e os membros do Partido Comunista Brasileiro tramavam o

Outro criminoso da década de 1930 que ganhou a fama de defensor do povo foi Virgulino Ferreira da Silva, o Lampião. Muitos livros o tratam como um Robin Hood do sertão – o historiador britânico Eric Hobsbawm, por exemplo, citou Lampião como exemplo de bandido social, aquele que realiza "uma forma primitiva de protesto" contra a exploração no campo.[7] Há muito tempo se sabe que o cangaceiro estava mais para o contrário: um defensor dos ricos.

LAMPIÃO
É O PAI DO BREGA

"Lampião dava a vida para estar entre coronéis", contou, num depoimento ao historiador Frederico Pernambucano de Melo, o cangaceiro Miguel Feitosa, que conheceu Virgulino na década de 1920. "Vivia de coronel em coronel", ele completa. Em 1923, Lampião invadiu a cidade de Triunfo, na Paraíba, só para tirar de lá um homem chamado Marcolino Diniz, que tinha matado o juiz da cidade durante uma discussão. A invasão à delegacia foi um serviço encomendado pelo sogro do assassino, José Pereira Lima, maior chefe político do interior da Paraíba daquela época. Já com pobres, mulheres e vilas indefesas, o cangaceiro não era tão camarada. Há relatos de que ele marcou, com ferro quente, o rosto de mulheres surpreendidas com vestidos curtos e decotes cavados. Contrário à construção de estradas no sertão, em pelo menos cinco ocasiões atirou em operários quando eles trabalhavam em alguma obra.

"A violência contra os fracos, que até então poderia ser vista como um dos instrumentos de dominação de classe, com o cangaço de Lampião se banaliza", afirma, no livro *A Derradeira Gesta*, a historiadora Luitgarde Oliveira Cavalcanti Barros.[8]

Existe um lado de Lampião que é menos conhecido. O homem era **brega no último**. Obcecado por luxos, novidades estrangeiras e pela própria aparência, ele costumava exagerar. Fã de uísque White Horse e licor de menta francês, **perambulava pelo sertão** com os botões de ouro no casaco e **cheio de perfume**. "Os cabelos, negros, lisos, levemente ondulados, untados por brilhantina da melhor qualidade, a que fazia juntar respingos generosos de um dos bons perfumes que a França nos mandava à época: o *Fleur d'Amour*", descreveu o historiador Frederico Pernambucano de Melo.[9]

De acordo com o autor, Lampião gostava tanto do perfume que o colocava até nos cavalos do bando. O cangaceiro tinha uma preocupação especial com a roupa: usava túnicas de chita de cores berrantes e lenços de seda. Ao se apresentar para pessoas importantes, dava a elas um **cartão de visitas com foto** – coisa que só os mais endinheirados da época possuíam. Lampião também adorava andar pelo sertão de carro, dentro dos primeiros modelos que chegaram ao Nordeste.

"O uso do automóvel por Lampião se deu de modo mais pródigo do que normalmente se imagina", afirma Melo.[10] Pessoas vestidas com elegância desmedida, **exibindo-se em carros novos pelo sertão...** Você já viu o vídeo da cantora piauiense Stefhany em seu Cross Fox, hit do YouTube em 2009?

golpe com a ajuda de 22 estrangeiros enviados por Moscou. Entre eles, estava Pavel Stuchevski, da polícia política soviética, Olga Benário, agente do Exército Vermelho, Arthur Ewert, que tinha sido deputado comunista na Alemanha, e Jonny de Graaf, um terrorista especializado em ataques a bomba. Esses conspiradores viviam clandestinos, escondidos em apartamentos de Ipanema e Copacabana, usando identidades falsas e se comunicando com Moscou por cartas cifradas e entre si por meio de bilhetes cheios de códigos e abreviações. Recebiam salários e verbas para despesas direto do governo de Stálin, por meio da representação soviética no Uruguai e de comerciantes laranjas de São Paulo e **Buenos Aires**. No livro *Camaradas*, o jornalista William Waack, que na década de 1990 teve acesso a registros soviéticos sobre os comunistas do Brasil, revelou que não foi pouco o dinheiro vermelho investido por aqui.[11] Em 1935, o governo de Stálin gastou 60 mil dólares com a operação brasileira, uma fortuna **para a época**. Esse esquema caro e organizado esbarrou num problema. Luís Carlos Prestes, o líder da revolução, fez tantas trapalhadas que sabotou os planos de todo o grupo.

As lambanças de Prestes começaram em 25 novembro de 1935, logo depois de levantes militares estourarem em Natal e Recife. Os conspiradores do Rio de Janeiro concluíram que deveriam apoiar os oficiais nordestinos tentando derrubar Getúlio Vargas. Prestes garantia que tinha um grande apoio de tenentes cariocas e que poderia acioná-los a qualquer momento. Para dar tempo de mobilizar quartéis e sindicatos de todo o país, os comunistas marcaram o golpe para dois dias depois, 27 de novembro. Assim que a decisão foi tomada, Prestes correu a disparar bilhetes para seus co-

Até setembro de 1935, Luís Carlos Prestes recebeu como salário cerca de 6 mil dólares do governo de Stálin.

O aluguel mensal de um apartamento de classe média no Rio de Janeiro, por exemplo, saía por 70 dólares.

nhecidos. Descobriu que os homens com quem contava não estavam preparados – muitos tinham até sido destituídos do cargo pelo governo Vargas. O revolucionário realizou também um passo essencial para quem quer sabotar o próprio golpe de Estado: avisar seus inimigos. Entre as pessoas para quem enviou convites para aderir à revolução, estava Newton Estillac Leal, comandante do Grupo de Obuses de São Cristóvão. O homem nem de longe pensava em participar de uma revolução comunista. Ao receber o bilhete de Prestes, o comandante tentou prender o mensageiro e foi correndo avisar o governo. A essa altura, até mesmo o governo britânico, em Londres, já havia sido informado, por telégrafo, que haveria rebeliões no Brasil. No dia marcado, a tentativa de golpe militar de esquerda foi derrotada mesmo antes mesmo de começar, ganhando o apelido de "Intentona Comunista". A polícia chegou às ruas antes do povo, que simplesmente não deu as caras. "Diante da pressa, ingenuidade e descuido – três palavras que caracterizam incompetência – de Prestes nas horas que antecederam o levante, governo nenhum do mundo precisava de agentes duplos ou secretos infiltrados na organização dos conspiradores", escreveu o jornalista William Waack.[12]

Poucas semanas depois da fracassada tentativa de golpe, os conspiradores começaram a cair. A combustão espontânea no depósito de material de explosivos do grupo fez a polícia prender um dos membros do partido, que sob tortura contou onde morava o casal de espiões alemães Arthur e Elisa Ewert, presos no dia 26 de dezembro. Só então a polícia teve noção do tamanho do esquema e de sua ligação com o serviço de espionagem soviético. Encontrou na casa dos alemães mais de mil documentos, entre cartas, tabelas para decifrar códigos, textos assinados por Prestes e uma foto de Olga, então uma desconhecida da polícia. A empregada do casal sabia o endereço de outros esconderijos e ajudou a polícia. Dias depois da prisão do casal alemão, a polícia chegou ao apartamento de Prestes e Olga. Os dois já tinham mudado de endereço, mas deixaram para trás, dentro de um cofre, centenas de documentos sobre a conspiração. Prestes tinha instalado explosivos no cofre, seguro de que haveria uma explosão se a polícia tentasse abri-lo. A polícia tentou, e o cofre não explodiu.

Mesmo com a conspiração desmantelada, o "Cavaleiro da Esperança" faria mais trapalhadas. Apesar da insistência de seus colegas, não fugiu do Rio de Janeiro. Teimou em permanecer num esconderijo no bairro do Méier, mesmo sabendo que a polícia estava para encontrá-lo, obrigando Olga, que cuidava de sua segurança, a também ficar na cidade.

> Prestes recebeu por suas próprias fontes (seu serviço de contra-espionagem na polícia, composto por ex-integrantes da Coluna) a confirmação de que a repressão fechava o cerco sobre o bairro do Méier. Nas décadas seguintes, respondeu quase sempre da mesma maneira quando lhe indagaram por que, afinal, não saiu do aparelho da rua Honório se dispunha de gritantes indícios de que corria sério perigo. "Eu me sentia seguro", repetia Prestes.[13]

No dia 9 de março de 1936, a polícia prendeu Prestes e Olga no esconderijo do Méier.

Poucos meses antes de engravidar, Olga insistiu com seu chefe, Dimitri Manuilski, para voltar à União Soviética o mais rápido possível. Num telegrama de 22 de junho de 1935, o único que mandou a Moscou durante os dezessete meses no Brasil, ela disse: "Como Prestes já está aqui e em seis meses termina minha missão, peço confirmação do meu direito de voltar aos estudos ao término desse período".

OLGA QUERIA ABANDONAR PRESTES

Manuilski, que tinha apresentado Olga ao brasileiro um ano antes, negou a proposta, pedindo que ela ficasse mais dois meses no Brasil. Talvez Olga quisesse voltar porque não aguentava as teimosias do dirigente da conspiração. Num relatório a Moscou sobre a atuação do grupo comunista no Brasil, o terrorista Jonny de Graaf escreveu que Olga reclamava que Prestes, quando era contrariado, ficava de mal. Ela teria comentado que nessas ocasiões, como um cachorrinho, tinha que "abanar o rabo durante oito dias para o dono ficar outra vez de bom humor".[14]

Elza, a Olga que Prestes matou

Das histórias que compõem a Intentona Comunista de 1935, a mais famosa é a da judia alemã Olga Benário. Depois de capturada pela polícia brasileira ao lado de Prestes, foi extraditada grávida de sete meses para a Alemanha nazista. Sem a ajuda da diplomacia soviética, que desprezava revolucionários fracassados, morreu seis anos depois, na câmara de gás do campo de concentração de Bernburg. Menos conhecido, porém igualmente dramático, é o caso de outra jovem a serviço dos comunistas. Elvira Cupello Calônio, que usava o codinome Elza e também era conhecida por Garota, foi executada pelos próprios companheiros em fevereiro de 1936, por causa da insistência de Prestes e provavelmente com a aprovação de Olga.

Elvira ganhou em 2008 uma ótima biografia – *Elza, a Garota*, do jornalista Sérgio Rodrigues. O livro mostra que a menina era uma típica integrante do povão, aquela classe cujo apoio os intelectuais comunistas brasileiros sonharam conquistar e raramente conseguiram. Vinha de uma família de operários de Sorocaba, interior de São Paulo. Pobre e semiletrada, entrou para o grupo de comunistas da década de 1930 por influência do namorado – Antonio Maciel Bonfim, o Miranda, secretário-geral do Partido Comunista Brasileiro. Empregada doméstica, ela se comportava como mandavam as cartilhas comunistas mais radicais, sem se preocupar com o brilho pessoal e dedicando-se entusiasmada a tarefas menos gloriosas. Não se sabe exatamente quantos anos tinha – a idade varia de 16, segundo os legistas que examinaram seu corpo, para quem caía bem mostrar que os comunistas matavam crianças, a 21 anos, para aqueles que preferiam suavizar a crueldade do assassinato. Costumava sorrir muito e "não aparentava mais de 16 anos", escreveu anos depois a militante Maria Werneck de Castro, sua companheira na prisão feminina.[15] Perto dos outros conspiradores, é certo que era uma menina ingênua, uma "pequena", como Prestes se referiu a ela na carta que a levaria à morte.

Elza e o namorado Miranda foram capturados pela polícia em janeiro de 1936. A tragédia da garota começou não exatamente quando ela foi presa, e sim duas semanas depois, quando a polícia a liberou. Os comunistas que ainda não tinham sido capturados pela polícia passaram a desconfiar dela. Naquela altura, a conspiração comunista desabava. Olga, Prestes e o agente russo Pavel Stuchevski, escondidos no Méier, comunicavam-se por cartas com os funcionários do Partido Comunista Brasileiro. Como Miranda, o namorado de Elza e secretário-geral do partido, já tinha sido preso, sobraram apenas dirigentes menores, como Honório de Freitas Guimarães, chamado na época de "Martins", e Francisco Natividade Lyra, o "Cabeção". Trocando mensagens secretas, os foragidos achavam que a polícia estava concedendo privilégios demais à garota. Enquanto quase todos os militantes eram torturados na cadeia, Elza tinha ficado livre em duas semanas, reclamando apenas de alguns safanões. Também poderia voltar à cadeia sempre que quisesse visitar o namorado. Quando frequentava a prisão, saía de lá entregando bilhetes de Miranda a colaboradores do partido. Para o grupo de comunistas, Elza, voluntariamente ou não, estaria a serviço da polícia. Ou pecava por traição, tendo delatado os colegas na cadeia, ou por ingenuidade, levando investigadores que a seguiam a esconderijos. "Todos acreditam que a Garota – ou G., como ela é tratada nessa correspondência em que, obviamente, ninguém aparece com o nome de batismo, é culpada até a medula", escreveu Sérgio Rodrigues.[16]

Luís Carlos Prestes logo se tornou o mais convencido da traição de Elza. Numa carta de 5 de fevereiro, disse aos colegas que era preciso "conseguir que ela diga realmente como a preparou a polícia, como a instruiu, que métodos empregou, com que recursos a comprou". Achava que nem mesmo os bilhetes que Elza tinha entregado haviam sido escritos por Miranda, mas sim forjados pela polícia. Com tantas suspeitas, os integrantes do PCB levaram a garota para uma casa em Guadalupe, na época zona rural carioca, para tirá-la de circulação e descobrir de que lado ela estava. A menina passava todo dia por interrogatórios feitos com base num questionário criado pelo espião Stuchevski. As perguntas eram traduzidas por Prestes e enviadas aos membros do PCB. A ideia era fazer a moça se contradizer e confessar que ajudava a polícia.

Só que Elza não tinha traído os colegas. Repetia as mesmas respostas quando questionada sobre o tempo na prisão e não parecia mentir. Os comunistas do esconderijo em Guadalupe ainda perceberam que a letra dos bilhetes que Elza portava era mesmo de Miranda. Essa impressão foi encaminhada, com os bilhetes, a Prestes, que resolveu a questão com uma picaretagem genial: deu uma de grafólogo. Respondeu aos colegas listando indícios da falsificação da carta: inclinação diferente, detalhes exageradamente imitados, o "t" cujo traço variava muito. O problema é que Prestes comparou a letra dos bilhetes com o que lembrava do estilo de Miranda: simplesmente não tinha uma referência para comparação. "Esta leviandade, bem característica do mitológico herói, tem a ver com um traço de sua formação intelectual", afirmou o historiador comunista Jacob Gorender no livro *Combate nas Trevas*, "– a completa insensibilidade a informações novas que contradigam decisões tomadas com base em prejulgamentos."[17]

Depois de uma semana, Martins voltou a escrever a Prestes, insistindo: é cedo demais para tomar uma atitude extrema, talvez o melhor seja manter a moça isolada porém viva. "Achamos que, devido à complicação que o caso toma, a manutenção do *statu quo* é aconselhável." Martins ainda previu o peso da repercussão negativa se os jornais descobrissem que eles tinham matado uma menina. Prestes, ciente da liderança natural que exercia sobre os seus correspondentes, e apesar de analisar o caso a distância, escreve um sermão nervoso aos jovens comunistas, defendendo veementemente o assassinato da garota e dando reprimendas pela "vacilação" dos companheiros. Alguns trechos:

> Por que modificar a decisão a respeito da Garota? Que tem a ver uma coisa com outra? Há ou não há uma traição por parte dela? É ou não é ela perigosíssima ao Partido, como elemento inteiramente a serviço do adversário, conhecedor de muita coisa e testemunha única contra um grande número de companheiros e simpatizantes? [...] Com plena consciência de minha responsabilidade, desde os primeiros instantes tenho dado a vocês minha opinião sobre o que fazer com ela. [...] Não é possível dirigir sem assumir responsabilidades. Por outro lado uma direção não tem direito de vacilar em questões que dizem respeito à própria segurança da organização.[18]

No dia seguinte ao seu sermão, a carta vinda de Guadalupe mostra que ele tinha conseguido mudar a opinião dos colegas. "A coisa será feita direitinho, pois a questão sentimentalismo não existe por aqui. Acima de tudo colocamos os interesses do Partido", responderam eles a Prestes.

Elza foi morta no dia 2 de março de 1936. Segundo o depoimento que Manoel Severiano Cavalcanti, outro participante do assassinato, deu à polícia em 1940, o crime começou quando Martins pediu a Elza que fizesse café para o grupo, "no que a vítima, sorridente e satisfeita, prontamente acedeu". Depois de levar o café, Elza se preparava para sentar quando Francisco Natividade Lyra "aproximou-se rapidamente da menor, envolvendo-lhe o pescoço com a corda". No momento em que ela começou a se debater, os

A execução de Elza acabou com um discurso político proferido por Martins aos colegas, diante do corpo da garota.

outros se juntaram ao ataque para garantir que ela **não respirasse**. Alguns dos ossos de Elza foram quebrados, para que o corpo pudesse caber num saco, e a garota foi enterrada no quintal da casa de Guadalupe.[19]

Toda a correspondência sobre a garota foi encontrada três dias depois, quando a polícia prendeu Olga e Prestes na casa do Méier. Entre centenas de artigos, documentos, manuscritos e cartas escritas pelo revolucionário brasileiro, estavam cópias das **cartas sobre Elza**. Apesar de ter encontrado

Prestes parecia gostar de preservar provas de seus crimes: pedia aos colegas que reenviassem cópias das mensagens que tinha escrito.

a correspondência, a polícia demorou quatro anos para perceber que a garota não tinha desaparecido, e que a expressão "medidas extremas", comum nas cartas, significava um assassinato. Seu corpo foi encontrado em 1940, depois que os integrantes do PCB foram presos, confessaram o crime e indicaram o local da cova. O irmão dela e um dentista, que tratara de Elza pouco antes da morte, identificaram o corpo. Prestes e outros três envolvidos no caso foram condenados a penas de vinte a trinta anos de prisão pelo assassinato de Elza, mas liberados em 1945 com a anistia concedida por Getúlio Vargas. Na época, até mesmo a Internacional Socialista, em Moscou, investigou o caso, apontando Prestes como mandante do crime, e Martins e Francisco Lyra como os executores.

E Olga? Não há provas de que ela sabia do caso da garota ou que concordava com a veemência de Prestes, mas é difícil acreditar que ignorasse o caso. Olga era uma típica comunista alemã dos anos 1930, dona de frieza suficiente para achar preferências pessoais, prazeres, crises de consciência e sentimentalismos valores burgueses irrelevantes perto do ideal da revolução. Tanto o jornalista Sérgio Rodrigues quanto William Waack, dois grandes entendedores da história de Elza, disseram, em entrevista por e-mail, que sim, Olga sabia. "Com toda certeza Olga sabia. Acredito que o Prestes inclusive a consultou. Ele nada fazia sem falar com ela e com o Stuchevski", diz Waack. "Olga e Prestes estavam enfiados 24 horas por dia no mesmo aparelho no Méier enquanto rolava o processo", afirma o jornalista Sérgio Rodrigues.

O crime contra Elza foi muito famoso nos anos 1940, logo após descoberto. A história, de tão repetida, criou um certo cansaço. Enquanto Olga surgia como heroína e vítima, Elza virava uma desconhecida. Em coletâneas dos principais episódios e personagens brasileiros, como o livro *Brasil: Uma História*, de Eduardo Bueno, Olga aparece, Elza não. O mesmo acontece em três livros didáticos e apostilas de história largamente usados pelas escolas.[20] Na biografia de Olga escrita por Fernando Morais, há poucas menções a Elza, nenhuma atribuindo à garota alguma dignidade. "Desequilibrada, despreparada ou agente infiltrada, a polícia tratou de tirar proveito de Elvira", escreveu o biógrafo de Olga.[21]

Mesmo quando Prestes estava preso pela morte da garota, os comunistas se esforçaram para apagar o caso. No livro *O Cavaleiro da Esperança*, uma biografia poética de Prestes escrita em 1942, Jorge Amado diz que o caso foi uma mentira criada pela polícia. E afirma:

> Este é um livro escrito com paixão, sobre uma figura amada. E, quanto ao equilíbrio e à imparcialidade, de referência a Luís Carlos Prestes são coisas que não se faz necessário medir. Porque nele os lados negativos não surgiram nunca, nem nos dias de luta, nem nos dias de triunfo, nem nos dias de prisão, esses dias que despem o homem de todas as capas artificiais e o colocam nu nos seus verdadeiros sentimentos. Nestes dias Prestes apareceu ainda maior e mais Herói.[22]

TRÊS COISAS QUE A TORTURA NÃO ESCONDE

Na historiografia de muitos episódios, o retrato de vítimas frequentemente se confunde com o de heróis. Se um personagem foi vítima de atos horríveis, fica muito fácil enquadrá-lo como um grande homem, ainda que não tenha protagonizado feitos memoráveis ou mesmo sensatos. Dependendo de quanto sofrimento o personagem passou, a memória coletiva apaga até bobagens e atos perversos que ele cometeu. Um exemplo é a imagem que ficou do Japão depois da Segunda Guerra Mundial. Se o país não tivesse levado duas bombas atômicas, seu nacionalismo radical e suas crueldades durante a guerra teriam muito mais ressonância hoje em dia. Um efeito similar acontece com os guerrilheiros comunistas que lutaram contra a ditadura de 1964. O regime militar torturou pelo menos 2 mil pessoas, com choques, empalações, palmatórias nos seios das prisioneiras, entre outras selvagerias. A tortura resultou em loucura e morte de vários investigados – alguns deles sem ligação com a militância de esquerda. Essa violência, que partiu do Estado, justamente a instituição que deveria zelar pela segurança dos cidadãos e assegurar a eles os direitos humanos, teve mais uma consequência. Deu aos grupos de luta armada um escudo anticríticas. Hoje, é politicamente incorreto lembrar que os guerrilheiros comunistas estavam estupidamente errados e eram tão violentos e autoritários quanto os militares. Por sorte, não é preciso defender torturas e assassinatos políticos para lembrar algumas verdades sobre a luta armada no Brasil.

1. A **guerrilha** provocou o **endurecimento** do **regime militar**

É muito repetida a ideia de que os grupos de esquerda decidiram partir para a luta armada porque essa era a única resposta possível à rigidez da ditadura. Na verdade, antes de os militares derrubarem o presidente João Goulart, já havia guerrilheiros planejando ações e se preparando para elas. Em 1959, quando Fidel Castro chegou ao poder em Cuba, mostrou ao mundo que era possível vencer os governos de direita por meio de uma guerrilha pequena e organizada. Esse exemplo avivou os sonhos dos guerrilheiros da América Latina. O próprio Fidel convocava os militantes e dava apoio tático para que eles estendessem a luta armada da Sierra Maestra até os Andes. Em 1961, o deputado pernambucano Francisco Julião foi se encontrar com Fidel – voltou de Cuba com o lema "reforma agrária na lei ou na marra".

Meses depois de voltar de Cuba, o deputado Francisco Julião já tentava descolar um lote de mil metralhadoras com a União Soviética.

Um esquema cubano de apoio à guerrilha no Brasil se tornou público em novembro de 1962, quando um Boeing 707 da Varig caiu no Peru. O avião levava o correio oficial de Cuba. Entre a correspondência, havia três documentos que revelavam a dificuldade que um agente enfrentava para organizar a guerrilha no Brasil. As mensagens tinham provavelmente sido escritas por Miguel Brugueras, cubano especialista em guerrilha urbana que operava no Rio de Janeiro. Apesar da revelação dos documentos, o apoio cubano à luta armada brasileira seguiu em frente. Um ano antes do golpe militar, já havia doze militantes brasileiros aprendendo luta armada na ilha comunista. O líder cubano Fidel Castro apoiava também o Movimento Revolucionário Tiradentes, que planejava ataques em sete estados e chegou a mandar guerrilheiros para Goiás. Quando ações como essas chegavam aos jornais, contribuíam para o clima de golpe iminente: a esquerda ou a direita tomariam o poder à força no Brasil.[23]

Leonel Brizola, então deputado mais votado e principal conselheiro do presidente João Goulart, tinha planos parecidos. Em 1963, Brizola fazia discursos inflamados na Rádio Mayrink Veiga, emissora que funcionava como um palanque dos defensores de Jango. Em seus discursos, chamava a população a aderir à luta armada por meio dos Grupos de Onze Companheiros, também chamados de Comandos Nacionalistas. A ideia era formar, em todo o país, milhares de pequenos grupos guerrilheiros que seriam mobilizados para uma eventual tomada de poder. Um dossiê encontrado no começo de 2009, pela Rádio CBN, trouxe à tona relatórios de uma investigação militar sobre os Grupos de Onze. Os documentos revelam os objetivos de Brizola em relação às filiais revolucionárias. "Os G11 serão, como o foi a

Essa foi a primeira tragédia aérea da história da viação comercial a jato no Brasil. O avião se chocou com o pico La Cruz, no norte do Peru, matando as 97 pessoas a bordo.

Guarda Vermelha da Revolução Socialista de 1917 na União Soviética – da qual seguirá o vitorioso exemplo –, os agentes e aríetes da Libertação do nosso Povo pelo Capital espoliativo norte-americano", dizia o político. Uma cartilha presente no dossiê pede aos integrantes que reúnam armas, "de espingardas de carga dos camponeses até revólveres, pistolas e metralhadoras"; usem mulheres e crianças como escudo humano, para "acobertar a ação dos G11 da reação policial-militar"; e ainda executem reféns sem compaixão:

> No caso de derrota do nosso movimento, os reféns deverão ser sumária e imediatamente fuzilados.[24]

A cartilha mostra que Brizola contava com militares para apoiar o ataque operado pelos Grupos de Onze:

> A escassez inicial de armas poderosas e verdadeiramente militares será suprida pelos aliados militares que possuímos em todas as Forças Armadas, notadamente, nos Grandes Centros, como Guanabara, Pernambuco, especialmente nos Estados do Rio de Janeiro e no Rio Grande do Sul, além do Corpo de Fuzileiros Navais, que nos fornecerá, de imediato, para a Ação Libertadora da Guanabara, o material potencialmente **necessário**.

Mesmo depois do golpe militar, não havia tanto motivo assim para aderir a guerrilhas. Apesar de a ditadura ter começado em 1964, até 1968 o governo tinha de levar as leis para serem apreciadas no Congresso e as pessoas podiam responder processos criminais em liberdade. Esperava-se que os militares logo promovessem eleições, ainda que indiretas, o que poderia restabelecer o governo civil.

Fuzileiros navais em ação, aliados militares da Guanabara... O plano de Brizola lembra o golpe que aconteceu em 31 de março de 1964.

Deposto pelo golpe de 1964, o presidente João Goulart ganhou a imagem de homem íntegro que foi impedido pelos militares de fazer um governo honesto. Trata-se só mesmo de uma imagem. Em seus dois anos de governo, Jango deu uma boa força às falcatruas entre o governo e as empreiteiras. A informação vem do livro *Minha Razão de Viver*, de Samuel Wainer. De acordo com o jornalista, então diretor do *Última Hora* e um dos principais aliados do presidente, o esquema da época era aquele famoso tipo de corrupção que hoje motiva escândalos.

JANGO FAVORECIA EMPREITEIRAS

uando se anunciava alguma obra pública, o que valia não era oncorrência – todas as concorrências vinham com rtas marcadas, funcionavam como mera fachada", escreveu ainer. O que tinha valor era a combinação feita entre homens governo e das empresas por trás das cortinas. "Naturalmente, empresas beneficiadas retribuíam com generosas doações, npre clandestinas, à boa vontade do governo." Samuel Wainer rmou no livro que ele próprio entrou no esquema, lavando o nheiro das empreiteiras por meio de contas de publicidade no *tima Hora*. "Minha tarefa consistia em, tão logo se encerrasse concorrência, recolher junto ao empreiteiro premiado a ntribuição de praxe." Havia tanta intimidade entre as apreiteiras e o governo Jango que elas chegaram a financiar onunciamentos do presidente. "O famoso comício das reformas orrido em 13 de março de 64, por exemplo, teve suas despesas gas por um grupo de empreiteiros", contou Wainer.[25]

O regime só endureceu de verdade em dezembro de 1968, com o Ato Institucional número 5. O Congresso Nacional foi fechado, o Executivo pôde governar arbitrariamente por meio de decretos-lei e o *habeas corpus* deixou de existir. O governo poderia prender e manter pessoas na cadeia sem explicar por quê. Para justificar essa radicalização, os militares usaram um argumento fácil: era preciso manter a ordem. Durante a reunião de 13 de dezembro de 1968, em que os ministros aprovaram o AI-5, a palavra "ordem", no sentido de tranquilidade pública, é citada 23 vezes nos discursos.[26] Quem lê esses pronunciamentos hoje fica com a impressão de que 1968 foi uma desordem assustadora. É verdade. De janeiro a dezembro daquele ano, guerrilheiros praticaram pelo menos vinte assaltos a banco e a automóveis, execuções, ataques a quartéis e atentados a bomba que resultaram em nove mortes e causaram ferimentos em soldados, seguranças de banco, motoristas e até pessoas que passavam pela rua.

Em março de 1968, o estudante Orlando Lovecchio Filho, então com 22 anos, foi atingido por uma bomba instalada na porta da biblioteca do consulado americano. Naquela época, a representação dos Estados Unidos funcionava no Conjunto Nacional, um dos maiores prédios de escritórios da Avenida Paulista. Orlando tinha acabado de estacionar o carro e subia para seu apartamento quando viu fumaça numa caixa de papelão enrolada com papel isolante. Assim que se virou de costas para avisar a segurança do prédio, a caixa explodiu. Orlando foi atingido por oitenta estilhaços e teve o terço inferior da perna esquerda amputado. Também ficou como suspeito de ter instalado a bomba até 1992, quando o artista plástico Sergio Ferro, radicado na França, admitiu ter participado daquele ataque com alguns colegas da Faculdade de Arquitetura da USP.[27]

Outra vítima da barbeiragem dos guerrilheiros foi o major alemão Edward Ernest von Westernhagen. O militar morreu não porque favorecia o regime militar ou porque tinha torturado comunistas – foi assassinado por engano. Os integrantes do Comando de Libertação Nacional (Colina), do qual participava Dilma Rousseff, queriam na verdade executar o major boliviano Gary Prado, responsável pela morte de Che Guevara um ano antes. Gary era colega de Edward von Westernhagen no Curso de Estado-Maior, no Forte da Praia Vermelha. Na noite do dia 1º de julho de 1968, os guerrilheiros seguiram o militar pelo bairro da Gávea. Numa rua tranquila do Jardim Botânico, executaram-no com dez tiros. Ao abrirem a pasta que o cadáver largou antes de morrer, depararam com documentos em alemão. Tinham matado o major errado.[28]

Um dos mais ativos terroristas daquele ano foi **Diógenes Carvalho de Oliveira**. De março a dezembro, ele participou de cinco assaltos, três atentados a bomba e uma execução. Em junho, fez parte do grupo que lançou uma caminhonete carregada de dinamite no quartel do 2º Exército, ao lado do parque do Ibirapuera. A caminhonete atingiu o muro do quartel, matando um soldado e ferindo três. Em outubro, dois meses antes do AI-5, o capitão americano **Charles Chandler**, de 30 anos, foi morto quando saía de casa, no bairro Sumarezinho, em São Paulo. É Diógenes o guerrilheiro mais apontado como o autor dos seis tiros de revólver que mataram o militar americano. A última ação de Diógenes **em 1968** foi um assalto a uma casa de armas.[29] Dois dias depois, os militares aprovaram o AI-5.

Afirma o historiador Marco Antonio Villa:

Por muito tempo se acreditou que Diógenes de Oliveira tinha participado também do ataque à bomba no consulado americano. Em 2008, o arquiteto Sergio Ferro declarou que Diógenes não fez parte daquela ação.

O capitão Charles Chandler foi assassinado na frente da mulher e do filho de 4 anos. Os guerrilheiros acreditavam que ele era agente da CIA, suspeita que nunca foi comprovada.

Em 1999, uma gravação flagrou Diógenes, então dirigente do PT do Rio Grande do Sul, pressionando um delegado para que ele deixasse de perseguir o jogo do bicho.

Um bom exemplo da imprudência dos guerrilheiros aconteceu em julho de 1966. Militantes comunistas planejaram um atentado a bomba no aeroporto de Guararapes, em Pernambuco. Cerca de trezentas pessoas esperavam a chegada do ministro Costa e Silva, que no ano seguinte assumiria o cargo de presidente.

UMA BOMBA PERDIDA NO AEROPORTO

Não se sabe exatamente por que, a bomba foi abandonada ao lado de uma banca de revistas. Um guarda do aeroporto percebeu o pacote e o levou para a seção de achados e perdidos. No meio do caminho, o volume explodiu, matando duas pessoas e ferindo dezessete (uma delas teve a perna amputada). Costa e Silva, o alvo, escapou por muito: tinha mudado de planos e ido a Recife de carro, a partir de João Pessoa.[30]

Argumentam que não havia outro meio de resistir à ditadura, a
não ser pela força. Mais um grave equívoco: muitos dos grupos
existiam antes de 1964 e outros foram criados logo depois, quando ainda havia espaço democrático (basta ver a ampla atividade
cultural de 1964-1968). Ou seja, a opção pela luta armada, o desprezo pela luta política e pela participação no sistema político e a
simpatia pelo foquismo guevarista antecedem o AI-5 (dezembro
de 1968), quando, de fato, houve o fechamento do regime.

O terrorismo desses pequenos grupos deu munição (sem
trocadilho) para o terrorismo de Estado e acabou usado pela
extrema-direita como pretexto para justificar o injustificável: a
barbárie repressiva. [...]

Conceder-lhes o estatuto histórico de principais responsáveis
pela derrocada do regime militar é um absurdo. A luta pela de-
mocracia foi travada nos bairros pelos movimentos populares,
na defesa da anistia, no movimento estudantil e nos sindicatos.
Teve na Igreja Católica um importante aliado, assim como entre
os intelectuais, que protestaram contra a censura. E o MDB, nada
fez? E seus militantes e parlamentares que foram perseguidos?
E os cassados?[31]

Alguém poderá dizer que a reação dos militares ao
terrorismo foi exagerada. A ditadura passou um trator de
tortura em cima de um punhado de jovens com ideias ingê-
nuas, que dificilmente teriam força para tomar o poder. Isso
pode ser verdade, mas não era seguro pensar assim naquela época. Qualquer notícia de movimentação comunista era
um motivo razoável de preocupação. A experiência mostrava que poucos guerrilheiros, com a ajuda de partidários infiltrados nas estruturas do Estado, poderiam sim derrubar o
governo. E, depois que isso acontecia, era difícil tirá-los de

lá. A guerrilha de Fidel Castro, que derrubou Fulgêncio Batista em 1959, começou três anos antes com um grupo de 81 soldados. Em 1961, dissidentes cubanos tentaram, com apoio dos Estados Unidos, derrubar Fidel invadindo o país pela Baía dos Porcos. Foram todos presos ou mortos pelos comunistas.

2. Os guerrilheiros não lutavam por liberdade

Sempre que se fala dos grupos armados, usam-se as expressões do tipo "lutavam por liberdade", "lutavam contra a ditadura". Como afirma o jornalista Elio Gaspari no livro *A Ditadura Escancarada*, "a luta armada fracassou porque o objetivo final das organizações que a promoveram era transformar o Brasil numa ditadura, talvez socialista, certamente revolucionária. Seu projeto não passava pelo restabelecimento das liberdades democráticas".[32]

Os historiadores Daniel Aarão Reis Filho e Jair Ferreira de Sá, ambos ex-guerrilheiros, reuniram no livro *Imagens da Revolução* estatutos de dezoito grupos de luta armada das décadas de 1960 e 1970. Há documentos das organizações mais ativas, como a Ação Libertadora Nacional (ALN), a Vanguarda Popular Revolucionária (VPR), de Carlos Lamarca, e também de grupos pequenos, como a OCML (Organização de Combate Marxista-Leninista). Dos dezoito textos, catorze descrevem o objetivo de criar um sistema de partido único e erguer uma ditadura similar aos regimes comunistas que existiam na China e em Cuba. A Ação Popular, da qual participou José Serra, defendia com todas as letras "substituir a ditadura da burguesia pela ditadura do proletariado". O objetivo do Partido Comunista Brasileiro Revolucionário (PCBR) era instalar um governo popular "e não a chamada re-democratização". O Partido Revolucionário dos Trabalhadores, uma organização pouco ativa, teve textos exemplares:

> Para que a guerra revolucionária se desenvolva como o caminho da tomada do poder pela classe operária, o partido do proletariado dirigirá simultaneamente as massas exploradas em todas as frentes da luta de classes, na cidade e no campo, subordinando todas as táticas parciais ao objetivo estratégico central da luta armada: o desenvolvimento, consolidação e vitória do exército popular, dirigido por seu partido, a sustentação e exercício de sua ditadura.[33]

Entre militares e guerrilheiros, capitalistas e comunistas, todos sabiam o que aconteceria se houvesse uma revolução de esquerda por aqui. Os guerrilheiros frequentemente citavam o líder chinês Mao Tsé-tung e sonhavam fazer do Brasil um "Cubão", inspirados na luta de Fidel Castro. Em 1969, o líder comunista Carlos Marighella, numa entrevista para a revista francesa *Action*, disse que "O Brasil será o novo Vietnã", pois, segundo ele, o crescimento da luta armada faria os Estados Unidos se meterem no jogo. Também em 1969, o general americano Vernon Walters, ex-adido militar no Brasil, escreveu uma carta para Henry Kissinger, que se preparava para ser secretário de Estado dos Estados Unidos. Avisou: "Se o Brasil se perder, não será uma outra Cuba. Será uma outra China".[34]

Basta olhar para os países comunistas de hoje para perceber o que os heróis da luta armada fariam com a gen-

te. Os cubanos não só se prostituem para comprar sabo-
netes como aprendem na escola que amor é o que Fidel
Castro sente pelo povo.[35] A China vigia a internet, prende
blogueiros indesejáveis e censura até mesmo informações
de saúde pública, sobre epidemias e infecções em massa.
Como não houve socialismo no Brasil, nunca saberemos
como teria sido o sistema por aqui. Mas podemos imaginar. Tendo como base todas as experiências comunistas, é
razoável pensar que a Amazônia seria uma enorme prisão
onde aliados incômodos e inimigos do regime fariam trabalho forçado, como o *gulag* soviético. Estudantes arrasta-
riam seus professores para fora da sala de aula e os lincha-
riam, por acharem que eles representavam a velha cultura,
como aconteceu durante a Revolução Cultural da China.
Em episódios semelhantes às mortes nas praias cubanas,
cidadãos seriam executados depois de flagrados tentando
fugir para o Paraguai. Na pior das hipóteses, 21% da população[36] seria exterminada, como fez o Khmer Vermelho
no Camboja. Na melhor, burocratas trocariam cargos por
sexo e mais de 1% da população seria de espiões, como na
Alemanha Oriental.[37]

Em fevereiro de 2009, um editorial da *Folha de S. Paulo* usou a palavra "ditabranda" para falar do regime militar
brasileiro.[38] O termo fez chover cartas à redação e moveu
pelo menos trezentos manifestantes para a porta do jornal.
Quem se indignou com a palavra pôde se valer de um argumento apropriado: basta uma morte por motivo político
para uma ditadura se configurar. Essa verdade não apaga
a outra, que os editorialistas devem ter tentado defender:
a ditadura brasileira foi uma das menos atrozes de todo o
século 20. É difícil pensar num regime não democrático

que tenha matado menos. Em 21 anos, as ações antiterrorismo criaram 380 vítimas, segundo a própria Comissão de Familiares dos Mortos e Desaparecidos Políticos.[39] É muito menos que os 30 mil mortos pela ditadura argentina ou a estimativa de 3 mil vítimas dos militares do Chile (país com menos de 10% da população brasileira).

Fazendo algumas contas, é possível supor que a tragédia poderia ter sido ainda pior que a dos vizinhos sul-americanos. Se o Brasil vivesse um regime como o cubano ou o chinês, como sonhavam os guerrilheiros de esquerda, pelo menos mais 88 mil pessoas seriam mortas. Se a ditadura socialista brasileira matasse 90% menos que a cubana, haveria vinte vezes mais mortos que as vítimas dos militares. Por fim, se déssemos o azar de ser governados por socialistas mais agressivos, como o ditador Pol Pot, do Camboja, assistiríamos ao maior genocídio do século 20:

	MORTOS PELO REGIME	POPULAÇÃO MÉDIA NO PERÍODO	PARCELA DA POPULAÇÃO EXECUTADA	SE A MESMA PORCENTAGEM DE EXECUÇÕES FOSSE APLICADA NO BRASIL, QUANTAS MORTES HAVERIA?
Cuba (1959-2005)	7.038	8,35 milhões	0,0842%	88.410
China (1949-1959)	700 mil	556 milhões	0,1259%	132.195
Camboja (1975-1979)	1,7 milhão	8,2 milhões	21%	22 milhões[40]

Outro motivo que levou os militares e a polícia a recorrer tanto à tortura para destruir os grupos de luta armada foi o fato de serem estupidamente inexperientes na arte de investigar. Em duas grandes movimentações do exército naquela época, mais de mil soldados cercaram menos de dez guerrilheiros, sem conseguir agarrá-los.

POR QUE ELES
TORTURAVAM

Em 1969, quase 2 mil fuzileiros navais perseguiram sete guerrilheiros na serra do Mar do sul no Rio de Janeiro. Cinco escaparam. Um ano depois, nas matas do vale do Ribeira, 1.500 soldados passaram quarenta dias procurando o ex-capitão Carlos Lamarca e mais oito homens. Cinco deles fugiram roubando um caminhão do próprio exército. Quando pararam numa barreira dos militares na estrada, o motorista, disfarçado de soldado, disse somente: "É ordem do coronel". E seguiu com os colegas para São Paulo.[41] Pouco inteligentes, os militares logo apelaram para a violência.

3. o **sonho acabou**: que **bom**

Em 1971, o grupo guerrilheiro Ação Popular aderiu ao leninismo. Seus integrantes decidiram mudar o nome da organização para Ação Popular Marxista-Leninista (AP-ML), sacramentando a mudança com um novo Programa Básico. Escreveram eles:

Por favor dê um Google para saber o que isso significa – é muito chato explicar.

> A sociedade comunista será uma sociedade sem classes e sem Estado; uma sociedade onde terá desaparecido toda diferença entre operários e camponeses, entre cidade e campo e entre trabalho manual e intelectual; uma sociedade de abundância para todos, de incalculável desenvolvimento técnico e material, onde toda penúria e pobreza não mais existirão; uma sociedade onde a propriedade dos meios de produção e circulação dos bens estará completamente unificada, sob a forma de propriedade de todo o povo;[42]

O programa básico da Ação Popular Marxista-Leninista é muito similar a um texto mais antigo – o Livro de Isaías. Pelo menos 2 mil anos antes da AP-ML, o capítulo 65 do texto bíblico dizia:

> Eles edificarão casas e nelas habitarão; plantarão vinhas e comerão o seu fruto. Não edificarão para que outros habitem; não plantarão para que outros comam; porque a longevidade do meu povo será como a da árvore, e os meus eleitos desfrutarão de todo as obras das suas próprias mãos. Não trabalharão debalde, nem terão filhos para a calamidade, porque são a posteridade bendita do Senhor, e os seus filhos estarão com eles.

A análise mais interessante que se faz do comunismo é considerá-lo uma religião – uma das religiões da salvação terrena. Esse ponto de vista nasceu já no século 19, logo depois de Karl Marx espalhar suas ideias nos *pubs* londrinos. O raciocínio é o seguinte: a partir do século 16, a revolução científica derrubou a ideia de um mundo justo, em ordem, acabado e sob harmonia divina. Das descobertas de Galileu a Darwin, nasceu a imagem do universo como um lugar caótico, sem finalidade e frequentemente desequilibrado por terremotos, erupções, extinções em massa. As ideias de harmonia divina, de céu e de paraíso foram aos poucos ruindo. Apesar disso, as pessoas continuaram negando a vida real em nome de mundos de perfeita harmonia – desta vez, mundos que seriam criados pelo próprio homem. Assim como o cristianismo, o socialismo se baseava em paisagens idílicas. Se os cristãos lutavam para ir para o céu, os comunistas buscavam trazer o céu à Terra. Lutavam pela sociedade revolucionária, um lugar tão perfeito e irreal quanto o paraíso. Como as grandes religiões, o comunismo tinha visões do paraíso, como mostra o programa da Ação Popular. Também tinha culpados pelo pecado original. "Se atribuímos nosso estado ruim a outros ou a nós mesmos – a primeira coisa faz o socialista, a segunda, o cristão, por exemplo – é algo que não faz diferença", escreveu Friedrich Nietzsche em *O Crepúsculo dos Ídolos*, de 1888.[43]

Mesmo na história do Brasil, em que o comunismo não passou de um plano, é fácil compará-lo a uma religião. As organizações deixaram à mostra o fato de serem muito parecidas com religiões ou seitas radicais. Diversas tinham rituais de iniciação, como batismos, baseados na idolatria fanática a personagens míticos. A cartilha dos Grupos de Onze, aqueles que Leonel Brizola propagandeava na rádio, propunha um ritual de iniciação em que os participantes deveriam "proceder à leitura solene, com todos os onze companheiros de pé, do texto da ata e da carta-testamento do presidente Getúlio Vargas". Depois da leitura da carta, os novos membros teriam que escrever seu nome abaixo da assinatura do presidente suicida. Comprometiam-se a dar vida pelo país assim como fez Getúlio Vargas.

Radicais religiosos geralmente se metem em martírios que parecem loucura para quem vê de fora. Às vezes se tornam missionários entorpecidos de esperança e vão evangelizar sozinhos no meio da selva. Os guerrilheiros comunistas fizeram exatamente isso na serra do Caparaó, entre o Espírito Santo e Minas Gerais, no vale do Ribeira, no sul de São Paulo, e sobretudo no Araguaia, entre o sul do Pará e o norte de Tocantins. Esse tipo de ação era fundamentado no foquismo, a ideia de que pequenos focos de resistência no campo desestabilizariam o governo central. Em 1967, o francês Régis Debray defendeu a força desse tipo de ação com a obra *Revolução na Revolução*, um livro pequeno que avivou os sonhos dos guerrilheiros. O foquismo deu certo em Cuba, atrapalhava os americanos no Vietnã e tinha em Che Guevara um grande incentivador. Aos jovens brasileiros, nada poderia ser tão sedutor. O sonho de lutar no meio do mato aliava a ideia de martírio com o romantismo da guerra. Aos poucos, o povo entenderia os motivos sagrados da luta e engrossaria as frentes de batalha. Nada poderia ser tão fora da realidade. Os guerrilheiros chegavam de repente nas pequenas cidades sem ter com quem lutar, passando o dia todo em treinamentos suspeitos. Quando os moradores deparavam com jovens que falavam coisas estranhas e davam tiros para cima no meio da selva, iam correndo avisar a polícia. No Araguaia e no vale do Ribeira, os moradores denunciaram até mesmo os guerrilheiros com quem tinham feito amizade. Em 1972, os integrantes da guerrilha do Araguaia enfim tinham em quem atirar: os militares decidiram persegui-los. O conflito acabou com 19 soldados e 67 guerrilheiros mortos.

Movimentos revolucionários costumam colocar seu ideal político acima dos valores individuais e das regras tradicionais da vida. Cria-se assim uma superioridade moral que lembra a dos cristãos nas cruzadas – um pensamento do tipo "eu luto por um mundo justo, uma sociedade sem contradições, portanto posso matar e roubar em nome desse ideal sagrado". Assim como cristãos fanáticos queimavam hereges na Idade Média, os guerrilheiros justificavam, com sua moral superior, expurgos, assaltos e assassinatos sem julgamento de seus próprios colegas. Nas pequenas organizações de conspiradores e guerrilheiros dos anos 1960 e 1970, é fácil perceber o controle extremo da conduta individual, a violência baseada na superioridade moral e a obsessão com a traição – a mesma que fez Stálin executar companheiros próximos. Seus integrantes praticaram crimes bem parecidos com o assassinato de Elza, morta a mando de Prestes. Em 1973, por exemplo, o professor Francisco Jacques Moreira de Alvarenga, integrante da Ação Libertadora Nacional do Rio de Janeiro, foi assassinado numa sala de aula do Colégio Veiga de Almeida. O rapaz foi morto por seus próprios colegas de organização, enquanto montava uma prova para os vestibulandos do colégio. Havia sobre ele a acusação de ter delatado, sob tortura, membros da ALN.

O caso mais significativo deve ser o de Márcio Leite de Toledo, de 26 anos. Conhecido como Professor Pardal, ele foi **assassinado** no dia 23 de março de 1971. O rapaz havia acabado de voltar de Cuba, onde tinha recebido treinamento de guerrilha. De volta ao Brasil, logo se tornou um dos coordenadores da ALN em São Paulo. A maior das organizações terroristas que lutaram contra a ditadura, a ALN teve quase trezentos membros em 1968, adquirindo uma imagem **mítica**. Assaltos e sequestros eram inadvertidamente atribuídos a ela, como aconteceu recentemente com o Comando Vermelho e o PCC. Até aquele ano, era um pouco mais fácil assaltar bancos e sequestrar embaixadores estrangeiros. A euforia inicial dos guerrilheiros, o fator surpresa (a polícia mal conhecia os grupos) e a falta de aparelhamento do governo militar facilitavam as ações. Em 1969, no entanto, as investigações e a tortura da polícia mostraram resultado. Um a um, os grupos de guerrilheiros viam seus participantes serem presos. Em apenas cinco meses, a polícia descobriu 66 esconderijos e prendeu 320 pessoas.[44] Em novembro de 1969, os militares executaram, na Alameda Casa Branca, em São Paulo, o líder da ALN, Carlos Marighella. Ele foi substituído por Joaquim Câmara Ferreira, morto em outubro de 1970, poucas semanas depois de o Professor Pardal voltar de Cuba.

Depois da morte do líder substituto, o comportamento de Márcio Toledo mudou. Com o grupo sendo destruído pelos militares, ele deve ter ficado descrente de que a organização conquistaria algum apoio **popular**. No

Crimes como esse já são conhecidos – os guerrilheiros admitiram tê-los cometido e diversos livros os descreveram. Mas, enquanto os torturadores se escondem da imprensa devidamente envergonhados, os ex-guerrilheiros posam como heróis. Em entrevista à revista *V* em 2005, Carlos Eugenio Paz, um dos assassinos do professor Pardal, disse: "Eu faria tudo de novo".

Histórias sobre a força da Ação Libertadora Nacional ganhavam o mundo. A organização chegou a receber apoio em dinheiro do cineasta francês Jean-Luc Godard e do pintor catalão Joan Miró.

De 305 membros da ALN, 237 eram universitários, professores ou profissionais com curso superior.

Quando o milagre econômico do governo militar aparece numa conversa, logo alguém se apressa em invalidá-lo. Afirma-se que, apesar da taxa de crescimento média de 11% ao ano entre 1968 e 1973 e da explosão de prédios, supermercados, hotéis e shoppings nas cidades brasileiras, esses avanços só teriam beneficiado uma pequena parte da população, a elite. Já a desigualdade social e a miséria teriam ido às alturas, pois a riqueza havia "se concentrado nas mãos de poucos".

É fato que a diferença de renda subiu durante a ditadura, mas isso não significa que os pobres perderam. O bolso de todos os brasileiros engordou, só que em intensidades diferentes. Entre os economistas, há uma antiga controvérsia sobre a origem desse fenômeno. Discute-se até se, diante de um fortalecimento tão avassalador da economia, seria possível evitá-lo. É o que defendia o economista Simon Kuznets, criador da teoria que ganhou o nome de "efeito Kuznets". Segundo ele, é natural que a desigualdade de países pobres aumente nos primeiros passos do desenvolvimento, para depois começar a cair. Isso aconteceria no Brasil se, na década de 1980, a inflação não aparecesse para acabar com a festa.[45]

Ainda na década de 1970, o economista Edmar Bacha defendeu que a chegada em massa de grandes empresas ao Brasil abriu o leque de salários do país. Ao lado da política salarial do governo, essa teria sido uma das causas da desigualdade. Surgiram mais cargos para gerentes, executivos e presidentes de empresas, que ganhavam muito mais que os operários.[46] Entre uma multidão de pobres e remediados, alguns passaram a ganhar bem. Tratava-se de uma boa notícia, apesar de significar o aumento da desigualdade. Com trabalhadores qualificados em falta, o salário deles subiu mais que o dos não qualificados.

Quem nega as vantagens do milagre econômico precisa fechar os olhos para muitos outros índices. O aumento da desigualdade é uma das poucas más notícias entre tantos números de melhora do bem-estar dos brasileiros nos primeiros quinze anos da ditadura. Entre 1970 e 1980, o Índice de Desenvolvimento Humano aumentou de 0,462 para 0,685: nunca na história deste país houve uma ascensão tão rápida. A expectativa de vida tomou o mesmo caminho: aumentou nove anos naquele período, depois de passar os anos 1960 estagnada. A mortalidade infantil, que subiu entre 1955 e 1965, chegando a 131 mortes a cada mil nascimentos, caiu para 113 em 1975. Cinco anos depois, despencou para 70 mortes a cada mil nascimentos.[47] A venda de geladeiras (item básico para uma boa alimentação) quadruplicou em doze anos.[48] Em 1964, quando os militares assumiram o poder, a tiragem total de livros no Brasil era de 52 milhões de exemplares. Dez anos depois, estava à beira de triplicar, chegando a 145 milhões de exemplares.[49]

A RETÓRICA DA
DESIGUALDADE

Esses números saborosos não justificam torturas e perseguições políticas. Mesmo porque o mérito não é tanto do governo militar, e sim dos empresários, dos trabalhadores e das multinacionais que investiram no Brasil sobretudo na década de 1960. A obra do governo, nos primeiros anos do regime, foi simplesmente a de não atrapalhar demais a livre iniciativa. Os números acima também não devem ficar à sombra das lamúrias da desigualdade social. Pois mostram que, sim, milagres existem.

fim de 1970, o Professor Pardal passou quarenta dias sem dar notícias aos colegas. Quando voltou, faltava a encontros e abandonava missões. Disse aos companheiros que pensava deixar a organização e partir para outro grupo. Numa carta encontrada no seu quarto dias depois de sua morte, escreveu:

> Não vacilo e não tenho dúvidas quanto às minhas convicções. Continuarei trabalhando pela revolução, pois ela é o meu único compromisso. Procurarei onde possa ser efetivamente útil ao movimento e sobre isso conversaremos pessoalmente.[50]

Ele não teve oportunidade de conversar pessoalmente com os companheiros. Alarmados com a possibilidade de Márcio ser pego pela polícia e dedurá-los, os outros líderes da ALN em São Paulo montaram um pequeno tribunal para julgá-lo. Por quatro votos a um, decidiram executar o rapaz. O que mais impressiona é como eles fizeram isso. Márcio não pôde se defender – sequer soube que estava sendo julgado. Os colegas marcaram um encontro com o estudante na Rua Caçapava, nos Jardins, em São Paulo. O jovem esperava na calçada quando um carro passou disparando uma rajada. Como se fosse um colaborador da ditadura, foi executado com oito tiros, protegendo o rosto com as **mãos**. Morreu a menos de 300 metros do local onde Marighella, dezessete meses antes, tinha sido executado pela polícia. Antes de ir embora, os guerrilheiros jogaram panfletos expondo as razões do crime. Repare nas palavras deles – algumas expressões poderiam ser ditas pelo líder de alguma seita radical da Califórnia:

Um dos assassinos de Márcio, Hélcio Pereira Fortes, é hoje nome de rua no Rio de Janeiro e em Belo Horizonte.

Foram ouvidos os companheiros do comando, diretamente ligados a ele, e foi dada a decisão. Uma organização revolucionária, em guerra declarada, não pode permitir a quem tenha uma série de informações como as que possuía vacilação dessa espécie, muito menos suportar uma defecção desse grau em suas fileiras. Cada companheiro ao assumir qualquer responsabilidade deve pesar bem as consequências deste fato. Um recuo, nesta situação, é uma brecha aberta em nossa organização. [...] Tolerância e conciliação tiveram funestas consequências na revolução brasileira. Temperar-nos, saber compreender o momento que passa a Guerra Revolucionária e nossa responsabilidade diante dela é uma palavra de ordem revolucionária. Ao assumir responsabilidade na organização cada quadro deve analisar sua capacidade e seu preparo. Depois disto não se permite recuos. As divergências políticas serão sempre respeitadas. Os recuos de quem não hesitou em aceitar responsabilidades, nunca! O resguardo dos quadros e estrutura da organização é questão revolucionária. A revolução não admitirá recuos![51]

Esse panfleto, criado por uma das organizações de esquerda mais ativas, mostra que quem pegou em armas e arriscou a vida em nome do comunismo estava mais perto do messianismo que da sensatez. Muitos jovens daquela época, para se tornar políticos menos imprudentes, tiveram que aderir à realidade. Eles lembram suas ações com uma ponta de vergonha – é comum dizerem frases do tipo "fizemos muita bobagem"[52] ou "hoje eu vejo as coisas com um pouco mais de tranquilidade".[53] Se o governo e a sociedade brasileira mantiveram o país longe dos comunistas, existe aí um motivo para nos sentirmos aliviados:

o país pôde avançar livre dos perigosos profetas da salvação terrena. Também há motivo para festejarmos: nos últimos cinquenta anos, enquanto a população quase triplicou, os índices de qualidade de vida mais que dobraram. Existe aí até mesmo um motivo para trair a proposta deste livro e expressar um êxtase de patriotismo. Viva o Brasil capitalista.

NOTAS

1   Centro de Pesquisa e Documentação, Fundação Getúlio Vargas, disponível em www.cpdoc.fgv.br/nav_historia/htm/anos20/ev_crise-pol_prestes.htm.

2   Nelson Piletti e Claudino Piletti, *História e Vida, Brasil: Do Primeiro Reinado aos Dias de Hoje*, volume 2, 23ª edição, Ática, 2006, página 92.

3   Francisco Alves da Silva, *História Integrada: Brasil e América*, Coleção Objetivo, Cered, 2007, página 169.

4   Centro de Pesquisa e Documentação, Fundação Getúlio Vargas, disponível em www.cpdoc.fgv.br/accessus/asp/dsp_ca_result_pesq_ALL.asp?sg_fun=JT.

5   Consuelo Dieguez, "Marcha de horrores", revista *Veja*, 9 de junho de 1999, página 149.

6   Eliane Brum, *Coluna Prestes: O Avesso da Lenda*, Artes e Ofícios, 1994.

7   Eric J. Hobsbawm, *Bandits*, Penguin Books, 1975, páginas 59 a 61.

8   Luitgarde Oliveira Cavalcanti Barros, *A Derradeira Gesta*, Mauad, 2000, página 55.

9   Frederico Pernambucano de Melo, *Quem Foi Lampião*, Stahli, 1993, página 41.

10 Frederico Pernambucano de Melo, página 108.

11 William Waack, *Camaradas*, Companhia das Letras, 1993, páginas 209 a 212.

12 William Waack, página 225.

13 William Waack, página 291.

14 William Waack, páginas 182 e 183.

15 Sérgio Rodrigues, *Elza, a Garota*, Nova Fronteira, 2008, página 93.

16 Sérgio Rodrigues, página 166.

17 Jacob Gorender, *Combate nas Trevas*, Ática, 1987, página 242.

18 Sérgio Rodrigues, página 171.

19 Sérgio Rodrigues, página 185.

20 Os livros são: *História*, de Patrícia Ramos Braick e Myriam Becho Mota (Editora Moderna, 2ª edição, 2006); apostila de História da Coleção Pitágoras para a 8ª série; *História do Brasil*, de Luiz Koshiba e Denise Manzi Frayze Pereira (Atual Editora, 8ª edição, 2003).

21 Fernando Morais, *Olga*, Companhia das Letras, 1993, página 160.

22 Jorge Amado, *O Cavaleiro da Esperança*, Editorial Vitória, 1956, página 30.

23 Elio Gaspari, *A Ditadura Envergonhada*, Companhia das Letras, 2002, páginas 177 a 180.

24 Mariza Tavares, "O dossiê do braço armado de Brizola", site da Rádio CBN, 23 de janeiro de 2009, disponível em http://cbn.globoradio. globo.com/hotsites/grupo-dos-onze/GRUPO-DOS-ONZE.htm.

25 Samuel Wainer, *Minha Razão de Viver*, 10ª edição, Record, 1988, páginas 237 e 238.

26 O discurso dos ministros pode ser encontrado em www1.folha.uol. com.br/folha/treinamento/hotsites/ai5.

27 Rejane Lima, "Vítima de bomba em 1968 cobra decisão de Lula e Genro", *O Estado de S. Paulo*, caderno Nacional, seção Política, 17 de março de 2008.

28 Elio Gaspari, página 305.

29 Carlos Alberto Brilhante Ustra, *A Verdade Sufocada*, Editora Ser, 2007, página 305.

30 Elio Gaspari, página 243.

31 Marco Antonio Villa, "Falácias sobre a luta armada na ditadura", *Folha de S. Paulo*, caderno Opinião, seção Tendências/Debates, 19 de maio de 2008.

32 Elio Gaspari, *A Ditadura Escancarada*, Companhia das Letras, 2002, página 193.

33 Daniel Aarão Reis Filho e Jair Ferreira de Sá (organizadores), *Imagens da Revolução*, Expressão Popular, 2006, página 256.

34 Marcio Aith, "As ligações secretas", *Folha de S. Paulo*, caderno Mais!, 22 de abril de 2001.

35 Segundo Jon Lee Anderson, em artigo de 20 de fevereiro de 2008 no *Los Angeles Times*: "*In the early '90s, when I was living in Havana with my family, my eldest daughter, Bella, who was then about 6 years old, came home from school one afternoon in a state of excitement. She asked me, in Spanish: 'Daddy, do you know what* amor *means?' I feigned ignorance. Taking a deep breath, Bella recited: 'Amor es lo que Fidel siente para el pueblo'*".

36 Universidade de Yale, Cambodian Genocide Program, disponível em www.yale.edu/cgp.

37 "New study finds more stasi spooks", revista *Der Spiegel*, 11 de março de 2008, disponível em www.spiegel.de/international/germany/0,1518,540771,00.html.

38 Editorial "Limites a Chávez", *Folha de S. Paulo*, caderno Opinião, 17 de fevereiro de 2009.

39 Comissão de Familiares dos Mortos e Desaparecidos Políticos, disponível em www.desaparecidospoliticos.org.br/pessoas.php?m=3.

40 Os dados vêm do site www.cubaarchive.org. A estimativa de mortos é a mais otimista: não considera mortos em prisões e balseiros mortos ao fugir da ilha. Algumas fontes estimam em 130 mil mortos políticos na ilha. O número de mortos na China era defendido pelo próprio Mao, segundo o livro *Mao: A História Desconhecida*, de Jon Halliday e Jung Chang. Usei como referência a população brasileira de 105 milhões (média entre 1964 e 1984).

41 Elio Gaspari, *A Ditadura Escancarada*, página 200.

42 Daniel Aarão Reis Filho e Jair Ferreira de Sá, páginas 374 e 375.

43 Friedrich Nietzsche, *O Crepúsculo dos Ídolos*, Companhia das Letras, 2006, página 82.

44 Elio Gaspari, *A Ditadura Escancarada*, página 160.

45 Rodolfo Hoffmann, "Distribuição de renda e crescimento econômico", *Estudos Avançados*, jan./abr. 2001.

46 Rodrigo Mendes Gandra, *O Debate sobre a Desigualdade de Renda no Brasil: Da Controvérsia dos Anos 70 ao Pensamento*, Universidade Federal do Rio de Janeiro, 2004.

47   IBGE, Séries Históricas, www.ibge.gov.br/series_estatisticas/index.php.

48   Entre 1968 e 1980. Ipeadata, *Vendas Industriais de Refrigeradores: Quantidade (1967-1999)*, www.ipeadata.gov.br/ipeaweb.dll/ipeadata ?SessionID=1321864091&Tick=1279664492714&VAR_FUNCAO=Ser_ Temas(121)&Mod=M.

49   IBGE, *Estatísticas do Século 20: Tiragem de Livros e Folhetos Editados no País, 1964 e 1974*, www.ibge.gov.br/seculoxx/arquivos_pdf/ cultura/1967/cultura1967_aeb20.pdf   e   www.ibge.gov.br/seculoxx/ arquivos_pdf/cultura/1976/cultura1976m_aeb249_1.pdf.

50   Carlos Alberto Brilhante Ustra, página 350.

51   Carlos Alberto Brilhante Ustra, página 353.

52   Dilma Rousseff, entrevista a Luiz Maklouf Carvalho para a reportagem "Dilma diz ter orgulho de ideais da guerrilha", *Folha de S. Paulo*, caderno Brasil, 21 de junho de 2005.

53   Fernando Gabeira, entrevista a João Gordo para o programa *Gordo Chic Show*, da MTV, em janeiro de 2009.

BIBLIO
GRAFIA

LIVROS E DISSERTAÇÕES

ALENCAR, José de (org. Tâmis Parron), *Cartas a Favor da Escravidão*, Hedra, 2008.

ALMEIDA, Maria Regina Celestino de, *Os Índios Aldeados no Rio de Janeiro Colonial*, Unicamp, 2000.

AMADO, Jorge, *Navegação de Cabotagem*, 2ª edição, Record, 1992.

_____, *O Cavaleiro da Esperança*, Editorial Vitória, 1956.

ANDRADE, Mário de, *Macunaíma: O Herói sem Nenhum Caráter*, Global, 2008.

ANDRADE, Oswald de, *Os Dentes do Dragão*, Globo, 2009.

BAER, Werner, *A Economia Brasileira*, Nobel, 2007.

BARBOSA, Frederico, *Cinco Séculos de Poesia: Antologia da Poesia Clássica Brasileira*, 3ª edição, Landy, 2000.

BARICKMAN, Bert Jude, *Um Contraponto Baiano*, Civilização Brasileira, 2003.

BARROS, Henrique Lins de, *Santos Dumont e a Invenção do Voo*, Jorge Zahar Editor, 2003.

BARROS, Luitgarde Oliveira Cavalcanti, *A Derradeira Gesta*, Mauad, 2000.

BAZIN, Germain, *Aleijadinho e a Escultura Barroca no Brasil*, Record, 1971.

BERNAND, Carmen; GRUZINSKI, Serge, *História do Novo Mundo*, volume 1, Edusp, 2001.

BETHELL, Leslie, *The Abolition of the Brazilian Slave Trade*, Cambridge Univerity Press, 1970.

BRAICK, Patrícia Ramos; MOTA, Myriam Becho, *História*, 2ª edição, Moderna, 2006.

BRETAS, Rodrigo Ferreira, *O Aleijadinho*, Itatiaia, 2002.

BRUM, Eliane, *Coluna Prestes: O Avesso da Lenda*, Artes e Ofícios, 1994.

BURTON, Richard Francis, *Cartas dos Campos de Batalha do Paraguai*, Biblioteca do Exército, 1997.

CABRAL, Sérgio, *As Escolas de Samba do Rio de Janeiro*, Lumiar, 1996.

CALDEIRA, Jorge (org.), *José Bonifácio de Andrada e Silva*, Coleção Formadores do Brasil, Editora 34, 2002.

CALIXTO, Valdir de Oliveira, *Plácido de Castro e a Construção da Ordem no Aquiri*, Governo do Estado do Acre, 2003.

CARVALHO, José Murilo de, *A Construção da Ordem*, 3ª edição, Civilização Brasileira, 2003.

_____, *Bernardo Pereira de Vasconcelos*, Coleção Formadores do Brasil, Editora 34, 1999.

_____, *Dom Pedro II*, Companhia das Letras, 2007.

_____, *Teatro de Sombras*, Civilização Brasileira, 2007.

CASCUDO, Câmara, *História da Alimentação no Brasil*, Editora Nacional, 1963.

CAWTHORNE, Nigel, *The Empress of South America*, Heinemann, 2003.

CERQUEIRA, Dionísio, *Reminiscências da Campanha do Paraguai*, 4ª edição, Biblioteca do Exército, 1980.

CLODFELTER, Micheal, *Warfare and Armed Conflicts: A Statistical Reference to Casualty and Other Figures*, 1500-2000, McFarland & Company, 2002.

CRAWFORD, Michael H., *The Origins of Native Americans: Evidence from Anthropological Genetics*, Cambridge University Press, 1998.

CROSBY, Alfred W., *Imperialismo Ecológico*, Companhia das Letras, 1993.

CUNHA, Euclides da, *À Margem da História*, obra publicada originalmente em 1909, disponível em www.dominiopublico.gov.br.

DARWIN, Charles, *O Diário do Beagle*, tradução de Caetano Galindo, UFPR, 2006.

DAVIS, Robert C., *Christian Slaves, Muslim Masters*, Palgrave Macmillan, 2003.

DEAN, Warren, *A Ferro e Fogo*, Companhia das Letras, 1996.

DORATIOTO, Francisco, *Maldita Guerra*, Companhia das Letras, 2002.

DRESCHER, Seymour, *Capitalism and Antislavery: British Mobilization in Comparative Perspective*, Oxford University Press, 1987.

FEIJÓ, Diogo Antônio (org.), Coleção Formadores do Brasil, Editora 34, 1999.

FENERICK, José Adriano, *Nem do Morro nem da Cidade*, Annablume/Fapesp, 2005.

FREYRE, Gilberto, *Casa-Grande & Senzala*, 25ª edição, José Olympio, 1987.

GASPARI, Elio, *A Ditadura Envergonhada*, Companhia das Letras, 2002.

_____, *A Ditadura Escancarada*, Companhia das Letras, 2002.

GOMES, Flávio dos Santos, *Histórias de Quilombolas*, Companhia das Letras, 1995.

_____, *Palmares*, Contexto, 2005.

GOMES, Laurentino, *1808*, Planeta, 2007.

GOMES JÚNIOR, Guilherme Simões, *Palavra Peregrina: O Barroco e o Pensamento sobre Artes e Letras no Brasil*, Edusp, 1998.

GORENDER, Jacob, *Combate nas Trevas*, Ática, 1987.

GRAMMONT, Guiomar de, *Aleijadinho e o Aeroplano*, Civilização Brasileira, 2008.

GURAN, Milton, *Agudás: Os "Brasileiros" do Benim*, Nova Fronteira, 2000.

HANSEN, João Adolfo, *A Sátira e o Engenho*, Companhia das Letras, 1989.

HOBSBAWM, Eric J., *Bandits*, Penguin Books, 1975.

_____, *The Age of Capital: 1848-1875*, Encore Editions, 1975.

HOFFMAN, Paul, *Asas da Loucura*, Objetiva, 2003.

HOUAISS, Antônio, *Dicionário Houaiss da Língua Portuguesa*, Objetiva, 2001.

HOWARD, Fred, *Wilbur and Orville: A Biography of the Wright Brothers*, Alfred A. Knopf, 1987.

HUGO, Victor, *O Corcunda de Notre-Dame*, Larousse, 2005.

KELLY, Fred C., *The Wright Brothers: A Biography*, Harcourt, Brace, 1989.

KOSHIBA, Luiz; PEREIRA, Denise Manzi Frayze, *História do Brasil*, 8ª edição, Atual Editora, 2003.

LARA, Silvia Hunold, *Fragmentos Setecentistas*, Companhia das Letras, 2007.

LEITE, Glacyra Lazzari, *Pernambuco 1817*, Massangana, 1988.

LEITE, Serafim, *Novas Cartas Jesuíticas*, Companhia Editora Nacional, 1940.

LOVEJOY, Paul E., *A Escravidão na África*, Civilização Brasileira, 2002.

LUSTOSA, Isabel, *D. Pedro I*, Companhia das Letras, 2006.

MACAULAY, Neill, *Dom Pedro: The Struggle for Liberty in Brazil and Portugal, 1798-1834*, Duke University Press, 1986.

MARIZ, Vasco, *Vida Musical*, Civilização Brasileira, 1997.

MELO, Frederico Pernambucano de, *Quem Foi Lampião*, Stahli, 1993.

MIGNOZZETTI, Umberto Guarnier, *A Apropriação de Modelos Estrangeiros pelo Pensamento Político Brasileiro: O Uso do Pensamento Francês na Experiência Política de Bernardo Pereira de Vasconcelos, Marquês de São Vicente e Visconde do Uruguai*, Universidade de São Paulo, 2009.

MIRANDA, Evaristo Eduardo de, *Natureza, Conservação e Cultura*, Metalivros, 2003.

MONTEIRO, John Manuel, *Negros da Terra*, Companhia das Letras, 1994.

MORAIS, Fernando, *Olga*, Companhia das Letras, 1993.

MOTA, Carlos Guilherme (org.), *Viagem Incompleta*, Senac, 1999.

NABUCO, Joaquim, *O Abolicionismo*, obra publicada originalmente em 1883, disponível em www.dominiopublico.gov.br.

NAVARRO, Azpilcueta e outros, *Cartas Avulsas*, Edusp, 1988.

NEVES, Lúcia Bastos Pereira das, *Corcundas e Constitucionais*, Revan, 2003.

NIETZSCHE, Friedrich, *O Crepúsculo dos Ídolos*, Companhia das Letras, 2006.

NOVAIS, Adauto, *A Outra Margem do Ocidente*, Companhia das Letras, 1999.

ORTOLAN, Fernando, *Sob o Olhar da Imprensa e dos Viajantes: Mulheres Paraguaias na Guerra do Paraguai – 1864-1880*, dissertação de mestrado, Unisinos, 2004.

PAIVA, Eduardo França, *Escravos e Libertos nas Minas Gerais do Século XVIII*, Annablume, 1995.

PALLARES-BURKE, Maria Lúcia G., *Gilberto Freyre: Um Vitoriano nos Trópicos*, Unesp, 2005.

PEDROSA, Milton, *Gol de Letra: O Futebol na Literatura Brasileira*, Gol, 1967.

PILETTI, Nelson; PILETTI, Claudino, *História e Vida, Brasil: Do Primeiro Reinado aos Dias de Hoje*, volume 2, 23ª edição, Ática, 2006.

PRIORE, Mary del; VENÂNCIO, Renato Pinto, *O Livro de Ouro da História do Brasil*, Ediouro, 2001.

RANGEL, Alberto, *Cartas de Pedro I à Marquesa de Santos*, Nova Fronteira, 1984.

REIS, Andressa Merces Barbosa dos, *Zumbi: Historiografia e Imagens*, dissertação de mestrado, disponível em www.dominiopublico.gov.br.

REIS FILHO, Daniel Aarão; SÁ, Jair Ferreira de (org.), *Imagens da Revolução*, Expressão Popular, 2006.

RESTALL, Matthew, *Sete Mitos da Conquista Espanhola*, Civilização Brasileira, 2006.

RODRIGUES, Sérgio, *Elza, a Garota*, Nova Fronteira, 2008.

SAEGER, James Schofield, *Francisco Solano López and the Ruination of Paraguay: Honor and Egocentrism*, Rowman & Littlefield, 2007.

SANDRONI, Carlos, *Feitiço Decente: Transformações do Samba no Rio de Janeiro*, Jorge Zahar Editor, 2001.

SCHMIDT, Mário Furley, *Nova História Crítica: 7ª Série*, Nova Geração, 2001.

SCHMIDT, Patricia, *Plínio Salgado: O Discurso Integralista, a Revolução Espiritual e a Ressurreição da Nação*, UFSC, 2008.

SCHUMAHER, Shuma; VITAL BRAZIL, Erico, *Mulheres Negras do Brasil*, Senac Nacional, 2007.

SCHWARCZ, Lilia Moritz, *As Barbas do Imperador*, 2ª edição, Companhia das Letras, 1999.

SILVA, Alberto da Costa e, *Um Rio Chamado Atlântico*, Nova Fronteira, 2003.

SILVA, Francisco Alves da, *História Integrada: Brasil e América*, coleção Objetivo, Cered, 2007.

SOUZA, Wladimir Alves de, *Guia dos Bens Tombados: Minas Gerais*, Expressão e Cultura, 1985.

TOCANTINS, Leandro, *Formação Histórica do Acre*, Civilização Brasileira, 1961.

USTRA, Carlos Alberto Brilhante, *A Verdade Sufocada*, Editora Ser, 2007.

VAINFAS, Ronaldo, *A Heresia dos Índios: Catolicismo e Rebeldia no Brasil Colonial*, Companhia das Letras, 1995.

_____, *Dicionário do Brasil Colonial*, Objetiva, 2000.

VAINFAS, Ronaldo; NEVES, Lúcia Bastos Pereira das, *Dicionário do Brasil Joanino*, Objetiva, 2008.

VERGER, Pierre, *Fluxo e Refluxo do Tráfico de Escravos entre o Golfo do Benin e a Bahia de Todos os Santos: Dos Séculos XVII a XIX*, 2ª edição, Corrupio, 1987.

VIANNA, Hermano, *O Mistério do Samba*, 6ª edição, Jorge Zahar Editor, 2008.

WAACK, William, *Camaradas*, Companhia das Letras, 1993.

WAINER, Samuel Wainer, *Minha Razão de Viver*, 10ª edição, Record, 1988.

ARTIGOS DE JORNAIS, REVISTAS E PUBLICAÇÕES CIENTÍFICAS

AITH, Marcio, "As ligações secretas", *Folha de S. Paulo*, caderno Mais!, 22 de abril de 2001.

ALCALÁ, Guido Rodríguez, "Fascismo e revisionismo", *Folha de S. Paulo*, caderno Mais!, 9 de novembro de 1997.

ANDERSON, Jon Lee, "Fidel's slow fade", *Los Angeles Times*, 20 de fevereiro de 2008, disponível em www.latimes.com/news/printedition/asection/la-oe-anderson20feb20,0,3764646.story.

BELAUSTEGUIGOITIA, Santiago, "El espíritu de Don Quijote y Lord Jim", *El País*, 4 de maio de 2003.

BETHELL, Leslie, "O imperialismo britânico e a Guerra do Paraguai", *Estudos Avançados*, volume 9, número 24, maio-agosto de 1995.

BEZERRA NETO, José Maia, "Ousados e insubordinados: protesto e fugas de escravos na província do Grão-Pará – 1840/1860", revista *Topoi*, Rio de Janeiro, março de 2001.

CARROLL, Rory, "New book reopens old arguments about slave raids on Europe", *Guardian*, 11 de março de 2004.

CARVALHO, Luiz Maklouf, "Dilma diz ter orgulho de ideais da guerrilha", *Folha de S. Paulo*, caderno Brasil, 21 de junho de 2005.

CHALHOUB, Sidney, "Medo branco de almas negras: escravos, libertos e republicanos na cidade do Rio", *Revista Brasileira de História*, volume 8, número 16.

CHIABAI, M. A.; SHRIVER, M. D.; FRUDAKIS, T.; PEREIRA, R. W., "Correlação entre pigmentação de pele e ancestralidade biogeográfica oferece a possibilidade de se utilizar amostras da população brasileira no estudo da variação genética normal de fenótipos de pigmentação de pele", Anais do 54º Congresso Brasileiro de Genética, 2008, disponível em web2.sbg.org.br/congress/sbg2008/pdfs2008/23695.pdf.

COELHO, Luís Fernando Hering, "A trajetória dos Oito Batutas na invenção musical do Brasil", Actas del VI Congreso de la Rama Latinoamericana de la Asociación Internacional para el Estudio de la Música Popular, Buenos Aires, 2005.

COSTA, Antonio Luiz Monteiro Coelho da, "O Acre por um cavalo?", site Terra Magazine, 23 de maio de 2006, disponível em http://terramagazine.terra.com.br/interna/0,,OI1016526- EI6607,00.html.

COUTINHO, Leonardo, "A aldeia urbana", revista *Veja*, 7 de maio de 2008.

COUTO, Jorge, "A gente da terra", *Revista de Letras e Culturas Lusófonas*, número 8, janeiro-março de 2000.

DER SPIEGEL (revista), "New study finds more stasi spooks", 11 de março de 2008, disponível em www.spiegel.de/international/germany/0,1518,540771,00html.

DIEGUEZ, Consuelo, "Marcha de horrores", revista *Veja*, 9 de junho de 1999.

DÖPCKE, Wolfgang, "O Ocidente deveria indenizar as vítimas do tráfico transatlântico de escravos?", *Revista Brasileira de Política Internacional*, volume 44, número 2, 2001.

ELIAS, Rodrigo, "Feijoada: breve história de uma instituição comestível", revista *Textos do Brasil*, edição 13, 2007.

ESTADO DE S. PAULO, "Justiça libera livro 'proibido' sobre Aleijadinho", Caderno 2, 28 de junho de 2003.

_____, "Justiça recolhe livro que faz análise das obras de Aleijadinho", Caderno 2, 1º de maio de 2003.

_____, "O Mec acorda tarde", caderno Opinião, 20 de setembro de 2007.

FARIA, João Roberto, "Machado de Assis, leitor e crítico de teatro", *Estudos Avançados*, número 51, 2004.

FLORENTINO, Manolo, "Sensibilidade inglesa", *Revista de História da Biblioteca Nacional*, maio de 2008.

FOLHA DE S. PAULO, "Limites a Chávez", caderno Opinião, 17 de fevereiro de 2009.

GARDEL, André, "O poeta e o sambista", *Revista de História da Biblioteca Nacional*, novembro de 2007.

GLYCERIO, Carolina; SALEK, Silvia, "Vitimização do negro nos livros estimula preconceito, diz historiador", *BBC Brasil*, 23 de agosto de 2007, disponível em www.bbc.co.uk/portuguese/reporterbbc/story/2007/08/070704_dna_racismo_educacao_cg.shtml.

GÓES, José Roberto Pinto de, "Negros: uma história reparada", revista *Insight Inteligência*, número 34, julho-setembro de 2006.

GUEDES JR., Luiz, "Santos Dumont: vida e morte de um *bon vivant*", site da revista *Aventuras na História*, disponível em http://historia.abril.com.br/ciencia/santos-dumont-vida-morte-bon-vivant-434932.shtml.

JORNAL DO SENADO, "Senadores consideram alto o custo das casas populares", 29 de abril de 2007.

LICHOTE, Leonardo, "Há dez anos, o Brasil perdia o mangueboy Chico Science", *O Globo Online*, 2 de fevereiro de 2007.

LIMA, Marco Antunes de, "A cidade e a província de São Paulo às vésperas da Revolução Liberal de 1842", revista *Klepsidra*, número 15, fevereiro-março de 2003, disponível em www.klepsidra.net/klepsidra15/rev1842.htm.

LIMA, Rejane, "Vítima de bomba em 1968 cobra decisão de Lula e Genro", *O Estado de S. Paulo*, caderno Nacional, seção Política, 17 de março de 2008.

LYNCH, Christian Edward Cyril, "O conceito de liberalismo no Brasil (1750--1850)", *Revista Iberoamericana de Filosofía, Política y Humanidades*, ano 9, número 17, primeiro semestre de 2007.

MARCHIORO, Marcio, "Censos de índios na capitania de São Paulo (1798-1803)", comunicação de pesquisa apresentada na 25ª Reunião Brasileira de Antropologia, 2006.

MELLO, Evaldo Cabral de, "Iluminismo envergonhado", *Folha de S. Paulo*, sábado, 14 de junho de 2003.

MIRANDA, Evaristo Eduardo de, "A invenção do Brasil", revista *National Geographic*, maio de 2007.

_____, "Verdades da natureza brasileira", entrevista ao jornal *Universidade*, do Instituto Ciência e Fé, dezembro de 2006.

NAVES, Santuza Cambraia, "Almofadinhas e malandros", *Revista de História da Biblioteca Nacional*, março de 2006.

POMER, León, "A chave dos cofres britânicos", *Folha de S. Paulo*, caderno Mais!, 9 de novembro de 1997.

RESENDE, Maria Leônia Chaves de; LANGFUR, Hal, "Minas Gerais indígena: a resistência dos índios nos sertões e nas vilas de El-Rei", revista *O Tempo*, volume 12, julho de 2007, disponível em www.historia.uff.br/tempo.

RODRIGUES, Teresa, "As crises de mortalidade em Lisboa (séculos XVI a XIX): uma análise global", *Boletín de la Asociación de Demografia Histórica*, Bilbao, volume 13, número 2, 1995, disponível em http://dialnet.unirioja.es/servlet/articulo?codigo=104032.

SCHWARCZ, Lilia Moritz, "Complexo de Zé Carioca", *Revista Brasileira de Ciências Sociais*, número 29, 1995.

SILVA, Alberto da Costa e, "Fruku, o príncipe-escravo", *Aventuras na História*, edição 5, fevereiro de 2004.

SOUZA, Marina de Mello e, "A rainha Jinga – África central, século XVII", revista eletrônica *ComCiência*, número 97, 9 de abril de 2008.

TAVARES, Mariza, "O dossiê do braço armado de Brizola", site da Rádio CBN, 23 de janeiro de 2009, disponível em http://cbn.globoradio.globo.com/hotsites/grupo-dos-onze/GRUPO-DOS-ONZE.htm.

TOMAZELA, José Maria, "Reconhecida autenticidade de 7 obras de Aleijadinho de vários períodos", *O Estado de S. Paulo*, Caderno 2, 5 de maio de 2009.

TURNER, J. Michael, "Escravos Brasileiros no Daomé", revista *Afro-Ásia*, UFBA, número 10-11, 1970.

VAINFAS, Ronaldo, "Colonização, miscigenação e questão racial: notas sobre equívocos e tabus da historiografia brasileira", revista *O Tempo*, volume 4, número 8, agosto de 1999.

VILLA, Marco Antonio, "Falácias sobre a luta armada na ditadura", *Folha de S. Paulo*, caderno Opinião, seção Tendências/Debates, 19 de maio de 2008.

SITES

CAMBODIAN GENOCIDE PROGRAM, UNIVERSIDADE DE YALE, disponível em www.yale.edu/cgp.

CENTRO DE ESTUDOS, PESQUISAS E PROJETOS ECONÔMICO-SOCIAIS DO INSTITUTO DE ECONOMIA DA UNIVERSIDADE FEDERAL DE UBERLÂNDIA, "Tabela 1 – Produto Interno Bruto a preços correntes e Produto Interno Bruto *per capita*, segundo as Grandes Regiões, Unidades da Federação e Municípios – 2003-2006", disponível em www.ie.ufu.br/cepes/tabelas/outros/pib001_06.pdf.

CENTRO DE PESQUISA E DOCUMENTAÇÃO, FUNDAÇÃO GETÚLIO VARGAS, disponível em www.cpdoc.fgv.br.

COMISSÃO DE FAMILIARES DOS MORTOS E DESAPARECIDOS POLÍTICOS, disponível em www.desaparecidospoliticos.org.br.

CUBA ARCHIVE, disponível em www.cubaarchive.org.

DICIONÁRIO CRAVO ALBIN DA MÚSICA POPULAR BRASILEIRA, disponível em www.dicionariompb.com.br.

FOLHA DE S. PAULO, "A reunião que radicalizou a ditadura" (hotsite), disponível em www1.folha.uol.com.br/folha/treinamento/hotsites/ai5.

MERRIAM-WEBSTER ONLINE, disponível em www.merriam-webster.com.

PATENT SEARCH TOOL, disponível em www.pat2pdf.org.

PHONO-ARTE (revista), disponível em www.revistaphonoarte.com.

PORTAL DO ORÇAMENTO DO SENADO FEDERAL, disponível em www9.senado.gov.br/portal/page/portal/orcamento_senado.

RECEITA FEDERAL, Arrecadação por Estado, 2007 e 2008, disponível em www.receita.fazenda.gov.br.

SMITHSONIAN INSTITUTION ARCHIVES, RECORD UNIT 7003, disponível em http://siarchives.si.edu/findingaids/FARU7003.htm.

SMITHSONIAN NATIONAL AIR AND SPACE MUSEUM, disponível em www.nasm.si.edu.

US CENTENNIAL FLIGHT COMISSION, disponível em www.centennialofflight.gov.

WILBUR AND ORVILLE WRIGHT PAPERS, BIBLIOTECA DO CONGRESSO DOS ESTADOS UNIDOS, disponível em http://lcweb2.loc.gov/ammem/wrighthtml/wrighthigh.html.

WRIGHT BROTHERS AEROPLANE COMPANY, disponível em www.wright-brothers.org.

WRIGHT BROTHERS COLLECTION, BIBLIOTECA DE DAYTON, disponível em http://home.dayton.lib.oh.us/archives/WBcollection/WBExhibit.html.

CONTEÚDO AUDIOVISUAL

Alô, Amigos (animação), direção de Norman Ferguson, Wilfred Jackson, Jack Kinney, Hamilton Luske e Bill Roberts, Estados Unidos, 1942, 43 minutos.

Gordo Chic Show (programa televisivo), MTV, janeiro de 2009, entrevista concedida a João Gordo por Fernando Gabeira.

Santos Dumont – O Homem Pode Voar (documentário), direção de Nelson Hoineff, Brasil, 2006, 72 minutos.

ÍND
CE

Este livro foi composto com as famílias tipográficas Apollo MT
e DIN para a Leya em Junho de 2011.